编委会

普通高等学校"十四五"规划旅游管理类精品教材
教育部旅游管理专业本科综合改革试点项目配套规划教材

总主编

马　勇　教育部高等学校旅游管理类专业教学指导委员会副主任
　　　　中国旅游协会教育分会副会长
　　　　中组部国家"万人计划"教学名师
　　　　湖北大学旅游发展研究院院长，教授、博士生导师

编　委（排名不分先后）

田　里　教育部高等学校旅游管理类专业教学指导委员会主任
　　　　云南大学工商管理与旅游管理学院原院长，教授、博士生导师
高　峻　教育部高等学校旅游管理类专业教学指导委员会副主任
　　　　上海师范大学环境与地理学院院长，教授、博士生导师
韩玉灵　全国旅游职业教育教学指导委员会秘书长
　　　　北京第二外国语学院旅游管理学院教授
罗兹柏　中国旅游未来研究会副会长，重庆旅游发展研究中心主任，教授
郑耀星　中国旅游协会理事，福建师范大学旅游学院教授、博士生导师
董观志　暨南大学旅游规划设计研究院副院长，教授、博士生导师
薛兵旺　武汉商学院旅游与酒店管理学院院长，教授
姜　红　上海商学院酒店管理学院院长，教授
舒伯阳　中南财经政法大学工商管理学院教授、博士生导师
朱运海　湖北文理学院资源环境与旅游学院副院长
罗伊玲　昆明学院旅游管理专业副教授
杨振之　四川大学中国休闲与旅游研究中心主任，四川大学旅游学院教授、博士生导师
黄安民　华侨大学城市建设与经济发展研究院常务副院长，教授
张胜男　首都师范大学资源环境与旅游学院教授
魏　卫　华南理工大学经济与贸易学院教授、博士生导师
毕斗斗　华南理工大学经济与贸易学院副教授
史万震　常熟理工学院商学院营销与旅游系副教授
黄光文　南昌大学旅游学院副教授
窦志萍　昆明学院旅游学院教授，《旅游研究》杂志主编
李　玺　澳门城市大学国际旅游与管理学院院长，教授、博士生导师
王春雷　上海对外经贸大学会展与旅游学院院长，教授
朱　伟　天津农学院人文学院副教授
邓爱民　中南财经政法大学旅游发展研究院院长，教授、博士生导师
程丛喜　武汉轻工大学旅游管理系主任，教授
周　霄　武汉轻工大学旅游研究中心主任，副教授
黄其新　江汉大学商学院副院长，副教授
何　彪　海南大学旅游学院副院长，副教授

普通高等学校"十四五"规划旅游管理类精品教材
教育部旅游管理专业本科综合改革试点项目配套规划教材

总主编 ◎ 马 勇

酒店餐饮管理
Hotel Food&Beverage Management

邹益民　陈业玮　陈　俊 ◎ 编著

http://www.hustp.com

中国·武汉

图书在版编目(CIP)数据

酒店餐饮管理/邹益民,陈业玮,陈俊编著. —武汉：华中科技大学出版社,2017.9(2022.8重印)
　全国普通高等院校旅游管理专业类"十三五"规划教材
　ISBN 978-7-5680-3141-7

Ⅰ.①酒…　Ⅱ.①邹…　②陈…　③陈…　Ⅲ.①饮食业-商业管理-高等学校-教材　Ⅳ.①F719.3

中国版本图书馆 CIP 数据核字(2017)第 171063 号

酒店餐饮管理
Jiudian Canyin Guanli

邹益民　陈业玮　陈　俊　编著

策划编辑：	李　欢　周清涛
责任编辑：	李家乐
封面设计：	原色设计
责任校对：	李　琴
责任监印：	周治超
出版发行：	华中科技大学出版社(中国•武汉)　电话：(027)81321913
	武汉市东湖新技术开发区华工科技园　邮编：430223
录　　排：	华中科技大学惠友文印中心
印　　刷：	武汉市籍缘印刷厂
开　　本：	787mm×1092mm　1/16
印　　张：	17.5　插页：2
字　　数：	423 千字
版　　次：	2022 年 8 月第 1 版第 5 次印刷
定　　价：	49.80 元

本书若有印装质量问题,请向出版社营销中心调换
全国免费服务热线：400-6679-118　竭诚为您服务
版权所有　侵权必究

Abstract

本书从酒店餐饮业务的定位、特点及管理要求出发，建立餐饮管理的基本体系，注重各种业务的逻辑关系与理论应用，内容包括餐饮管理基本问题、餐饮管理前期决策、餐饮采供业务管理、餐饮厨房业务管埋、餐饮产品管理实务、餐饮服务品质管理、餐饮营销策略管理、餐饮安全业务管理、餐饮经营效益管理。本书突出"目标导向，学思结合，学以致用"的教学思想，既可作为高等院校旅游与酒店管理专业的教材，也可作为酒店管理培训教材与酒店经理人的参考读物。

This book provides a thorough guide to the management of food and beverage in hotels, from the positioning, characteristics and operation requirements to the basic system with logic relations between each operation and theoretical applications. It covers the contents as basic issues of food and beverage management, preliminary decision-making of food and beverage management, purchasing and delivery of food and beverage operation, kitchen operation and management, food and beverage product management practices, food and beverage service quality management, food and beverage marketing operation, food and beverage safety management, food and beverage benefit management. It explores the teaching approaches with objective orientation, studying and thinking combination, and studying for the purpose of application. It could be regarded as not only the textbook for students major in hotel management of universities and colleges, but also the training materials for hotel management, or additional reading for hotel managers.

总 序

  旅游业在现代服务业大发展的机遇背景下,对全球经济贡献巨大,成为世界经济发展的亮点。国务院已明确提出,将旅游产业确立为国民经济战略性的支柱产业和人民群众满意的现代服务业。由此可见,旅游产业已发展成为拉动经济发展的重要引擎。中国的旅游产业未来的发展受到国家高度重视,旅游产业强劲的发展势头、巨大的产业带动性必将会对中国经济的转型升级和可持续发展产生良好的推动作用。伴随着中国旅游产业发展规模的不断扩大,未来旅游产业发展对各类中高级旅游人才的需求将十分旺盛,这也将有力地推动中国高等旅游教育的发展步入快车道,以更好地适应旅游产业快速发展对人才需求的大趋势。

  教育部 2012 年颁布的《普通高等学校本科专业目录(2012 年)》中,将旅游管理专业上升为与工商管理学科平行的一级大类专业,同时下辖旅游管理、酒店管理和会展经济与管理三个二级专业。这意味着,新的专业目录调整为全国高校旅游管理学科与专业的发展提供了良好的发展平台与契机,更为培养 21 世纪旅游行业优秀旅游人才奠定了良好的发展基础。正是在这种旅游经济繁荣发展和对旅游人才需求急剧增长的背景下,积极把握改革转型发展机遇,整合旅游教育资源,为我国旅游业的发展提供强有力的人才保证和智力支持,让旅游教育发展进入更加系统、全方位发展阶段,出版高品质和高水准的"全国普通高等院校旅游管理专业类'十三五'规划教材"则成为旅游教育发展的迫切需要。

  基于此,在教育部高等学校旅游管理类专业教学指导委员会的大力支持和指导下,华中科技大学出版社汇聚了国内一大批高水平的旅游院校国家教学名师、资深教授及中青年旅游学科带头人,面向"十三五"规划教材做出积极探索,率先组织编撰出版"全国普通高等院校旅游管理类专业'十三五'规划教材"。该套教材着重于优化专业设置和课程体系,致力于提升旅游人才的培养规格和育人质量,并纳入教育部旅游管理专业本科综合改革试点项目配套规划教材的编写和出版,以更好地适应教育部新一轮学科专业目录调整后旅游管理大类高等教育发展和学科专业建设的需要。该套教材特邀教育部高等学校旅游管理类专业教学指导委员会副主任、中国旅游协会教育分会副会长、中组部国家"万人计划"教学名师、湖北大学旅游发展研究院院长马勇教授担任总主编。同时邀请了全国近百所开设旅游管理本科专业的高等学校知名教授、学科带头人和一线骨干专业教师,以及旅游行业专家、海外专业师资等加盟编撰。

  该套教材从选题策划到成稿出版,从编写团队到出版团队,从内容组建到内容创新,均展现出极大的创新和突破。选题方面,首批主要编写旅游管理专业核心课程教材、旅游管理专业特色课程教材,产品设计形式灵活,融合互联网高新技术,以多元化、更具趣味性的形式引导学生学习,同时辅以形式多样、内容丰富且极具特色的图片案例、视频案例,为配套数字出版提供技术支

持。编写团队均是旅游学界具有代表性的权威学者,出版团队为华中科技大学出版社专门建立的旅游项目精英团队。在编写内容上,结合大数据时代背景,不断更新旅游理论知识,以知识导读、知识链接和知识活页等板块为读者提供全新的阅读体验。

在旅游教育发展改革发展的新形势、新背景下,旅游本科教材需要匹配旅游本科教育需求。因此,编写一套高质量的旅游教材是一项重要的工程,更是承担着一项重要的责任。我们需要旅游专家学者、旅游企业领袖和出版社的共同支持与合作。在本套教材的组织策划及编写出版过程中,得到了旅游业内专家学者和业界精英的大力支持,在此一并致谢!希望这套教材能够为旅游学界、业界和各位对旅游知识充满渴望的学子们带来真正的养分,为中国旅游教育教材建设贡献力量。

丛书编委会
2015 年 7 月

前言

《国务院关于加快发展现代职业教育的决定》提出,要采取试点推动、示范引领等方式,引导一批普通本科高等学校向应用技术类型高等学校转型,重点举办本科职业教育。这就意味着普通高校旅游管理与酒店管理专业原来的培养模式与教学体系需要及时调整,以适应转型的需要。而教材是课堂教学的基础,所以,编写适应应用型本科教学特点与要求的教材就显得非常必要。正是在此背景下,我们编写了这本《酒店餐饮管理》教材。该书可作为高等院校及高职院校旅游管理与酒店管理专业"酒店餐饮管理"课程的教材,也可以作为酒店企业管理培训的教材与酒店经理人的参考读物。

一、课程定位

教材是为课程教学服务的,所以首先必须明确课程的定位。"酒店餐饮管理"属于旅游管理与酒店管理专业的业务管理课程,有三个基本定位:一是专业课程,必须体现专业性,即具有特定的研究对象、研究内容与相应的专业知识与专业管理技术;二是酒店餐饮业务,属于部门管理范畴,与餐饮企业管理在性质与管理范围上存在差异;三是高档酒店,属于综合性经营模式的酒店,具有餐饮规模大、餐饮品种多、管理要求高等基本特征。

二、教材认知

教材不是研究专著,而是引导教师和学生思考、分析、解决问题的指南,应该为教师教学和学生学习留有足够的空间。所以,教材应以学生的"应知应会"为基本依据,以基本观点、基本思路、基本体系为主体。教材不一定追求对于某个问题的深入研究,不一定需要文献综述,但一定要能帮助教师与学生掌握基本问题、基本思路,把握酒店管理发展的基本方向,并能在训练学生的思维方式与思维能力方面起到良好的促进作用。

三、本书构思

本书力求体现"目标导向,学思结合,学以致用"的基本思想,并在以下三个方面有所创造,有所进步。

(1) 体系严谨。本书体系力求体现目标导向,主线清晰,层次清楚,结构严谨,符合"酒店餐饮管理"课程教学要求的基本思想。本书体系主要有三条基本思路:一是从餐饮业务特征出发,围绕管理要求,展开餐饮管理活动,以此构成了本书的主线及内容体系;二是以餐饮

业务活动的纵向结构为基本思路来安排各章节的顺序,其中,第一章为餐饮管理的基本问题,第二章为餐饮管理前期决策,第三章为餐饮采供业务管理,第四章为厨房业务管理,第五章为餐饮产品管理,第六章为餐饮服务品质管理,第七章为餐饮营销策略管理,第八章为餐饮安全业务管理,第九章为餐饮经营效益管理;三是原则上以提出问题、分析问题、解决问题为基本思路来安排各章内容,其中,学习导引主要为提出问题,各章节内容为分析与解决问题,思考与练习则主要作为进一步思考与运用。

(2) 内容务实。本书在编写过程中,注重吸收先进理论与方法,注重总结与传播先进经验。尽量采用国际、国内最新研究成果作为理论依据,介绍先进的管理方法,并通过一些典型案例的形式,帮助学生进一步理解和掌握酒店餐饮管理的精髓。另外,酒店餐饮管理的各类表单众多,一方面由于教材篇幅有限,难以一一列出,另一方面考虑到互联网背景下,该类工具性资料很容易搜集,所以本书除了部分为清晰说明相关内容的表单外,绝大部分表单做了省略处理。

(3) 突出应用。本书在编写过程中,注重学思结合,融会贯通,学以致用。在教师"教"的过程中,既要传授基本专业知识,更要传道、解惑,培养学生分析与解决实际问题的能力。学生在"学"的过程中,必须学而思之,思而做之,要知其然,更要知其所以然,且懂得如何运用,并通过多种环节的实践,温故而知新,进一步掌握所学知识与技能。所以,本书内容尽可能贴近现实,每章开始就明确提出了学习目标,各章最后安排了一定数量的思考题、练习题和案例分析题,以便帮助学生复习和掌握各章内容,并启发学生进一步思考和研究。

四、写作分工

本书由浙江大学饭店管理研究所所长、浙江大学城市学院学科带头人邹益民教授、浙江大学城市学院副教授陈业玮博士与浙江梅苑酒店管理公司副总经理陈俊先生共同编写。邹益民负责教材体系的设计、编写提纲的制定及全书的充实完善与统稿,陈俊负责从专业性、现实性、可操作性的角度对全书进行审定。各章的编写分工如下:第一、二、四章的初稿由邹益民编写,第五、六、七章的初稿由邹益民、陈业玮共同编写,第三、八、九章的初稿由陈业玮编写。

五、帮助致谢

本书在编写过程中,引用了众多学者的观点与思想,还采用了一些企业的成功经验,虽然尽可能作了标注,但疏忽遗漏之处在所难免,敬请广大读者批评指正。同时,华中科技大学出版社的李欢编辑给予了真诚的帮助,并提出了建设性的编写意见。在此,一并致谢!

"酒店餐饮管理"是一门业务复杂、应用性、时代性极强的课程,涉及学科众多,变化日新月异。所以,本书仅仅是一种初步的探索,还有诸多缺陷和遗憾,衷心希望各位读者提出宝贵意见,并与我们分享您的思想和经验。

邹益民

2017 年 2 月于浙江大学

Contents 目 录

01 第一章 酒店餐饮管理的基本问题
Chapter 1　Basic Issues of Food and Beverage Management in Hotels

- 第一节　酒店餐饮管理的特点与要求 　/1
  - ❶ Characteristics and Requirements of Food and Beverage Management
- 第二节　酒店餐饮市场分析与创新发展 　/6
  - ❷ Food and Beverage Market Analysis and Innovation
- 第三节　酒店餐饮组织与员工管理 　/19
  - ❸ Food and Beverage Organization and Staff Management

35 第二章 酒店餐饮管理的前期决策
Chapter 2　Preliminary Decision-making of Food and Beverage Management

- 第一节　餐饮设施规划设计 　/35
  - ❶ Planning and Design for Food and Beverage Facilities
- 第二节　酒店餐饮经营决策 　/45
  - ❷ Food and Beverage Operation Decision-making
- 第三节　酒店餐饮菜单决策 　/53
  - ❸ Menu Decision-making

61 第三章 酒店餐饮采供业务管理
Chapter 3　Purchasing and Delivery of Food and Beverage Operation

- 第一节　餐饮原料采购管理 　/61
  - ❶ Purchasing Management for Food and Beverage Materials
- 第二节　餐饮原料验收管理 　/67
  - ❷ Check and Acceptance for Food and Beverage Materials

第三节　餐饮食品仓库管理　　　　　　　　　　　　　　　　　　　　/74
❸　Inventory Management for Food and Beverage Materials

第四章　酒店餐饮厨房业务管理
Chapter 4　Kitchen Operation and Management

第一节　酒店厨房基础管理　　　　　　　　　　　　　　　　　　　　/82
❶　Basic Management for Hotel Kitchens

第二节　酒店菜点质量控制　　　　　　　　　　　　　　　　　　　　/92
❷　Quality Control for Dishes

第三节　酒店菜点研发管理　　　　　　　　　　　　　　　　　　　　/97
❸　Research and Development Management for Dishes

第五章　酒店餐饮产品管理实务
Chapter 5　Food and Beverage Product Management Practices

第一节　酒店餐饮基本产品管理　　　　　　　　　　　　　　　　　　/104
❶　Daily Product Management for Food and Beverage

第二节　酒店宴会产品管理　　　　　　　　　　　　　　　　　　　　/116
❷　Banquet Product Management

第三节　酒店餐饮酒吧产品管理　　　　　　　　　　　　　　　　　　/131
❸　Pub Product Management

第六章　酒店餐饮服务品质管理
Chapter 6　Food and Beverage Service Quality Management

第一节　餐饮服务规范设计　　　　　　　　　　　　　　　　　　　　/143
❶　Specification Design for Food and Beverage Service

第二节　餐饮服务现场控制　　　　　　　　　　　　　　　　　　　　/150
❷　On-site Control for Food and Beverage Service

第三节　餐饮服务品质评价　　　　　　　　　　　　　　　　　　　　/156
❸　Quality Assessment for Food and Beverage Service

167 第七章　酒店餐饮营销策略管理
Chapter 7　Food and Beverage Marketing Strategies Management

第一节　餐饮常规推销策略　　/167
❶ Traditional Sales Promotion for Food and Beverage

第二节　餐饮专项活动促销　　/178
❷ Special Campaign Promotion for Food and Beverage

第三节　餐饮口碑营销策略　　/191
❸ Oral Marketing Tactics of Food and Beverage

202 第八章　酒店餐饮安全业务管理
Chapter 8　Food and Beverage Safety Management

第一节　酒店餐饮卫生管理　　/202
❶ Sanitary Management for Food and Beverage in Hotels

第二节　酒店食品安全管理　　/207
❷ Food Safety Management in Hotels

第三节　餐饮安全事故管理　　/214
❸ Trouble Management for Safety of Food and Beverage Management

226 第九章　酒店餐饮经营效益管理
Chapter 9　Food and Beverage Benefit Management

第一节　酒店餐饮预算管理　　/226
❶ Budget Management of Food and Beverage

第二节　餐饮收入与成本管理　　/236
❷ Revenue and Cost Management of Food and Beverage

第三节　餐饮经营效益分析　　/252
❸ Benefit Analysis of Food and Beverage

264 本课程阅读推荐
Reading Recommendation

266 参考文献
References

第一章

酒店餐饮管理的基本问题

学习导引

酒店行业有一俗语:"客房挣票子,餐饮打牌子。"前者主要说明客房是酒店的利润中心,而后者则充分强调餐饮的市场影响力。酒店是凭借各种硬件设施向顾客提供食宿等服务,并为顾客创造愉悦经历,从而获得相应效益的经济组织。餐饮业务作为酒店业务的重要组成部分,其经营管理水平的高低对酒店经营的成败至关重要。那么,究竟餐饮业务在酒店经营中处于何种地位?它与其他部门相比具有哪些管理特点?酒店餐饮经营想要成功,关键需要思考与解决哪些基本问题?本章的内容将帮助你找到一些答案。

学习重点

通过本章学习,你应该重点掌握:
1. 餐饮业务在酒店中的地位;
2. 酒店餐饮管理的特点与要求;
3. 酒店餐饮市场环境及创新管理要求;
4. 酒店餐饮的组织与员工管理。

第一节 酒店餐饮管理的特点与要求

要做好酒店餐饮管理,首先必须认知酒店餐饮的业务地位,了解酒店餐饮管理的主要特点,把握酒店餐饮管理的基本要求。

一、酒店餐饮业务的地位

餐饮业务在酒店经营中处于何种地位,主要取决于餐饮的功能定位,而餐饮功能则主要

取决于餐饮的规模与档次。一般来说,餐饮业务在酒店经营中主要有以下三个基本功能。

(一)基本服务部门

膳食既是人们得以生存的生理需要,也是人们追求生活品质的心理需要。作为"顾客之家"的酒店,要满足顾客的基本需求,必须具有基本的膳食服务功能,而要满足顾客高层次的需求,则需要具有完善的餐饮服务设施,比如各类中西餐厅、宴会厅、酒吧等。可以说,餐饮业务是酒店满足顾客需要不可或缺的服务部门,否则它就不是一个完整意义上的酒店。当然,餐饮业务依据酒店类型、规模、档次的不同而不同。对于一家规模较小、档次不高的酒店而言,餐饮业务一般属于配套服务,而对于一家规模较大、档次较高的酒店来说,餐饮业务则应该是主要业务,甚至是支柱业务。①

(二)主要收入来源

酒店收入主要由客房、餐饮、康乐等收入组成,餐饮收入一般在酒店总收入中占据三分之一以上的比重,而且餐饮收入往往是决定酒店营业收入多寡的关键项目。因为餐饮收入与客房收入相比,具有收入弹性大的特点。客房收入来源于住店顾客,在其房间数和房价不变的情况下,客房收入是相对固定的,而餐饮的服务对象除了住店顾客外,还有非住店顾客,特别是随着人民生活水平的提高及消费观念与方式的改变,婚宴、生日宴等家宴收入往往占据了餐饮收入的半壁江山。不仅如此,餐饮的人均消费也是一个变量,往往因酒店餐饮设施的多寡与餐饮服务的优劣而变化。

(三)竞争关键要素

一家酒店要想在激烈的市场竞争中占据优势地位,关键取决于该酒店的竞争力,而酒店餐饮经营好坏则是酒店竞争力强弱的关键要素。

首先,餐饮设施与服务是决定一家酒店档次高低的重要因素。在我国评定酒店星级的标准中,餐饮设施的多寡与档次高低是评定酒店星级高低的关键要素。

其次,餐饮产品是酒店的核心产品。酒店餐饮产品具有技术性强、专业程度高、不易模仿、对顾客影响大等特点,餐饮设施、菜点与服务水平往往是顾客选择酒店的重要因素,尤其是会议团队。所以,餐饮服务水平的高低,不仅直接决定顾客的消费体验,而且直接影响顾客的消费水平。

再次,餐饮营销活动是酒店营销活动的重头戏。一方面,酒店餐饮促销活动内容丰富,形式多样,比如美食节、节假日、网络团购等,既能很好地吸引顾客的眼球,让顾客蠢蠢欲动,还能够让顾客身临其境,流连忘返;另一方面,酒店餐饮产品往往也是酒店整体营销活动的重要组成部分,比如酒店大礼包、特定节假日促销活动等,餐饮产品往往扮演着撬动顾客消费欲望的"马前卒"的角色。

二、酒店餐饮业务的特点

餐饮管理,就是对餐饮原料采供、厨房生产、产品销售、餐厅服务等业务环节所进行的决策、计划、组织、领导、控制的过程。餐饮业务与酒店其他业务相比,具有以下三个基本特点。

---

① 本教材所研究的酒店是指高档次的综合性酒店,教材中若未明确说明何种酒店,均指该类酒店。

（一）业务内容杂，管理难度高

酒店餐饮业务构成复杂，是一项集经营与管理、技术与艺术于一体的业务活动。

1. "三位一体"

餐饮业务既有菜点的制作，又有产品的销售，更有对客服务，可以说是集制造业、零售业、服务业特征于一体的综合业务。[1]

（1）餐饮的核心产品是菜点，而菜点的制作具有制造业的特征：一是制作菜点须有原材料，否则"巧妇难为无米之炊"；二是厨师制作菜点须有足够的经验与技术，否则难以生产出精致可口的菜点；三是制作菜点需要理想的厨房设备与工具，正所谓"工欲善其事必先利其器"；四是厨师必须根据菜点标准及顾客需求制作菜点，这就是制造业的订单生产特征。

（2）餐饮业务具有销售业的性质，需要餐饮部门的各类人员具有良好的市场意识与销售技巧。管理者具有良好的市场意识，才能做出正确的营销决策，构建有效的销售体系；厨师具备良好的市场意识，才能开发出具有市场卖点的菜点；服务人员具有良好的市场意识与推销技巧，才能使顾客乐于消费，并提高顾客的人均消费水平。

（3）餐饮业务具有服务业的性质。顾客之所以到酒店用餐，并愿意支付远高于在家用餐的费用，原因在于酒店能提供令顾客舒适与舒心的服务。顾客能否真正满意，并愿意为服务付费，最终取决于餐饮服务是否能够赢得顾客的认可。

由此可见，要做好酒店餐饮管理，既要在市场调研的基础上，完善产、供、销各个环节的管理体系，又要加强现场控制，增强服务意识，注重推销与服务技巧。

2. 业务涉及面广

餐饮业务管理内容众多，范围广泛，既有市场经营，又有内部管理；既有外部关系处理，又有内部关系协调。可以说，餐饮管理是一个微型酒店管理的缩影。

由此可见，酒店餐饮管理要想达到理想境界，既要考虑根据酒店外部市场的变化和内部的资源与能力选择正确的经营目标、方针和策略，又要考虑根据管理目标合理组织酒店内部的人、财、物；既要根据客观规律组织生产服务，增强科学性，又要从实际出发，因地制宜，提高艺术性。

3. 人员构成复杂

由于餐饮业务活动的多重性，必然导致餐饮人员构成的多样性。一般来说，酒店餐饮部门除了必要的管理人员外，还有中西餐厨师、点心师、调酒师、点菜师、宴会设计师、销售经理、各类服务人员及辅助人员。

由此可见，餐饮人力资源管理必须注重分类管理，有的放矢。

（二）影响因素多，质量波动大

餐饮服务质量是餐饮管理的重中之重，而影响餐饮服务质量的因素则是多种多样的。

1. 主观成分多

餐饮服务是以手工劳动为基础的，无论是菜点的制作，还是现场服务的提供，主要靠人的直观感觉来控制，极易受到人的主观因素的制约。因此，员工的知识经验、心理状态、生理

---

[1] 吴坚.餐饮企业经营策略第一书[M].北京：中华工商联合出版社，2014.

特征等都会对餐饮质量产生直接的影响。

2. 顾客差异大

俗话说,众口难调。酒店顾客来自不同的国家、不同的地区、不同的民族,其生活习惯不同,口味要求各异。这就不可避免地会出现同样的菜点和服务,产生截然不同的评价。此外,顾客的素质差异也会对员工情绪产生影响而导致餐饮服务的差异。

3. 内外依赖强

餐饮服务质量的好坏,不仅依赖外部市场的供应,而且还受到酒店内部各方面关系的制约。不仅要求餐饮原料采供、厨房的粗加工、切配、炉台、餐厅服务等环节的环环紧扣,而且还要求营销、工程、保安、财务等部门的紧密配合。稍有脱节,就会产生质量问题。

由此可见,要提高餐饮服务质量,必须树立系统观念,实行全员、全过程和全方位的控制。既要注意餐饮硬件设施的建设和完善,更要重视顾客心理与员工素质,加强智力投资,抓好软件建设;既要注重酒店各部门的互相协作,互相配合,又要注重全体员工立足本职,恪尽职守。

(三) 成本范围广,控制难度大

餐饮成本具有构成广泛、变化较大的特点。

1. 原料构成复杂

从构成原材料成本的货物来看,有鲜活商品、干货、半成品、蔬菜瓜果等。这些原材料的流通费用、储存方式、拣洗、宰杀、拆卸、涨发、切配方法和配置比例各不相同,加工过程中损耗程度区别较大。

2. 价格变动大

餐饮原材料的价格往往随行就市,受到供求关系的制约,变动相对比较频繁。但是,酒店的菜点价格又不能经常变动,这对于酒店控制餐饮毛利率增加了一定的难度。

3. 餐饮费用多

除了餐饮原料成本外,还有众多费用,如燃料费、动力费用、劳动工资、销售费、餐具等易耗品的消耗费用、设备的折旧费等,其中有些是易碎品,损耗控制难度较大。

由此可见,要有效提升餐饮经营的经济效益,就必须特别注重餐饮成本的特点,加强餐饮成本控制,降低消耗,以掌握餐饮毛利率控制的主动权。同时,也要有效控制餐饮各类费用,以提升餐饮的利润率。

三、酒店餐饮管理的要求

餐饮管理要卓有成效,必须根据酒店的整体战略及对餐饮功能的基本定位,明确餐饮管理的基本要求。[①]

(一) 赏心悦目的环境

顾客之所以选择到酒店用餐,除了因为认可酒店的服务水平外,良好的用餐环境也是一个非常重要的因素。所以,要满足顾客的需要,酒店必须注重给顾客营造赏心悦目的就餐环

---

① 邹益民. 现代饭店餐饮管理[M]. 3版. 北京:中国财政经济出版社,2010.

境。一般来说,酒店餐饮的环境应该达到五个基本要求:一是餐厅装潢要精致、舒适、典雅、富有特色;二是灯光、色彩要柔和协调;三是陈设布置要有序美观;四是餐厅及各种用具要整洁卫生;五是服务人员站立位置要恰当,仪表要端庄,表情要自然,有一种和谐亲切的气氛。

(二)丰富可口的菜点

酒店菜点应该品种多样,精致可口。一般来说,酒店的菜点体系应具备六种特性:一是可口性,即菜点必须口味纯正、味道鲜美;二是特色性,即菜点必须具有明显的地方特色和酒店风格;三是时间性,即菜点必须有时令性特点和时代气息,适应人们口味要求的变化;四是针对性,要根据不同的对象安排、制作不同的菜点;五是营养性,菜点要注意合理的营养成分;六是艺术性,即菜食的刀工、色泽、造型等要给人一种美的享受。

(三)令人放心的卫生

餐饮卫生工作的好坏,不仅直接关系到顾客的身体健康,而且也关系到酒店的声誉和经济效益。如果被顾客视为卫生信不过的单位或产生食物中毒事件,那么不良的严重后果就可想而知。

令人放心的卫生,必须达到两个标准:一是外观上的干净,无水迹,无异味,这是视觉和嗅觉的检测标准;二是内在的卫生,即必须符合卫生防疫部门的检测标准。

(四)舒适完美的服务

卓越的服务是酒店餐饮竞争力的关键要素,酒店必须在美、情、活、快这四个字上用心塑造舒适完美的餐饮服务。

1. 美

美,就是给顾客一种美的感受,主要表现为服务员的仪表美、心灵美、语言美、行为美。如仪表美,就要求服务人员应有健康而端庄的容貌,整洁而大方的服饰,自然而亲切的表情,稳重而文雅的举止。

2. 情

情,即服务必须富有一种人情味,这就要求服务人员在对客服务中,做到态度热情,问答耐心,语言诚恳,行为主动。

3. 活

活,则主要是指服务要恰到好处。这就要求服务员不要把标准当作教条,要根据不同的时机、场合、对策,灵活应变,在"顾客至上"这一最高准则的指导下,把规范服务和个性服务有机结合起来。

4. 快

快,即在服务效率上满足顾客的需要,出菜与各种服务要及时准确。

(五)全面满意的效益

检验餐饮管理工作好坏的最终标准是效益,不同类型、性质的酒店,餐饮功能定位不尽相同,对于其效益的评价也有所不同。总的来说,酒店餐饮管理应该追求全面满意的结果,主要体现在以下三个方面。

1. 投资者满意

投资者满意,即实现理想的经济与社会效益。一般来说,餐饮经济效益主要有两个方面:一是直接效益,是指餐饮部的经济效益,即盈利水平,餐饮部应在谋求酒店整体效益的基础上,努力提高本部门的经济效益;二是间接效益,是指为客房及酒店其他设施的销售所创造的条件和对提高整个酒店的知名度和竞争力的影响。社会效益,则体现在酒店餐饮履行社会责任、引领餐饮方向、维护市场秩序、创造管理经典、推进整个社会文明进步方面的贡献。

2. 顾客满意

顾客满意,即依法诚信经营,并为顾客创造理想价值。这主要体现在不断研究社会对于餐饮服务的需求,设计与提供符合社会发展要求的餐饮产品,为满足人们日益增长的提高生活品质的要求及商务活动需求做出应有的贡献。

3. 员工满意

员工满意,即为员工提供快乐工作的环境与平台,让员工感觉美好。主要体现在:一是为员工提供实现职业生涯发展目标的机会,并提升他们的专业能力;二是为员工创造宽松适度、井然有序、温馨友好的工作环境;三是不断增加员工的收入,为提高员工的生活品质奠定必要的基础。

第二节 酒店餐饮市场分析与创新发展

酒店餐饮经营以市场为基础,而市场又是供求关系的总和。所以,要实现酒店餐饮管理目标,就必须研究酒店餐饮消费者与酒店餐饮的竞争对手,并做到与时俱进,实现创新发展。

一、餐饮消费者分析

市场经济是消费者经济,要赢得市场就必须赢得消费者。餐饮经营者必须仔细研究和揣摩消费者的消费欲望、消费心理和消费行为,以便提供消费者需要的餐饮产品。

(一)餐饮消费需求特征

餐饮消费需求,是指具有餐饮消费欲望与消费能力的需要。酒店餐饮消费需求一般具有以下四个基本特征。

1. 需求的社会性

人是社会人,餐饮消费需求必然受到社会环境的影响与制约。餐饮消费需求的社会性主要体现在:一是社会区域环境决定餐饮消费需求的基本特征;二是社会发展阶段决定餐饮消费需求的基本层次;三是社会文化背景决定餐饮消费的价值观而影响顾客需求的基本方向。

2. 需求的层次性

根据马斯洛的需求层次理论,人的需求按照重要性和层次性排序,具有生理、安全、社交、尊重、自我实现五种不同层次的需要。餐饮消费需求同样

知识关联

亚伯拉罕·马斯洛(Abraham H. Maslow),第三代心理学的开创者。他提出的需求层次理论成为学界与业界的研究与管理依据。代表作品有《动机和人格》、《存在心理学探索》、《人性能达到的境界》等。

存在层次性,最基本的需求是生理与安全需求,即吃饱、吃好,并保证自身的人身与财产安全。其次是尊重需求,即受到热情接待,不因为消费多寡而遭受不同待遇。再次是审美需求,即感到赏心悦目,有一种美的享受。最后则是自我实现的需求,即自我个性的张扬,自我情感的满足,自我身份的突显,此层次需求满足的最高境界是能给顾客提供突显尊贵餐饮体验的"炫耀资本"。

3. 需求的差异性

在不同的地域环境中,人们的消费观念、消费偏好、消费口味是完全不同的,而顾客的生活方式、价值观念、年龄、受教育程度,乃至所从事的职业特点,都会给餐饮消费需求带上明显的人性差异色彩。

4. 需求的高弹性

酒店餐饮消费需求属于派生性需求,具有弹性大的基本特征。其需求强度主要取决于以下因素:顾客的消费欲望与消费能力;酒店餐饮设施的完善程度;酒店餐饮的促销氛围;酒店餐饮的服务水平。

(二) 餐饮消费行为类型

由于顾客的经历、个性、消费价值观等方面的不同,顾客的消费行为必然也有差异。根据顾客的消费动机不同,餐饮消费行为主要可分为以下五种类型。

1. 便利型消费

便利型消费,即以注重服务场所和服务方式的便利为动机的消费行为。该类消费行为的顾客大体有两种:一是生活方式简单、时间观念强的顾客;二是消费时间紧迫的顾客,比如赶飞机、参加商务活动等。这类顾客的共同特点是希望在接受服务时能方便、迅速、快捷。

为了满足这类顾客的需求,酒店餐饮经营首先需要考虑是否设置该类功能的餐饮设施,如自助餐厅、快捷服务餐厅等。如没有此类设施,则须在服务流程设计时,设置个性化服务项目,以方便顾客为宗旨,尽可能简化服务程序,提高服务效率,以提供便利、快捷、准确的服务。

根据著名营销大师菲利浦·科特勒的理论,消费者行为可以分为3个阶段:一是量的消费阶段;二是质的消费阶段;三是情感消费阶段。

2. 求廉型消费

求廉型消费,即以注重饮食消费价格的低廉为主要动机的行为类型。这类顾客大都具有精打细算的节俭心理,十分注重菜点和服务收费的价格。

该类消费群体虽说不是酒店餐饮的目标顾客,但在酒店住店的顾客中,不乏有一些这种消费类型的顾客。所以,酒店也必须给予足够的重视,尽可能使该类顾客能够找到他们所需要的餐饮产品。

3. 享受型消费

享受型消费,即以注重物质与精神享受为主要动机的消费行为。这类顾客一般都具有一定的社会地位和经济实力,他们比较注重用餐的环境、服务的档次,对价格则不太敏感。

这类顾客应该说是酒店餐饮经营的主要目标群体。

为了满足这类顾客的需求，酒店不仅要注重餐饮设施、菜点及服务的设计，而且还必须注重员工素质的提升，加强服务现场的管理，给顾客提供愉悦、美好的餐饮服务。

4. 求新型消费

求新型消费，即以注重新颖、时尚、稀奇为主要动机的消费行为。这类顾客往往个性张扬，标新立异，属于典型的感性消费者，即以个人的喜好作为购买决策标准，对餐饮产品"情绪价值"的重视胜过对"机能价值"的重视的消费者。

为了满足这类顾客的需求，酒店餐饮经营必须具有以"新、奇、特"的理念，积极开展创新各种活动，做到餐厅装修别具一格，菜点制作别出心裁，服务提供独具神韵。

5. 健康型消费

健康型消费，即以注重食物的营养保健作用为主要动机的消费行为。这类顾客希望通过食物的营养食疗达到营养保健的目的，回归自然，追求健康和无污染的绿色食品是这类顾客的主流。

为满足这类顾客的需求，酒店不但应在菜点的原料上下功夫，并注重开发符合营养保健的菜品，还应注重员工健康养生知识的培训，提升餐饮养生保健服务的专业水平。

（三）餐饮消费基本趋势

随着人们生活水平的提高以及生活节奏的加快，越来越多的老百姓开始选择在外就餐，餐饮消费无疑逐渐成为老百姓的刚性需求。根据中国烹饪协会的调查显示，除工作就餐外，频繁在外消费、每周四次以上的占到6.2%，每周在外就餐2～3次占51.1%，每周外出一次或一次以下的占38.8%，而3.9%的受访者几乎天天都在外用餐。①不过，对于高星级酒店来说，除了住店顾客外，本地顾客主要还是以较高层次的家宴、商务宴请与朋友聚会为主。在新的环境条件下，酒店餐饮消费主要呈现出以下一些趋势。

1. 圈子化

俗话说，物以类聚，人以群分。随着体验共享时代的到来，餐饮顾客消费日益呈现圈子化趋势。

圈子，是指具有相同爱好、兴趣或者为了某个特定目的而联系在一起的人群。有可能是迷恋一种生活品位，又或者是一种特殊的休闲爱好，都能让人走到一起，形成圈子，大的有商业圈子、娱乐圈子、文化圈子，小的如"驴友"、爱好摇滚音乐的、爱好美食的等，都有自己的圈子。随着移动互联网的发展，消费者的圈子化倾向日趋明显。曾几何时，一个人表示对另一个人比较深厚的感情时，往往把这个人请到家中吃一顿饭。现如今家是公开聚会越来越回避的场所，小圈子的活动几乎都会选在酒店、酒吧等地方。十几个人、几十个人围坐在一起，饮饮茶、喝喝酒、聊聊共同感兴趣的话题，交流彼此获取的不同信息，既是一种放松，也是一种收益。

这一趋势对酒店餐饮经营提出了精准化、精细化等管理要求，需要思考如何创造不同的餐饮产品以满足不同小众顾客的需要。

---

① 资料来源于中国烹饪协会2016年发布的《2015年餐饮消费调查报告》。

2. 体验化

随着社会财富的增长、人们消费需求的变迁,服务业开始向新的经济形态转移。小约瑟夫·派因(B. Joseph Pine Ⅱ)与詹姆斯·吉尔摩(James H. Gilmore)1998年在哈佛商业评论上发文指出,体验经济时代已经来临。① 人们消费不仅仅是为了满足基本生理需要,而且还希望得到精神层面的满足,希望消费能够给其带来全新的过程体验,甚至是改变其原有的某些习惯、观念、特性等。在体验经济时代,顾客到餐厅消费的体验追求主要表现为以下几点。

1) 特色化体验

与众不同的餐饮体验,是顾客选择餐厅的主要因素。根据中国烹饪协会的调查数据显示,顾客在选择餐厅时,风味特色、安全卫生、环境、价格和口碑是主要考虑的因素。其中,风味特色位列榜首,占据了32.8%的比例。② 从目前中国餐饮经营实践来看,吸引顾客的餐厅都具有一些别出心裁、独具神韵的特点,如有体现品位特色的、有体现时尚特色的、有体现文化特色的、有体现小资特色的等。总之,只要让顾客察觉新意,感受特别,就能在众多品牌中脱颖而出。

小约瑟夫·派因与詹姆斯·吉尔摩是美国战略地平线(Strategic Horizons LLP)顾问公司的共同创办人,也是体验经济理论的主要创始人。

2) 多样化体验

随着人民物质生活水平的提高、消费意识的改变、精神压力的增加,使得现代消费者要求酒店餐饮产品的功能在传统餐饮经营模式的基础上,融入健康养生的元素和更多参与性、休闲性的娱乐节目,如餐饮与食疗结合、餐饮与表演结合、餐饮与音乐结合、餐饮与运动结合、餐饮与书画欣赏结合等。同时,人们为了满足茶余饭后寻求休闲的需要,对独特的环境布置、新奇的主题文化及丰富的小吃点心的边缘餐饮也充满着一定的期待。比如,各类茶吧、音乐流声吧、布艺吧、玩具吧、书吧、咖啡吧、网吧、舞吧、影吧、陶吧、特饮屋等。

3) 难忘且有价值的经历

对于餐饮消费者来说,到酒店用餐追求的是一种经历,他们希望餐厅成为他们社会交际的舞台、商业洽谈的舞台、联络感情的舞台,以及展现个性与身份的舞台。食之乐是中国饮食文化的优良传统,也是中国饮食审美的一种境界。从饮食中寻找快乐,越来越成为人们追逐的另一种走向。除了烹制出美好滋味的食品来满足顾客由感官至内心的愉悦追求外,还应注重菜点的上菜方式、用餐方式的创新,追求一种独特的用餐氛围。当然,不同的顾客、不同的用餐时间与场合,会有不同的目的与追求。

由此可见,随着消费者对体验价值感知关注度的显著提高,消费者正逐渐从"价格敏感型"向"价值敏感型"转换,他们关注的往往是全方位的价值感体验,而不单单关注消费金额。酒店要想提高餐饮服务的顾客价值,就必须注重为顾客创造一种难忘而美好的个性体验。

---

① Pine Ⅱ B J, Gilmore J H. Welcome to the experience economy[J]. Harvard Business Review,1998(4).
② 资料来源于中国烹饪协会2016年发布的《2015年餐饮消费调查报告》。

为此,酒店必须特别注重服务体验的两个关键词:感觉与记忆。所谓感觉,就是顾客在接受酒店餐饮产品时的一种心理感受与认知;所谓记忆,就是顾客在享受餐饮服务后留在头脑中的印象。只有酒店餐饮产品具有独特的美好感觉与记忆,才有可能给顾客创造一次消费多次享受的使用价值。因此,如何在产品、服务和环境等全方位打造高价值感的就餐体验,是酒店餐饮经营者值得深思的问题。

3. 绿色化

随着人们对环境污染、生态平衡、自身健康等问题的关心程度日益提高,现代人在餐饮消费上将奉行"味美和营养并重"的消费理念,无公害、无污染的绿色食品和保健食品越来越受到广大消费者的欢迎,餐饮将朝着营养化、健康化的方向发展。在中国,轻盐、轻糖、轻油、轻脂肪、轻调味品的"五轻"烹饪原则被越来越多的消费者追捧,追求"低盐、低油、低热量",强调"本色、原味道和清淡"将成为菜点制作的一种基本趋势。

这一消费需求趋势告诉我们,酒店餐饮必须向绿色餐饮方向靠拢,要本着"营养、卫生、科学、合理"的原则,积极为顾客提供绿色的餐饮产品。

4. 网络化

在移动互联网时代,顾客获取餐厅信息渠道越来越依赖网络。据中国烹饪协会2015年的调查结果显示,有接近85%的受访者在网络(点评类网站、朋友圈、微博)分享美食自拍、餐饮消费体验或发表评论的经验。其中,近90%的人会受朋友在社交媒体的分享影响,有超过70%的受访者会选择美食类点评网站上普遍好评的餐厅,仅有5%的受访者表示他人的评价对其没有任何影响。另外,作为移动终端下载普及程度极高的微信则成为企业互联网营销的重点渠道。调查显示,受访者中关注或者关注过餐饮微信公众账号的比重超过一半,其中关注5家以上的达到30.3%。由此可见,互联网已成为消费者获取信息、评价餐厅优劣的主要渠道。应该说,互联网平台是一面放大镜,它既会成倍提高优质餐饮品牌的知名度,同时也会加速淘汰那些诚信度较低的餐饮品牌。

这一趋势表明,酒店的餐饮要想创造卓越的口碑,就必须充分借助网络平台,加强宣传促销与提供便捷服务,利用网络的一对一和交互式功能,加强与顾客的沟通,进一步了解顾客的需求及其变化,提供高附加值的信息,共同创造和满足个性化的需求,提高顾客的满意度。

知识活页 未来5年餐饮业的发展趋势

进入"十三五"时期,中国餐饮业也将迎来空间集聚化、产业融合化、服务智能化、品类定制化的"四化"发展机遇期。具体而言,"四化"分别是指:新型城镇化和区域协调发展为餐饮业空间集聚化发展创造战略机遇;跨界产业融合驱使餐饮行业解放思想,开门合作;居高不下的餐饮业用工成本与科技进步推动餐饮服务智能化加速;消费者生活方式转变和消费需求提升催生餐饮品类定制化发展。

"十三五"期间,餐饮经济转型应以拉动内需、提振消费为目的;产业转型以大众化、小而美、小而精为需求导向；功能转型以鼓励小微企业自我发展、服务民生、活跃经济为侧重点；定位转型以传承、创新中华民族饮食文化为切入点；形式转型则应充分利用"一带一路"、人文外交、饮食文化和技艺传承等国家战略规划。餐饮业仍应坚持以人为本、服务民生的基本原则，从自主创新、信息化经营管理、节能低碳、绿色发展、品牌战略等层面推动发展转型，优化发展结构，创新发展模式，提升服务质量，释放发展新动能。

第一，针对消费者消费偏好、消费习惯、消费方式的新变化，以及市场需求的新要求，餐饮市场发展呈现大众化、个性化、多元化特点。大众化餐饮成为市场绝对主体，不仅大众化餐饮概念得到充分拓展，形成不同的消费水平，且不断向多样化、特色化发展。大众化餐饮的市场覆盖也将体现便利、服务、适众的主导思想。

第二，餐饮企业在追逐盈利的同时，逐渐找回产品和服务这一餐饮行业的本质，企业竞争的着力点转向质量安全、品牌口碑和经营特色，不断提高管理水平。大型餐饮企业集团通过主品牌、副品牌扩大市场占有率，中国餐饮百强年收入占餐饮市场的比重将由7％提升至10％。

第三，"大众创业、万众创新"发展战略将在餐饮行业中得到充分体现，青年创业，特别是大学生创业，得到政策保障和多元社会资本支持，成为创业发展的生力军。

第四，广泛推广食品安全保障体系。《食品安全法》在"十三五"期间进入全面实施阶段，确保食品安全是餐饮行业的头等大事，确立以"预防为主、风险管理、全程控制"为核心的食品安全保障体系，以诚信经营为基础的企业社会责任，建立以食品安全为主要内容的行业奖惩机制，行业自律成为行业组织的核心任务。

第五，"中餐走出去"将有实质性进展，中餐国际化步伐加快。通过海外交流考察、鼓励赴海外投资开店，参与中餐烹饪技艺国际交流展示、参加国际烹饪技艺赛事等一系列活动，积极向全世界宣传推广中华餐饮文化；通过支持海外华商多样化的"转型升级"提升海外中餐质量和服务水平；通过国内品牌企业在海外开设"单品招牌店"，树立时尚中餐新形象；通过"中餐海外推广中心"加强国际餐饮市场合作发展，创建国家间战略项目平台，尝试建立海外中餐体验区，"催生"以海外市场为主体业务的外向型餐饮企业并使其走出国门。

(资料来源：中国烹饪协会会长姜俊贤在"2016第十届中国餐饮产业发展大会"的讲话摘要。)

二、市场竞争分析

市场经济是竞争经济，酒店餐饮要经营有方，就必须正确认知市场竞争，做到敢于竞争，善于竞争。

(一) 市场竞争的构成要素

市场竞争，是指经济主体在市场上为实现自身的经济利益和既定目标而不断进行角逐的过程。它一般由竞争者、竞争目标、竞争场与竞争策略四个要素构成。在此，竞争者是策略的制定者，是竞争的核心；竞争目标源于竞争者的需要，是竞争者之间角逐的对象；竞争场

为竞争者提供活动的场所、范围,它源于竞争者的活动;竞争策略则是竞争者为了达到竞争目标运用的手段和工具,是竞争的表现形式。

1. 竞争主体

要形成竞争,必须有两个以上的竞争主体,即竞争参与者。是否构成竞争,主要取决于经济主体目标的同一性与资源、利益的有限性。对酒店餐饮而言,主要存在三种竞争关系:一是同类酒店及与餐饮替代者之间的竞争,主要表现为争夺有限的资源(如人力资源等)和消费者;二是酒店与供应商之间的竞争,主要表现为讨价还价;三是酒店与消费者之间的竞争,同样表现为讨价还价。当然,从市场竞争的角度,还存在消费者之间的竞争和供应商之间的竞争,前者主要表现为争夺各自需要的酒店餐饮产品,后者主要表现为争夺各自需要的供货酒店。

市场竞争的形式是由市场的供求关系决定的,供大于求时,酒店之间的竞争就会异常激烈,当然供应商之间的激烈竞争也不可避免;在供不应求的情况下,消费者之间争夺有限酒店餐饮产品的竞争将成为竞争的主流。另一方面,酒店之间为争夺有限的物质资源也必然会打得不可开交。在供求相对平衡的情况下,市场竞争形式非常复杂,存在多种竞争关系,既有同行企业之间的竞争关系,又有企业与消费者之间的竞争关系,还有消费者之间的竞争关系。

2. 竞争客体

竞争客体即竞争目标,这里的目标是指满足竞争者自身生存与发展需要的利益和资源。在市场竞争中,竞争参与者之间是相互对立、互相制约的,即一方的经济利益和资源拥有越多,另一方就越少。

在市场经济条件下,价值规律决定着生产要素流动的方向、速度和规模,资本内在的利益驱动,推动着资本不断向利润率高的地区、行业、企业运动。资本运动的方向代表着结构调整的方向,以及生产力升级的方向。正是以资本对利润的最大追求为动力形成的市场机制,推动生产要素的优化组合和产品、产业、投资结构优化,以及生产力水平的提高。所以,只要有利可图,永远不可能没有竞争对手,酒店业更是如此。因为酒店业不像工厂、商店那样容易转产,其本身的建筑结构、功能布局的特殊性决定了服务功能的相对稳定性。所以,当一家酒店由于竞争对手的强烈攻击无法生存时,一般不会改变其酒店的功能,而只会换一个更强的业主或经营者,即换一个更强的竞争对手。优胜劣汰的竞争法则告诉我们,酒店企业要想掌握竞争的主动权,就必须比别人做得更好。

3. 竞争空间

竞争空间即竞争场,酒店餐饮的竞争场就是市场,市场是买卖双方进行交换的场所。而对于酒店经营者而言,餐饮市场则特指酒店餐饮服务产品的现存和潜在的购买者。根据市场的不同情况,可以分为以下几种。

1) 潜在市场

这种市场主要有两种情况:一是对酒店餐饮服务产品有消费欲望,但是目前还没有消费的实力;二是有消费的实力,但没有消费的欲望。

2) 可获得市场

这种市场是指对酒店餐饮服务产品有兴趣,也有购买能力的顾客。

3）目标市场

目标市场即最有潜力且酒店最有能力获得的顾客。

4）已渗透市场

已渗透市场即酒店已进入经营的那部分目标市场。

餐饮市场空间大小,决定了酒店之间竞争的强度,市场容量越大,竞争强度越低。在市场容量一定的情况下,其竞争强度主要与以下三个要素有关:一是进入壁垒,主要有市场壁垒、资金壁垒、技术壁垒和政策壁垒,酒店之间的竞争强度与进入壁垒成反比;二是退出壁垒,酒店之间的竞争强度与退出壁垒成正比;三是可替代性,酒店之间的竞争强度与可替代性成正比。

4. 竞争策略

竞争策略,即竞争者针对竞争中可能出现的各种情况制定的相应对策和决策。酒店餐饮竞争策略,总体上可分为价格竞争策略与非价格竞争策略,餐饮竞争策略决定餐饮竞争的层次。

（二）餐饮竞争层次分析

要想在竞争中勇立潮头,就必须充分认识餐饮竞争的层次。从目前来看,酒店餐饮竞争大体可分为以下三个层次。

1. 价格竞争

价格竞争,就是酒店为了实现一定的经营目标或经营战略,把餐饮产品价格调整到正常定价水平以下或以上,以排斥竞争对手、赢得市场的一种竞争策略。在绝大多数情况下,价格竞争主要表现为采取降价的方法来提高市场占有率。低价竞争与其他竞争策略相比,虽然具有直接、简便、迅速等优点,但却是一种低层次的竞争,因为它是一种无门槛、低效应、高风险的竞争。如果单纯采用低价竞争,可能会带来以下弊端。

1）低品质

消费者可能会认为低价格的品质要比高价格的品质差,同时,由于低价格产生低效益,可能导致服务质量下降的状况。

2）低忠诚度

采用低价竞争也许可以暂时获得市场占有率,但却往往难以持续。因为靠低价吸引的顾客无忠诚度可言,他们往往是"墙头草两边倒,哪里便宜就往哪里跑"。

3）高财务风险

低层次的价格竞争有可能会导致入不敷出、应收账款增加和坏账损失的提高。

所以,从战略角度来看,低价竞争策略不应成为酒店的理想选择,而只是在特定条件下的一种应急策略。如果酒店拟采取低价竞争策略,并想要行之有效,需特别注重以下三点:第一,主动,就是要力争主动地率先降价,凭实力夺市场。这就要求在采取降价前准确掌握市场信息,充分估计竞争对手可能会采取的对策,然后果断行动,以求在有效的时间内获取尽可能大的效益。第二,适度,就是要将降价幅度控制在目标范围内。降价幅度过大,会造成不应有的损失;幅度过小,则不能启动市场,达不到降价的目的,造成无谓的牺牲。低价竞争绝不是随波逐流,而是要更好地达到自己的营销目的,特别是当在低价竞争中处于被动地

位时,切不可简单地仿效他人,一定要冷静地分析具体情况,再果断决策。第三,技巧,即具体实施低价竞争时,要根据自己的营销目标,结合不同的产品、不同的消费对象和不同的竞争对手,正确采用不同的定价策略,以取得最有效的竞争结果。

2. 品质竞争

品质竞争,即通过高品质的餐饮服务,提高顾客的满意度来赢得市场的竞争策略,这应该是酒店餐饮竞争的基本策略。

品质竞争的关键在于建立顾客价值导向的基本准则,立足于研究我们的服务对象——目标顾客群体,不忘初心,变革创新,不断提高餐饮服务与管理水平。

3. 品牌竞争

品牌竞争,即通过创造著名酒店与餐饮品牌来占领市场,并获得高附加价值的竞争策略。这是最高层次的竞争,也是酒店业的发展趋势。

实施品牌竞争策略,酒店应通过品牌塑造与推广,来唤起消费者的欲望,拨动消费者的心弦,带给消费者超值的享受,培养消费者的忠诚,以实现别人卖得少,你卖得多,别人卖得便宜,你卖得贵的超值获利目标。

(三)餐饮市场竞争态势

俗话说,凡事预则立,不预则废。酒店要想掌握餐饮市场竞争的主动权,就必须把握酒店餐饮市场的竞争趋势,做到未雨绸缪。从未来趋势来看,酒店餐饮的竞争压力日趋增大,主要呈现以下态势。

1. 社会餐饮日益强大

曾几何时,在消费者的心目中,社会餐饮管理水平较低,员工整体素质不高,缺乏标准化和规范化,常常采用低价劣质的原料,饮食安全难以保证等,可以说是一种"脏乱差"的形象。然而,时过境迁,社会餐饮可谓脱胎换骨,现在社会餐饮的火爆与酒店餐饮的相对冷清形成了鲜明的对比,社会餐饮的竞争优势日益明显,主要体现在以下几个方面。

1)组织优势

社会餐饮管理层级少,机构简单,信息传递速度快,总经理往往就是餐馆的所有者,管理由老板亲自抓,且敢于创新,因而对市场反应敏锐,推向市场的速度也很快,时时有"新鲜卖点"。

2)服务优势

社会餐饮大都服务方式灵活,提供亲情化服务,富有亲和力,顾客就餐时感觉轻松、随意。这在人们普遍感到"压力山大"的今天,优势日益突显。

3)特色优势

能与酒店餐饮竞争的社会餐饮,大都主题鲜明,环境优雅而独具风格,菜式特色鲜明。比如在"80后"、"90后"已经成为消费主流的今天,社会餐饮中一批以营造浪漫情调、突出文化氛围的休闲餐厅,凭借悠闲的环境、轻松的氛围、精致的简餐、人性化的服务,满足了"80后"、"90后"的心理需求。

4)采购优势

社会餐饮采购制度灵活,环节少,有些餐馆的老板亲自采购或直接管理,既充分保证原料的独特性与新鲜度,又较好地控制了采购的成本。

5)价格优势

绝大多数社会餐饮采用了"亲民"的价格,经济实惠,性价比相对较高。

2. 服务对象日趋成熟

随着市场经济的日趋完善,我国酒店的餐饮消费者也日趋成熟,主要表现在四个方面:一是消费者的经验不断丰富,对酒店餐饮服务越来越挑剔;二是个性化消费日益突出,对餐饮服务体验要求越来越高;三是消费者的消费日趋理性,对餐饮费用支出越来越精明;四是消费者的自我保护意识逐渐增强,对自身权利的维护行为越来越普遍。

3. 特色经营渐成主流

放眼未来,特色经营将成为酒店餐饮竞争的基本手段,因为低成本是有限度的,而通过低成本创造低价以吸引顾客,也绝非酒店餐饮之上策。至于集中化竞争战略,毕竟是一种"小众"经营战略,它必须具有一定的市场规模,而对于相当一部分酒店来说,可能并不具备足够的市场条件,而且相对风险也较大。唯有差异化竞争战略,不仅适应面广、风险相对较小,而且对顾客购买决策的影响大。实践表明,在竞争日益激烈、产品高度同质化的餐饮市场中,谁的特色越明显,谁的竞争力就越强。以特色文化为核心的主题餐厅可谓做得风生水起,独领风骚。无论是餐厅的设计装潢、功能布局、装饰风格,还是菜肴点心及服务方式,都体现出一定的文化主题和内涵,营造出一种无所不在的特色氛围。

4. 经营压力不断加大

随着政治、经济、文化环境的变化,我国酒店餐饮经营总体面临严峻考验,压力将不断增大。

1)餐饮高端消费下降

酒店餐饮经营的主要目标客户是具有生活品质追求的高端消费者。原来中国酒店的餐饮收入主要来源于"两款"消费,即"公款"与"大款"。随着中央反腐倡廉,转变作风举措的不断深入,"公款"消费大大压缩,同时,随着中国经济进入新常态及人们消费观念的变化,"大款"消费也明显呈下降趋势。所以,在未来较长时间里,餐饮人均消费水平总体将呈下降趋势。

2)餐饮经营成本上升

酒店是劳动力密集型企业,正常经营情况下,人工成本占比一般在25%左右,而餐饮更是以手工劳动为基础的、人对人面对面的高接触性服务业务,人工成本占比则更高。随着我国"两个一百年"宏伟目标的实施与国家社会福利保障系统要求的完善,未来餐饮人工成本必然不断上升。同时,餐饮原料成本也因为整个社会人工成本的上升而随之不断上涨。此外,随着国家可持续发展战略的实施,酒店餐饮经营的环境保护成本也将有所增加。

3)安全管理成本增大

随着国家关于"安全生产法规"的进一步实施及国家对人权等问题关注度的提高,酒店餐饮经营安全管理的风险将有所增大,由此导致酒店餐饮经营的安全管理成本也随之增加。

三、酒店餐饮创新发展

面对顾客消费需求的变化与餐饮市场竞争程度的加剧,酒店餐饮要想生存与发展,唯有与时俱进,变革创新。

（一）增强创新意识

创新意识,是指人们根据社会和个体生活发展的需要,引起创造前所未有的事物或观念的动机,并在创造活动中表现出的意向和愿望。它是人类意识活动中的一种积极的、富有成果性的表现形式,是人们进行创造活动的出发点和内在动力。创新意识包括创造动机、创造兴趣、创造情感和创造意志。

1. 创造动机

创造动机是创造活动的动力因素,它能推动和激励人们进行创造性活动。创造动机源于居安思危、不断进取的精神,作为餐饮管理者必须充分认识到以下几点。

1）逆水行舟,不进则退

现代社会瞬息万变,市场竞争日趋激烈,酒店餐饮经营绝对不能安于现状,必须与时俱进,否则就会被淘汰出局。

2）千里之堤,溃于蚁穴

事情的发展是一个由小到大的过程,当存在微小的安全隐患时,如果不给予足够的重视和正确及时的处理,就会留下无穷的后患。所以,在实际工作中要防微杜渐,从小事做起,避免事故或灾难的发生。

3）巅峰之日,危险之时

酒店餐饮经营最好的时候,实际上也是最危险的时候。因为此时员工的神经最为麻木,反应也最为迟钝,很难感到外界的变化,对顾客的某些需求往往也无动于衷。

4）人无远虑,必有近忧

一个酒店若没有长远的考虑,就一定会出现眼前的忧患。酒店餐饮经营必须立足当前,放眼未来,既要对今日的事物深思熟虑,也要深谋远虑,做到未雨绸缪。

2. 创造兴趣

创造兴趣是促使人们积极追求新奇事物的一种心理倾向,能促进创造活动的成功。没有好奇,就不会有创造和创新。创新思维追求的好奇包括两个方面:一是求新,二是求异。求新包括新观点、新设想、新方案、新规则等,求异则主要表现为对一些司空见惯的现象或已有定论的观点等进行怀疑和批判,用转向、多向或逆向思维加以思考。

3. 创造情感

创造情感是引起、推进乃至完成创造的心理因素,只有具有正确的创造情感才能使创造成功。创新的灵感至关重要,灵感是一种突发性的心理现象,是有关心理因素协调活动所涌现出的最佳心理状态。创新思维往往处于灵敏的状态中,表现为注意力高度集中、想象的骤然活跃、思维的特别敏锐和情绪的异常激昂等。

4. 创造意志

创造意志是在创造中克服困难、冲破阻碍的心理因素。创造意志具有目的性、顽强性和自制性。

（二）培养创新思维

创新思维,就是人们在已有经验的基础上,通过发散求异等方法,从某些事实中进一步找出新关系、寻求新答案的思维方式。

1. 逆向创新思维

逆向创新思维,即对司空见惯的、似乎已成定论的事物或观点反过来思考的一种思维方式。比如,大众酒店餐饮品牌一般采用价廉物美的营销策略,而高端酒店餐饮品牌则可运用逆向思维,采用物以稀为贵的营销策略。

2. 纵向创新思维

纵向创新思维,即沿着一个问题,按照既定方向,由浅入深、由低到高,从而创造新发现与新思路的思维形式。比如把顾客的用餐价值从吃饭的功能价值提升到享受的体验价值。

3. 侧向创新思维

侧向创新思维,即利用其他领域的知识和资讯,从事物或问题的侧(横)面进行思考,从而寻求新答案的思维形式。比如酒店餐饮从自主经营到合作经营、外包经营的转变。

4. 优化创新思维

优化创新思维,即通过对事物的有机组合、演绎归纳、系统提炼等方法,去寻找新答案的思维方式。比如运用加减乘除方式来优化酒店餐饮产品设计,以达到既有效提升顾客价值、又合理控制企业成本的目的。

(三)破除创新障碍

开发和培养创新思维,必须打破员工头脑中已有的一些思维定势,确立"一切皆有可能"的信念,然后通过训练,不断提高创新思维的能力。

1. 从众思维定势

所谓从众,就是跟在众人后头,随大流,看到别人做什么自己也做什么,别人怎么做自己也怎么做,从众的最终表现是高度的一致性。在现实生活中,从众心理和从众思维十分普遍。一方面是屈服于群体的压力,不愿意因自己的与众不同而遭受群体攻击;另一方面,则是因为人心里可能都有"跟着大家走,没错"的认识,以消除害怕和恐惧,获得安全感。要打破从众思维定势,就应该确立"真理往往在少数人手中"的理念,培养敢为人先、标新立异的思维方式,养成凡事多问为什么的思维习惯。

2. 权威思维定势

权威是一种思维的标尺和参照,任何领域都有权威存在。权威靠深厚的专业知识来确立,所以又称"专业权威"。在工作或生活中,人们往往习惯于引证权威的观点,以证明自己的说法或行动的正确性。而一旦发现与权威相背离的观点或做法,便会想当然地认为其必错无疑,甚至大加讨伐,这就是典型的权威思维定势。打破权威思维定势,关键是要破除"专家迷信",防止权威泛化。要学会正确审视权威,第一,要确认是不是本专业的权威;第二,要确认是不是本地域的权威;第三,要确认是不是当今最新的权威;第四,要确认其言论是否与他的自身利益有关。此外,要意识到即使专家也是人,也会有失误与犯错。

3. 经验思维定势

经验思维,即人们过于依赖经验而形成固定的思维模式。其实,经验是一柄双刃剑,用得好对任何人来说都是难得的宝贵财富,但人的思维如果陷入经验当中拔不出来,形成一种非常牢固的定势,就会变成阻碍个人创新或发展的强大阻力。要破除经验思维定势,关键必须意识到经验的局限性,任何经验都存在时空狭隘性和主体狭隘性。同时,必须意识到世界

是复杂和千变万化的。

4. 书本思维定势

书本思维,即书本是经验的总结和提升,是理论化、系统化的知识。换句话说,知识传达的是世界的"理想状态"。因此,学习书本,但不能迷信书本,毕竟理论与现实总是有一定差距的。如果迷信书本,不加思考,照本宣科,就可能脱离实际。在知识经济时代,知识传播越来越快,而有效期却越来越短,任何人要想获得发展,都要不断地从书本中学习新的知识并加以应用,而应用的过程,实际就是一个创新的过程。

(四)构建创新机制

创新机制,即不断追求创新的内在机能和运转方式。酒店餐饮创新活动是一个螺旋式上升的循环过程,它从创新设想的产生与形成到研究与开发,从创新内容的形成到创新结果的扩散,再到市场效益的形成,然后又由于市场需求发展再进入新一轮创新。在这个过程中,既有顺序,也有交叉和交互作用,只有在正确有效的创新机制的支持和推动下,酒店餐饮创新活动才能真正得以不断循环,持续发展。

1. 创新动力机制

创新动力机制,即创新的动力来源和作用方式,是推动酒店实现高效运行并达到预定目标的一种机制。酒店创新动力机制除了一些外在动力外,还在于建立企业内在的动力机制,即主要通过制定鼓励员工创新的政策和措施,以激发员工的创新积极性,从而推动酒店不断创新发展。

2. 创新运行机制

创新运行机制,即创新管理的组织机构、运行程序和管理制度。酒店应注重建立知识、信息共享机制,使酒店组织朝着扁平化、柔性化方向发展,从而提高酒店整体的创新能力。

3. 创新保障机制

创新保障机制,即在创新利润的驱动下,酒店充分挖掘、利用和发展内部资源并广泛吸收外部资源,加强人才、技术、资金、信息等资源储备,不断谋求创新发展的保证机制。首先,要积极强化企业的人才优势;其次,要在技术与信息上构建科学的机制;再次,要不断加大科研创新经费的投入,为员工创新提供必要的资金支持。

知识活页 利润池平移

主业利润持续降低,几乎成为企业的普遍现象,特别是面临原材料成本不断上升的中国企业。这既可以归因为产品同质化竞争加剧,价格战成为竞争常态,也可以解释为受产品生命周期的影响,甚至还可以从经济学的经典理论中找到根据——任何产品的利润都会倾向于平均利润以下。那么,在产品本身的创新空间受限的情况下,如何寻找新的利润增长点呢?利润池平移是一种有效的解决方案。

利润池平移(也称利润点平移)是指企业在主业利润率很低的情况下,将利润增长点向主业外平移的一种策略。利润池平移本质上就是一种企业资源价值最大化的有效策略,其核心思想是广泛挖掘企业潜在资源并将其合理利润化。需要说明的是,它与多元化不同,区别在于,新的利润增长点依然是以原来的主业为核心或为依附的。比如报纸,最初主要是靠销售创造利润,但随着竞争的加剧,卖报的收入连印刷成本都难以收回。于是,利润池就平移到了广告收入,但广告收入是完全建立在报纸的销售量上的,算不上多元化。

　　利润池平移的第一种思路是寻找内部的平移机会。某些一直承担辅助作用的职能部门,都是可以创造新利润的源泉,如服务、研发、物流、采购、财务、营销等部门。而企业要做的是,通过某种方式使这些部门产生利润——一个重要的措施就是将这些成本中心变成真正的利润中心。

　　利润池平移的第二种思路是价值链上的纵横平移。以主业为核心,在价值链的水平和纵向寻找利润平移的机会,从而在前、后、左、右四个方向上创造新的利润来源。价值链的水平平移是指向上、下游领域延伸在主业上的竞争力,从而创造新的利润来源。但要注意这不是单纯的一体化,而是仍然立足于原主业,将原来的资源和能力向前后两个方向延伸。价值链的纵向平移是指以主业为依托,但将利润点向补充品、消耗品和替代品转移。

　　以上两种思路的实现,一般需要建立全新的交易模式,以此来支撑和实现利润池的平移。当然,我们也可以直接通过交易模式的创新,来寻找利润点平衡的方向。

(资料来源:http:www.baike.com/wiki/%E5%88%A9%E6%B6%A6%E6%B1%A0%E5%B9%B3%E7%A7%BB.)

第三节　酒店餐饮组织与员工管理

　　俗话说,事在人为。餐饮管理目标最终需要通过一群有组织、适合餐饮行业的人来实现。所以,建立合理的餐饮管理组织,选择、配置合适的员工,并有效开发其能力,就成为酒店餐饮管理一个最重要的课题。

一、餐饮组织体系设计

　　餐饮组织管理,即为完成餐饮经营任务而集结成集体力量,在人群分工和职能分化的基础上,运用不同职位的权利和职责来协调人们的行动,发挥集体优势的一种管理活动。餐饮组织管理,关键在于构建科学的组织体系,主要应解决以下三个基本问题。

(一)组织机构

　　一般而言,酒店餐饮组织机构的设置,应根据整个酒店的组织管理体系和酒店餐饮规模大小,以及餐饮经营的特色、风格而定。酒店餐饮组织机构的设置,按照酒店餐饮规模的大小,大体上有以下三种形式。

1. 大型酒店餐饮组织机构

大型酒店餐饮组织机构,业务众多,部门构成复杂,层级相对也较多,如图1-1所示。

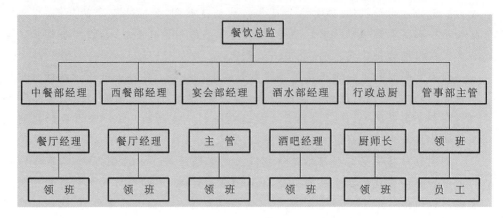

图1-1 大型酒店餐饮组织机构图

2. 中型酒店餐饮组织机构

中型酒店餐饮的组织机构一般有两种设置,如图1-2、图1-3所示。

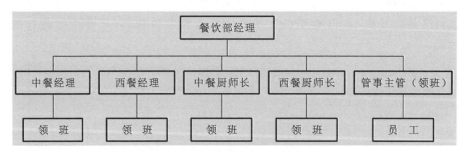

图1-2 中型酒店餐饮组织机构图(1)

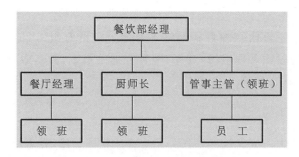

图1-3 中型酒店餐饮组织机构图(2)

3. 小型酒店餐饮组织机构

餐饮规模狭小、餐饮供应品种单调的小型酒店的组织机构一般如图1-4所示。

(二)职位设置

职位,是指一定的人员经常担任的工作职务及承担的责任,职位是职务、职权、责任的集合体。餐饮部门的职位设置,必须注意以下四点。

1. 因事设职

因事设职,就是根据餐饮经营活动的目标、任务以及内部的分工,设置不同的职位。如负责餐饮经营计划制订、全面组织业务经营活动开展的餐饮总监或经理职位,负责食品原料供应的采购员、验收员、仓管员职位,负责菜点生产和管理的厨师长、各厨房领班、各类厨师职位,负责餐饮销售和服务的经理、领班及引位、看台、跑菜、酒水员

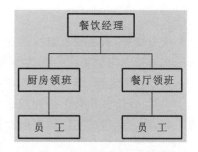

图1-4 小型酒店餐饮组织机构图

等职位等。职位设置应体现精简高效的原则,即在保证完成目标、达到高质量的前提下,设置最少的职位,用最少的人完成组织管理的工作量,真正做到人人有事干,事事有人干,保质又保量,负荷都饱满。因此,酒店餐饮组织机构中的每个部门、每个环节以至每个人都为了一个统一的目标,组合成最适宜的结构形式,实行最有效的内部协调,使事情办得快而准确,具有较灵活的应变能力。

2. 名称恰当

职位名称表明岗位人的工作角色,职位名称的设计,一般应遵循三个原则:一是名副其实,体现工作特点和职权范围,如餐饮部经理、中餐厨师长、餐厅经理;二是名正言顺,有利于开展工作,便于对外交流,如服务经理、销售经理等;三是名之所想,有利于调动员工的积极性。

3. 素质明确

素质是对员工任职资格的要求和标准,如身体条件、学历要求、外语水平、工作经验、专业资格、基本能力等。各岗位的责任、权利不同,因而素质要求也就不尽相同。素质设计,主要通过工作分析,找到该职位任职资格的关键要素和核心能力。

4. 职级清晰

职级清晰,就是要根据各职位的工作繁简、责任大小、技术高低等因素,确定各职位的等级,而不同的等级则对应不同的薪酬待遇。

(三)职权体系

职权体系是指各层次、各部门在权利和责任方面的分工及相互关系。餐饮组织职权体系的设计应遵循等级链的原则,注重以下四个基本要求。

1. 层次管理

酒店餐饮管理组织必须根据酒店餐饮的规模、等级形成若干管理层次,提倡逐级管理,层层负责,原则上不越级指挥。

2. 责权对等

职责与职权是组织理论中的两个基本概念,职责是指职位的责任、义务,职权是指在一定职位上,其承担的责任所对应的权利。在等级链的原则中,各管理层次均有明确的职责,并拥有相应的权利。光有责而无权,难以履行职责;而光有权而无责,也会造成滥用权、瞎指挥等现象,产生官僚主义。

3. 统一指挥

统一指挥,就是要求餐饮各业务部门及个人,必须绝对服从上级的命令和指挥,每个管理层次的指令均应与上一级的指令保持一致,而每一个员工原则上也只有一个上级,只听命于直属上司的领导。同时,必须确立谁下指令谁负责任的准则,以尽可能保证指令的正确性。当然,下级在执行上级的指令时,不是简单地复述上级的指令,而应在不违背上级指令的同时,结合本身的实际情况而有所发挥,有所创造。

4. 分工协作

分工就是按照提高管理专业程度和工作效率的要求,把单位的任务、目标分成各级、各部门、各个人的任务、目标,以避免共同负责,而实际上职责不清、无人负责的混乱现象。协作就是在分工的基础上,明确部门之间和部门内的协调关系和配合方法。坚持分工协作的原则,关键是要尽可能按照专业化的要求来设置组织结构,在工作中,要严格分工,分清各自的职责,在此基础上,把相关的协作关系通过制度加以规定,使部门内外的协调关系走上标准化、程序化的轨道。

二、餐饮员工配置管理

科学的组织机构只有配以合适的人员,才能发挥作用。餐饮人员配置既要注意科学的编制定员,又要做到知人善任,能位相称,结构优化。

(一)编制定员

人员编制,即确定餐饮各类人员的数量。餐饮人员编制,要根据餐厅档次的高低、服务经营的方针、特色、餐饮设备状况、人员技术水平、餐位利用率等因素,本着先进合理的原则加以确定,其定员的方法主要有以下五种。

1. 按效率定员

这是一种根据工作量、劳动效率、出勤率来计算定员的方法。凡是实行劳动定额管理并以手工操作为主的工种,都可以用这种方法来计算定员。如餐厅服务人员的核定,其基本步骤如下。

1)核定看管定额

核定看管定额即观察测定在正常开餐情况下每人可以接待多少就餐顾客或看管多少个座位。要特别注意不同餐厅的等级规格与不同餐饮产品对服务的要求,比如零点餐饮产品、团队餐饮产品、宴会产品等。餐厅档次规格与餐饮产品不同,其看管定额是有较大区别的。其计算公式为:

$$Q = \frac{Q_z}{A+B}$$

式中,Q 为看管定额,Q_z 为测定顾客数,A 为桌面服务员人数,B 为其他服务员人数。

2)编制餐厅定员

在看管定额确定的基础上,餐厅定员编制还需考虑工作班次、计划出勤、每周工作天数和座位利用率等因素,其基本计算公式为:

$$n = \frac{Q_n \times r \times F}{Q \times f} \times 7 \div 5$$

式中，n 为定员人数，r 为座位利用率，F 为计划班次，Q 为看管定额，f 为计划出勤率，Q_n 为餐厅座位数。

餐厅人员编制与人员使用是有区别的，在人员编制的基础上，不同季节的用人多少和日常人员安排还要根据业务经营的繁忙程度来确定。

2. 按岗位定员

按岗位定员，就是按餐饮内部组织机构和各种服务设施，确定需要的岗位数量，再考虑各个岗位的工作量、劳动效率、工作班次和出勤率等因素来确定人员的方法。这种方法一般适用于引位、酒水员等岗位的定员。

3. 按比例定员

按比例定员，就是按照员工总数或某一类人员总数的比例来计算另一类人员数量的方法。这一方法是依据餐饮某类人员客观上存在一定比例关系的规律提出来的，如厨房炉台与切配人员的比例、看台服务员与跑菜服务员的比例等。

4. 按职责定员

按职责定员，就是按既定的组织机构和它的职责范围，以及机构内部的业务分工和岗位职责来确定定员的方法，它主要适用于确定餐饮管理人员的数量。

5. 按设备定员

按设备定员，就是按设备开动的台数、开动的班次和员工的看管定额来计算定员人数的方法，它主要适用于厨房炉台等岗位的定员。

以上五种方法要根据情况灵活应用，互相补充。

（二）优化配置

优化配置，即把合适的员工安排在合适的岗位，做到人尽其才，才尽其用，并形成团队合力，创造 1＋1＞2 的组织效应。

1. 用人所愿

用人所愿，即根据人的意愿安排工作。一个人的工作成就，除了客观环境的制约外，从主观上来看，既取决于他自身的能力，也取决于他的努力程度。而个人工作的努力程度则主要取决于他对工作的兴趣和热爱。根据行为科学的理论，人只有在做他喜欢做的事情时才会有最大的主观能动性，工作适合他的个性素质，才可能充分发挥他所具有的能力。所以，为了激发人的工作热情，更好地发挥其才能，在条件许可的情况下，酒店应尽可能考虑被使用对象的兴趣、爱好和个人志愿，合理安排他的工作。

2. 适才适用

适才适用，即将员工安置和调配到最适宜发挥其才智和潜能的工作岗位上，做到个人能力与岗位需要匹配，个人性格和兴趣与工作性质匹配，充分发挥人的潜能，以达到事得其人，人尽其才，才尽其用的要求。因此，酒店餐饮用人必须做到以下三点。

知识关联

行为科学是一门研究人的行为产生、发展和相互转化的规律的新学科，目的在于预测人的行为和控制人的行为。

1) 注重客观评价

坚持以绩效与能力为导向,建立科学的测评考核机制,正确评估员工的能力,从而为员工的任用提供科学的客观依据。

2) 注重用人所长

"骏马能历险,犁田不如牛;坚车能载重,渡河不如舟;舍长以求短,智者难为谋;生材贵适用,勿复多苛求。"每个人都有各自的学识、技能、专长与特点,酒店管理者应充分了解每个人的优点与缺点、长处与短处,对员工各项基本要素进行全面分析,并依据各项要素的发展趋势,发现员工的潜质,使其潜能得到有效的开发。

3) 注重用当其时

酒店管理者要善于捕捉用人的时机,根据每个人在不同的时期有不同的能力和特征,科学、及时、合理地安排员工的工作岗位,使人才的成长与企业的发展同步,使其在人生的不同阶段都能散发出耀眼的光芒,让每个员工在工作的每个阶段都能实现自身的最大价值,每个时期都能在工作中找到快乐。

3. 结构优化

俗话说,没有完美的个人,只有完美的团队。因而,酒店餐饮员工配置必须注重群体整合,结构优化。

(1) 注意不同用工形式的合理组合。目前,我国酒店的用工形式主要有全日制用工、劳务派遣用工、非全日制用工这三种形式。

(2) 注意不同技术等级员工的合理搭配。既要避免大材小用、人才高消费导致的过度成本或"两虎相争"的内耗,又要避免因技术水平不足导致质量效率下降。

(3) 注意不同员工性格、年龄、专业、能力等要素的匹配和合理组合,形成充分发挥个体才能和群体结构的有机组合。

(三) 时间安排

合理的班次安排,对于有效地组织餐厅服务活动、提高工作效率、取得最佳经济效益都有十分重要的意义。餐厅服务班次的安排,应遵循以下三项基本原则。

1. 依法管理原则

对于员工的工作时间,《中华人民共和国劳动法》(以下简称《劳动法》)等法律法规有明确的规定,餐饮部门必须依法对员工的工作时间、节假日及休息、调休等时间进行合理安排。班次安排,还要考虑人员的轮休,如平均每天 8 小时,按《劳动法》规定每周工作量 40 小时计算,则每周工作 5 天,休息 2 天。

2. 服从经营原则

餐饮经营具有时段性、多变性等特点,餐饮员工工作班次及时间安排必须确保营业的高峰时间内前、后台工作人员最多。同样,在安排每周轮休和年休时,也应按相同的原理合理安排。如度假酒店,周六、周日生意比较好,每个班次安排休息的员工数量要少于平时。同时,要针对不同餐厅的经营特点,合理科学地安排班次。

3. 优化管理原则

班次安排,应根据餐饮部不同业务单元、不同餐厅营业时间及顾客用餐规律,安排不同的班次,比如一班制、两班制、长短班、两头班等,既要能够最有效地利用员工的工作时间,最大限度地发挥全体员工的潜力,保证满负荷运转,又要充分考虑员工的承受能力和休息时间,关心和保护员工的身体健康。

三、餐饮员工素质认知

餐饮经营能否成功,关键在于餐饮从业人员的素质,因为任何卓越的服务与效益都是通过一线员工创造出来的。根据酒店餐饮服务性质,餐饮从业人员需具备以下三项基本素质。

(一)强烈的服务意识

服务意识,简而言之就是他人意识,即心中装有他人。对于餐饮从业人员,必须强化以下三个服务意识。

1. 顾客至上意识

顾客至上,即以顾客价值为导向,把顾客的需要作为酒店餐饮服务活动的出发点,把追求顾客的满意作为餐饮服务活动的宗旨。具体来说,每个员工在餐饮对客服务过程中应牢固树立以下理念。

(1)我们的工资奖金是由顾客发的,顾客是我们的衣食父母。

(2)顾客不是慈善家,顾客需要我们提供优质服务。

(3)我们要以顾客的需求与酒店的服务标准提供服务。

(4)我们应以自己的优良服务行为去影响顾客,而不要被社会的传统陋习同化。

(5)宁可自己辛苦、麻烦一点,也要给顾客提供方便、创造快乐。

(6)尽管我们有很好的口才,但顾客是我们的服务对象,而不是我们争论的对象。

2. 用心极致意识

餐饮服务是一种高度互动的活动,员工的行为会影响顾客的心情,同时,顾客的行为也会直接影响餐饮的服务氛围。然而,酒店无法像学校一样让顾客接受教育,更不可能像管理员工那样对顾客的行为加以规范,酒店员工只能通过自己的优良服务行为去引导和感化顾客。因此,酒店员工必须确立用心极致的理念,通过"五心"服务,去影响顾客的情绪,从而获得顾客的满意。第一,诚心,即以情真意切、言而有信的真诚之心去赢得顾客的信任感。第二,热心,即以热情主动、不厌其烦的热忱之心去赢得顾客的亲切感。第三,虚心,即以顾客至上、不耻下问的谦虚之心去赢得顾客的自豪感。第四,精心,即以精益求精、追求完美的极致之心去赢得顾客的惊喜感。第五,恒心,即以持之以恒、与时俱进的执著之心去赢得顾客的忠诚感。

3. 团队合作意识

团队合作意识,即大局为重、团队第一和从我做起、助人为乐的意向与愿望。在工作过程中,每位员工均应做到以下三点。

1)要沟通不要摩擦

协作离不开沟通,沟通是人与人之间或群体之间传递信息、交流信息、加强理解的过程。工作中难免会出现各种各样的矛盾,此时需要团队成员进行主动沟通,而不能意气用事,激化矛盾。与他人沟通,必须注意以下四点:一是了解他人。即应该知道对方是一个什么样的

人,他在团队中属于什么角色,此时处于何种状态。只有做到知己知彼,才能百战不殆。二是换位思考。即设身处地站在对方的立场去思考问题。三是因人而异。即针对对方的个性特征选择合理的沟通时机与沟通方式。四是双赢不败。即通过沟通,使双方均有收获。我们应该深知,沟通的目的不是击败对方,也不是为了证明谁对谁错,而是为了达成共识,实现双赢。

2)要反省不要埋怨

归因理论认为,人们常常把自己的失败归结成外部因素,如运气不好、同伴不配合等,这种倾向称为自我服务偏见。其实,与其他部门或同事发生矛盾时,一味地埋怨他人不仅无济于事,而且还会破坏心情。碰到问题与矛盾,员工首先应该扪心自问,深刻反省自己是否恪尽职守,尽心尽力。

3)要补台不要拆台

员工在团队合作的过程中,必须摆正位置,既要唱好主角,更要甘当配角,确立"我应该为他们做什么"的理念,主动配合,求同存异,协调合作,取长补短,努力为他人的工作创造条件,提供方便,从而形成最大的团队合力。在工作过程中,他人难免会出现一些失误,也可能会给自己带来困难或麻烦。此时,应牢记"冤冤相报何时了"的古训,要懂得宽容,不要斤斤计较,学会替对方着想,谅解对方的行为。同时,应该相互帮助、共同配合解决困难,而不要趁机打击别人,抬高自己,更不能落井下石,借刀杀人。

(二)积极的服务心态

所谓心态,就是人们对主客观世界的认识及相应的心理反应,是人的认知、情感与态度的有机结合。作为餐饮从业人员,必须具有积极的服务心态。

1. 正确认知

心态要素的起点是认知,不同的认知产生不同的情感,不同的情感产生不同的态度。俗话说,境由心生,积极的心境源于阳光思维,即凡事朝正面、积极的方向去想的思维方式。阳光思维能使人向前看,使人乐观自信、进取向上。

工作就是舞台,每个人都在扮演一种角色。餐饮从业人员必须充分认识到餐饮服务工作的重要意义,正确认知自己在特定场合的角色,明白他人对自己工作的期待,清楚自己的岗位职责,知道胜任工作所需具备的理念、价值观与素质要求,从而顺利完成目标和任务,甚至超越自我,达到与企业共同成长的目标。

2. 快乐情感

快乐情感,即适应环境、自我调节、乐观向上、自得其乐的情绪状态。餐饮的工作环境具有变化性与挑战性,工作相对较为繁重,而且容易遭受挫折。因此,餐饮从业人员需要善于运用情绪宣泄、心理暗示、环境调节等方法,有效地调节情绪,从而保持工作的激情。

3. 积极态度

所谓态度,是指对特定对象的情感判断和行为倾向。积极态度,即立足于自我努力,而不被客观环境与他人态度行为左右的行为倾向。餐饮从业人员积极的态度主要表现在四个方面:一是勤奋,就是要把工作看成自己的事情,专心、尽力去做;二是主动,就是不用别人说就能出色地完成工作任务;三是负责,就是要认真做事,克尽职守;四是虚心,就是要永不自满,好学上进。

（三）过硬的服务技能

餐饮服务人员要做好服务工作,除了必须具有强烈的服务意识、良好的服务态度和必要的业务知识外,更需要过硬的服务技能。所谓服务技能,就是为顾客服务的技术和能力,主要包括以下五个方面。

1. 观察能力

观察能力,就是在有目的、有组织、有思维参与的感知过程中,全面、深入地认识事物的能力。要满足顾客的需求,必须首先了解顾客的需求,掌握顾客的情绪状态。而这就要求餐饮服务人员具备敏锐细致的观察能力,即能从顾客的衣着打扮、言谈举止、姿态表情中,准确地判断顾客的身份、特征及需求,随时关注顾客的需求与情绪,并给予及时满足。

观察是一种用心的行为,餐饮服务人员要提高观察能力,一方面需要员工在服务过程中集中精力,全神贯注;另一方面需要员工必须遵循感知的一些规律,掌握观察的基本技巧。

经典案例　　关注顾客,用心服务

某日中午,应邀来某酒店讲课的邹老师正在餐厅用餐,酒店为邹老师安排了三菜一汤,当第二道菜"蒜爆目鱼卷"上桌后,邹老师吃了一块,下意识地皱了一下眉头。此时,离邹老师大约有十米左右的看台服务员小李走了过来说:"邹老师,这道菜是不是不合您的口味?"邹老师问:"你是怎么知道的?"小李回答说:"我发现您用这道菜时,脸上有一种异样的表情。"邹老师说:"你观察很细致,大概是今天你们的厨房太忙了,忙得忘记放盐了。"小李向邹老师道歉,并说:"邹老师,您很忙,下午还要上课,如果这个菜重做的话,需要一些时间,我怕耽误您休息与工作,我马上去厨房叫厨师配置一碟调料,您就把它当作白灼目鱼卷用吧,您看行吗?"邹老师表示赞同,脸上露出了满意的笑容。

事后,邹老师告诉总经理,这个服务员不仅有敏锐细致的观察能力,而且有高超的语言能力。

（案例来源:由邹益民根据自己的经历撰写。）

2. 记忆能力

记忆,就是经验的储存、再认和再现。"记"是指识记和保持,即把感知过的事物印在脑子里,"忆"即把以前感知过的事物回忆起来。餐饮服务人员的记忆能力主要体现在能熟记顾客的姓名、身份、个性、习惯、需要等信息,并能在提供服务的过程中加以有效运用。

餐厅服务人员要提高记忆能力,需要掌握记忆的方法:一是有意记忆法,即有明确的目的或任务,凭借意志努力记忆某种材料的方法;二是理解记忆法,即在积极思考、达到深刻理解的基础上记忆材料的方法;三是联想记忆法,即利用接近联想、相似联想、对比联想来增强记忆效果的方法;四是多通道记忆法,即多种感知觉参与的记忆方法;五是精选记忆法,即对

记忆材料加以选择、取舍、归纳的记忆方法。

3. 应变能力

应变能力,即能根据不同的情景、不同的场合、不同的顾客灵活提供针对性的服务,并具有应付各种突发事件的能力。由于顾客的需求千差万别、千变万化,而且在服务过程中也难免会出现一些突发事件,如顾客投诉、操作失误、顾客醉酒等,这就要求餐厅服务人员必须具有灵活的应变能力,遇事冷静,及时应变,妥善处理,充分体现酒店"顾客至上"的服务宗旨,尽量满足顾客的需求。

经典案例　　灵活机智,歪打正着

1988年12月11日,某酒店刚开业就承担了当地市政府宴请市长研讨班考察团的任务。虽然酒店事先做了周密的准备,但宴请当天,还是出现了问题。当上一道名叫"海狮戏球"的特色菜时,由于厨房操作不当,3号桌服务员把菜端上桌时,用黄鱼做的昂头的"海狮"却低下了头,"海狮"头上顶着的"彩球"掉在了转台上。此时,餐厅经理敏锐地发现了这一异常情况,便不动声色地向该桌的顾客介绍道:"各位市长,你们能光临我们的酒店,我们感到无比的激动和荣幸,你们看连'小海狮'也激动得迫不及待地向你们鞠躬致意。这道菜叫'海狮鞠躬迎市长',请各位市长品尝。"餐厅经理的这一番介绍,顿时博得了满堂喝彩,真可谓歪打正着。这就是一种高超的、灵活的、临危不乱的应变能力。

(案例来源:由邹益民根据自己的工作经历撰写。)

4. 语言能力

语言能力,是指在口头语言及书面语言的过程中运用字、词、句、段的能力。语言是人与人沟通、交流的工具。餐厅服务人员的语言,首先,必须注意礼貌性。例如,顾客进入时要有迎候语,与顾客见面时要有问候语,提醒顾客时要用关照语,顾客召唤时要用应答语,得到顾客的付款、协助或谅解时要有致谢语,顾客向我们致谢时要用回谢语,由于条件不足或工作疏忽未满足顾客需求或给顾客带来麻烦时要有致歉语,顾客着急或感到为难时要有安慰语,顾客离店时要有告别语。其次,必须注意艺术性和灵活性。只是生硬地搬用礼貌用语,缺乏感情色彩,只会使顾客感到生硬,达不到亲切的服务效果。交谈中要理解顾客的心理,做到有的放矢,不致盲目服务。最后,必须注意语言的适时性和思想性,并且做到言之有趣,言之有神。当然,声调有画龙点睛的作用,酒店员工应做到轻声细语,使顾客有被尊重的感觉。

5. 操作能力

操作能力,就是人们操作自己的肢体以完成各种活动的能力。餐饮服务人员必须掌握托盘、斟酒、派菜、摆台等操作技术,并做到操作准确熟练,动作姿态优美。

四、餐饮员工能力开发[①]

餐饮经营要成功,不仅要提升餐饮的员工职业素质,还需要对员工能力加以有效开发。

(一)创造工作空间

工作空间是员工发挥才能、实现人生价值的舞台。酒店组织必须确立"有位才能有为,有舞台才能唱戏"的观念,给员工以宽松适度的工作空间。除了给员工适度的表演与自主空间外,应特别注意给员工一定的过错空间。人非圣贤,孰能无过,工作中难免会犯错误。所以,作为酒店餐饮管理者,必须正确区分员工的过错性质,保证适当的过错空间,酌情处理。

1.低级过错

低级过错,即由于有意或主观不努力而导致的过错。例如,由于态度不端正、疏忽大意、马马虎虎导致工作失误。对于低级错误,必须严格按制度,进行处罚。

2.客观过错

客观过错,即主要是由于员工身体、知识、经验和能力的不足或者是因为客观条件而导致的过错。对于员工的客观过错,酒店管理者应以博大的胸怀去包容谅解,并给予精神上的帮助和技术上的支持。

首先,管理者的批评教育应该是善意的,要让员工意识到犯错误并不可怕,关键是要从错误中吸取教训并改正错误。

其次,要给予技术上的指导,要让员工知道并掌握正确的方法,做到吃一堑、长一智。

再次,应该给予适当的弥补机会,让员工有将功补过的机会。

最后,管理者要从员工的过错中进行反思,寻找自己工作的不足与管理的漏洞,而不要推卸责任。

3.高级过错

高级过错,即主要指那些在改革创新探索过程中的失误。对于高级过错,不仅不应该批评与处罚,而且还应该给予必要的鼓励。当然,要注意及时总结教训,以免再犯同样的错误。

(二)关注员工的身心健康

酒店餐饮作为高接触度的服务活动,员工很容易出现心理问题,需要引起高度重视。

1.理解员工苦衷

理解是人们共同的需要,管理者应理解员工的苦衷,并采取有效措施,以尽可能消除酒店餐饮工作的各种负面效应。

1)工作时间的特殊性

由于餐饮业务的特点,临时加班现象在所难免,节假日加班是正常现象,这就给员工安排自己的生活带来了诸多不便。因此,酒店管理者必须从工作需要和员工需求角度,实行富有人性化的工作时间与假期管理。一方面要合理安排员工的工作时间,适度增加工作时间的灵活性,逐步推行弹性时间工作制,尽可能避免加班加点,以保证员工的休息时间;另一方面,应逐步推行灵活的休假制度,有计划地安排员工度假旅游,从而使员工体会工作的价值

[①] 周亚庆,邹益民.饭店员工管理新思维:快乐工作管理研究[M].天津:南开大学出版社,2008.

和生活的快乐。

2）工作性质的特殊性

酒店餐饮工作是一种"直接伺候人"的工作，员工与顾客的关系是一种服务与被服务、支配与被支配的关系，顾客享受与员工劳动的同一性容易形成强烈的心理反差。为此，酒店管理者必须深刻认识到，一线员工时常会面对来自顾客、组织和工作本身的多个冲突和压力。在管理中，管理者必须懂得尊重员工的人格，维护员工的尊严，保护员工的合法权益。同时，要注重肯定员工的工作成绩，赞美员工的良好表现，让员工为自己所做的工作感到自豪，形成愉快合作的工作气氛。

3）工作要求的特殊性

作为直接面对顾客的窗口服务行业，几乎所有的酒店都制定了严格而具体的规范，要求酒店员工必须时时克制自己，不能随心所欲，即使在生活和工作中，碰到各种困难和烦恼，也要求走上岗位就进入角色，努力忘却心中的忧愁和烦恼，可谓标准高、要求严。而酒店餐饮员工绝大多数是年轻人，这些工作要求与年轻人的特点有极大的矛盾，而且也易使员工产生一种压抑感。尤其是"90 后"的年轻人，他们更是崇尚个性与自由。因此，一方面酒店在员工求职和入职培训时，必须让员工明白角色是一种职能，一种对处在这个地位的人所期待的、符合规范的行为模式，要让员工知道服务业是一个服务于他人、使他人愉悦的行业，必然要求员工有时做出一些必要的牺牲；另一方面酒店应该注重制度的人性化设计和工作的科学设计，在可能的情况下给员工以灵活的空间，让他们体会到工作的乐趣，并注重科学调节员工的情绪，丰富员工的业余生活，让他们享受生活。

2. 关注员工压力

压力，即心理压力，是个体在生活适应过程中的一种身心紧张状态。员工压力不可避免，是一种促使员工积极进取的外在激励因素，但员工的心理压力应该适度。

1）认识员工的压力来源

职业压力源，即促使个体产生紧张的外部事件或环境刺激，主要有工作压力源、家庭压力源与社会压力源。作为管理者需要特别关注员工的工作压力源，即直接与个体的工作角色相联系的压力来源，主要表现为：①角色模糊，即角色信息不清晰，主要来自不合理的工作说明、环境变化引起的角色变化等；②角色冲突，即个体所获得的关于同一角色的信息出现矛盾，如不同的信息发送者之间沟通不畅及其合作不佳造成员工获得的信息相互冲突；③角色负重，即当一个员工被要求在一定时间内完成力所不及的任务时出现的情况。

2）合理控制压力源

合理控制压力源即通过有效的管理措施，减少、消除不必要的工作压力，主要表现为：①合理配置人力资源，尽量保证招聘的人员具有与职务要求相适应的工作能力和个性特点；②合理安排员工工作负荷，改善工作条件，为员工创造舒适的工作环境，以利于员工将压力保持在促进工作效能的水平；③有步骤地实施工作丰富化，避免员工因长期从事同种工作带来的枯燥感和疲惫感；④改进领导者作风，提高管理水平。

3）促进组织内部沟通

促进组织内部沟通即通过正式和非正式沟通，增强管理者与员工间的信任与理解。管理者应通过正常途径，及时了解员工对工作的真实想法及心中的困惑，以找到问题的症结，帮助员工解决困难，减少工作压力，提高效率。非正式沟通虽是自发的、随意的，但员工在非正式沟通中往往更倾向于表达自己的真实想法。

4）注重工作压力疏导

伤心痛苦总是难免的，酒店管理者应协助或引导员工把不良情绪发泄出来，使员工早日从痛苦的状态中解脱出来。比如，通过心理咨询可以帮助员工在对待压力的看法、感觉、情绪等方面有所变化，解决其出现的心理问题，从而调整心态，能够正确面对和处理压力，保持身心健康，提高工作效率和生活质量。

3. 关注职业倦怠

职业倦怠症又称职业枯竭症，它是一种由工作引发的心理枯竭现象，是上班族在工作的重压之下所体验到的身心俱疲、能量被耗尽的感觉。

要有效解决职业倦怠问题，需员工与组织的共同努力。从组织角度来说，主要应该从五个方面加以影响与调整：一是注重工作再设计，让工作更加富有意义、挑战与乐趣；二是适当进行工作轮换；三是更多地接纳员工对流程和再造的意见；四是工作业绩评定时，要充分肯定员工的优点与贡献，并合理指出缺点与失误，以增强员工的成就感；五是提供建设性的反馈意见与必要的支持。

（三）激发工作热情

从员工角度来说，员工绩效高低主要取决于他的态度与能力，而能力的发挥则取决于其工作热情的高低。管理者必须注重对员工的有效激励，以激发其工作热情。

1. 激励的特征

所谓激励，就是为了特定目的而去影响人的内在需要，激发人的动机，从而引导和强化人的行为的过程。

（1）激励的目的是调动员工的积极性，驱动员工行为，促进企业管理目标的实现。员工工作积极性，即员工对工作任务产生的一种能动、自觉的心理状态。工作积极性主要可从三个维度加以观察分析：一是责任心，即员工对工作的投入程度与对待工作结果的态度；二是主动性，即员工根据一定的岗位要求和工作要求，在主体意识的积极支配下进行的活动；三是创造性，即员工在工作过程中与时俱进，不断创造的意识与行为。

知识关联

进一步查阅需要层次的相关理论：马斯洛需求层次理论；马克思主义的需要层次理论；美国心理学家阿尔德佛的生存、关系、成长需要层次理论；美国心理学家戴维·麦克莱兰的成就需要理论。

（2）激励的起点是员工的需要，管理者要掌握员工的需要，并努力满足。所谓需要，就是有机体缺乏某种物质时产生的一种主观意识，它是有机体对客观事物需求的反映。对于员工需要的认识，餐饮管理者应该把握以下几个基本要点：一是员工需要的客观性，按照需要的起源，可以分为自然性需要和社会性需要两大类。自然性需要主要产生于人的生理机制，是生来就有的；社会性需要是通过后天的学习获得，由社会的发展条件决定的。二是员工需要的层次性，即员工需要

会因为人的追求而呈现由低到高的层次,一般情况下,低层次的需要没有满足时,高层次需要往往表现不明显。在不同的时空条件下,员工的某些需要会占据主导地位,成为主导型需要。三是员工需要的差异性,即由于主客观条件的不同,员工需要会存在个体差异。

(3) 激励的关键是员工的动机。动机是在需要的基础上产生的,是引起个体活动,维持并促使活动朝向某一目标进行的内部动力。动机在员工行为中能起到以下作用:一是引发功能。人类各种各样的活动总是由一定的动机所引起的,没有动机也就没有活动。动机是活动的原动力,它对活动起着始动作用。二是指引功能。动机像指南针一样指引着活动的方向,它使活动具有一定的方向,朝着预定的目标前进。三是激励功能。动机对活动具有维持和加强作用,强化活动以达到目的。

(4) 激励是一个持续的过程。这个过程包括三个阶段:要让员工愿意干;要让员工能干好;要让员工干好以后继续干。

2. 激励的类型

按照不同划分方式,激励可分为不同的类型。

(1) 按激励的内容,可分为物质激励和精神激励。两者的最终目的是一致的,但作用的对象不同。前者作用于人们的生理方面,是对人们物质需要的满足,后者作用于人们的心理方面,是对人们精神需要的满足。

(2) 从激励的性质划分,可分为正激励和负激励。所谓正激励,就是当一个人的行为表现为符合社会需要或组织目标时,通过表彰和奖赏来保持和巩固这种行为,以达到调动积极性的目的。所谓负激励,就是当一个人行为不符合社会需要或组织目标时,通过批评和惩罚,使之减弱或消退来抑制这种行为。

(3) 从激励的形式上划分,有内激励和外激励。所谓内激励是通过启发诱导的方式,激发人的主动精神,使个人的工作热情建立在高度自觉的基础上,充分发挥出内在的潜力。所谓外激励就是运用环境条件来制约人们的动机,以此来强化或削弱某种行为,进而提高工作意愿。内激励带有自觉性的特征,外激励则表现出某种程度的强迫性。

3. 激励机制

激励机制就是在激励中起关键性作用的一些因素,由时机、频率、程度、方向等因素组成。

1) 激励时机

激励时机,即为取得最佳激励效果而进行激励的时间。激励时机根据时间快慢差异,可分为及时激励与延时激励;根据时间间隔是否规律,可分为规则激励与不规则激励;根据工作周期,可分为期前激励、期中激励和期末激励。

2) 激励频率

激励频率,即在一定时间内进行激励的次数。激励频率并不是越高越好。一般来说,以下四种情形的激励频率应该较高;反之亦然。一是工作复杂性强,比较难完成的任务;二是任务目标不明确,较长时期才可见成果的工作;三是各方面素质较差的员工;四是工作条件和环境较差的部门。

3) 激励程度

激励程度,即激励量的大小。激励量同样必须适当,过小则难以起作用,一次激励量过大,又会给以后的激励设置障碍,因为激励是一个持续反复的过程。

4）激励方向

激励方向，即激励的针对性，针对什么样的内容来实施激励。激励方向选择是以优先需要的发现为前提条件的。

本章小结

（1）酒店餐饮经营首先必须明确餐饮业务的地位，充分理解餐饮业务的特点与管理要求，以正确把握酒店餐饮管理的方向与工作重心。

（2）酒店必须充分了解消费者的需求、行为特征及消费趋势，以便餐饮经营有的放矢。同时，必须正确认知竞争要素、竞争层次，并正确把握餐饮竞争的基本态势。而面对不断变化的经营环境，酒店餐饮必须坚持创新发展，应强化创新意识，培养创新思维，破除创新障碍，构建创新管理机制。

（3）餐饮管理说到底是人的管理，酒店必须科学设置餐饮管理组织，合理配置员工，提升员工职业素养，有效开发员工的能力。

核心关键词

餐饮业务特点	characteristics of food and beverage operation
餐饮消费者	consumers of food and beverage
餐饮市场竞争	food and beverage market competition
餐饮创新	food and beverage innovation
餐饮员工管理	food and beverage staffs management

思考与练习

1. 如何理解酒店经营管理中"餐饮打牌子"这一理念？
2. 为什么要充分认识酒店餐饮业务的特点？
3. 为什么说价格竞争是一种低层次的竞争，而品牌竞争则是最高层次的竞争？
4. 你认为酒店餐饮员工最重要的素质是什么？为什么？
5. 查阅资料，分析"90后"员工的行为特征及管理策略。
6. 查阅资料，选择一家酒店餐饮经营成功转型升级的案例，总结经验并提出启示。

案例分析

海蓝酒店餐饮管理：贯穿在每一章的连续案例[①]

今天，对于张翔来说是一个值得高兴的日子，因为他被任命为海蓝大酒店餐饮部经理。

该酒店是一家按五星级标准建造的综合性商务会议酒店，地处某经济发达的县级城市，酒店共有客房325间（套）、餐厅46个（餐厅包厢40个），由社会某个餐饮机构租赁经营的餐厅1个，同时拥有配套的会议与康乐设施。

自2010年开业以来，客房经营情况不错，客房收益在当地同类酒店中处于先进水平，但餐饮经营情况不甚理想，以致酒店整体营业收入始终处于中下水平，酒店的会议市场也因为餐饮经营不力而受到影响。总经理对于餐饮经营多次提出要求与建议，虽有一定的变化，但总体还是未能摆脱困境。究其原因，主要是餐饮部经理比较保守，管理思路老是沉湎于过去的老经验。为此，酒店领导班子下决心调整了餐饮部的管理班子。经过全面考察，最终决定让旅游管理专业毕业、现任总经理秘书的张翔出任餐饮部经理。

张翔在酒店工作已有5年，学校读书时曾在其他酒店餐饮部实习过半年，毕业后到该酒店工作，做过总台服务员、总台领班、大堂副理，任总经理秘书一职已有2年。他非常清楚思路决定出路这个道理，要想开创餐饮经营的新局面，就必须思考并理清酒店餐饮管理的一些基本问题。然而，他毕竟没有做过餐饮管理工作，面对酒店领导的信任及餐饮部目前的困境，哪些问题是餐饮管理必须思考的基本问题？他陷入了深深的思考之中。

注：本教材以一家酒店餐饮管理的实情为背景，以酒店餐饮管理为主题，通过连续性的案例描述酒店餐饮管理者需要正确面对并着手处理与解决的情况与问题。

问题讨论：
1. 从该案例中，你能认识到哪些问题？
2. 对张翔来说，他走马上任后首先要做的工作是什么？

[①] 连续案例由邹益民根据自己的工作经历及管理咨询实践编写，企业与人名等均为虚拟，如有雷同，纯属巧合。

第二章

酒店餐饮管理的前期决策

学习导引

俗话说:"先天不足,后患无穷。"餐饮设施是酒店餐饮经营的基础,设计配置是否科学合理,将直接影响到餐饮的运营能力与经济效益。同时,酒店餐饮经营基本定位、菜单设计等前期经营决策,直接决定着未来餐饮经营的基本方向与思路。那么,怎样使酒店餐饮设施设计具有先进性、实用性与竞争性?怎样做到酒店餐饮经营方式及竞争策略符合市场需求与自身条件,具有独特的市场竞争优势?怎样使酒店菜系、品种、价格等能得到目标顾客的高度认可?本章内容将提供一些基本的准则、思路与方法。

学习重点

通过本章学习,你应该重点掌握:
1. 餐饮设施规划设计的基本思路;
2. 餐饮经营方式选择的基本准则;
3. 餐饮目标市场定位的思路与方法;
4. 餐饮竞争战略的选择依据与策略;
5. 酒店餐饮菜单决策的基本内容与思路。

第一节 餐饮设施规划设计

餐饮设施可分为餐厅、厨房与辅助设施三大部分。餐饮设施规划设计应根据酒店的类型、目标顾客定位、国家的相关法规与标准,合理配置各类餐饮设施的规模与结构,正确制定餐饮设施档次与风格,科学设计餐饮设施空间及流线,从而使酒店餐饮设施既符合餐饮业务运转的要求,又具有自己的风格和特色。

一、餐厅规划设计

酒店一般都有多种类型的餐厅,如主餐厅、风味餐厅、宴会厅、咖啡厅、自助餐厅以及各式酒吧等。餐厅规划设计是保证餐饮服务活动顺利进行并达到理想经营效果的前提,应本着功能性、整体性、独特性、安全性、经济性等原则,做好以下四个方面的设计。

(一) 餐厅意境设计

意境,是指一种能令人感受领悟、意味无穷却又难以用言语阐明的意蕴和境界。餐厅要给顾客以赏心悦目的感觉,就必须注重餐厅意境的设计。餐厅意境设计是由功能需要和形象主题概念而决定的。

1. 选择餐厅主题

理想的餐厅意境设计应能充分凸显餐厅的特色,引起顾客的兴趣,刺激顾客的消费欲望,并能给顾客留下深刻的印象。所以,餐厅意境设计首先必须注重餐厅的主题定位。餐饮环境主题性营造的表现意念十分丰富,在此主要介绍四种角度。

1) 以特定环境为主题

以特定环境为主题,就是根据酒店所处的地域、区位将餐厅设计成一个特定的环境,让顾客在用餐过程中感受到特别的风景与情调。整个环境是个大空间,餐饮空间是处于其间的小空间,二者之间有着极为密切的依存关系。环境主题可考虑的视角主要有两个:一是地域,这里是指酒店所在的地区,比如东北、江南、中原等。不同地域必然有不同的历史、文化,正所谓"十里不同风,百里不同俗"。这类主题往往与民俗文化风情紧密相连,如"蒙古包餐厅"、"窑洞餐厅"、"大上海餐厅"等。以地域民俗民风为主题的空间设计把出现在人们记忆中、烙印在人们性格里的厚重文化通过装饰设计、用现代手法体现出来。二是区位,这里是指酒店的具体位置,比如商业中心、海边、湖边、山上、乡村等。不同的位置具有不同的自然环境,酒店可以利用特定的自然环境,设计独特的主题,如"空中餐厅"、"海洋世界"、"湖光餐厅"、"竹海餐厅"等。

2) 以特定文化为主题

以特定文化为主题,即通过某种文化为主线渲染特殊的氛围。从人的社会文化属性来看,餐饮消费的过程总是与人们的观念文化相关联,人们都希望在一个与自己心理与情感特征相吻合的环境中用餐。文化主题涉及内容极为广泛,如宗教、文学、音乐、艺术等,比如"梁山酒家"、"桃园餐厅"、"楚乐宫"、"梅府家宴"等,就属此类。

3) 以时代特点为主题

以时代特点为主题,即通过特定历史年代的某种基本特征,营造独特的环境氛围。岁月是一条流动的河流,在不同的时期往往会有不同的时代烙印,酒店可根据不同时期的某种典型特征来挖掘餐厅的主题概念,其大致可以分为三种类型:一是怀旧复古类,这类餐厅多以历史上的某一时期作为主题吸引物,再现某个时期的历史特色风韵,赋予饮食空间极强的生命力、感染力,如各类不同历史时期的仿膳餐厅等;二是现代时尚类,即透过揭示人们理想生活中的某种情境,来营造独特的用餐氛围,比如"市井人家"、"田园餐厅"、"善缘餐厅"等;三是梦幻未来类,主要借助于高科技手段再现未来生活中的某一个片段,使餐厅变得新奇而刺激,以满足消费者猎奇和追求刺激的需要,如"科幻餐厅"、"太空餐厅"、"海底餐厅"等。

4）以某项兴趣爱好为主题

以某项兴趣爱好为主题,即抓住某些人的兴趣爱好,来设计餐厅的主题,例如"足球餐厅"、"摇滚餐厅"、"动漫餐厅"、"宠物餐厅"等。

2. 聚焦餐厅功能

内容与形式这一哲学原理是辩证统一的关系。在意境设计中,餐厅的内容表现为餐厅功能内在的要素总和,创意设计的形式则是指餐厅内容的存在方式或结构方式,是某一类功能及结构、材料等的共性特征。在创意设计时,应该充分注意内容与形式的统一。餐饮空间的形式是多变的,而形式则会随着功能改变而改变。比如以休闲功能为主的茶餐厅、咖啡厅,其主要特点应该是轻松、随意,应服从这类餐厅的功能要求,并营造一种亲切、轻松的意境。又如以特色饮食功能为特征的日式、韩式、法式餐厅等,则必须满足这类餐厅饮食功能的空间要求,并营造出应有的情调与氛围。

3. 确定餐厅风格

餐厅风格,即餐厅在整体上呈现的有代表性的面貌,其决定了餐厅装修的基调,餐厅风格大体有以下四种选择。

1）古代经典风格

古代经典风格即在某个重要历史时期有代表性的装修风格,其主要通过形状、颜色、材质这三个基本要素表现出来。比较典型的主要有以下两种风格。一是古典欧式风格。这是一种追求华丽、高雅、古典的设计风格,通过华丽的装饰、浓烈的色彩、精美的造型达到雍容华贵的装饰效果。其一般又可分为罗马风格、哥特式风格、文艺复兴风格、巴洛克风格、洛可可风格、新古典主义风格等。二是中式古典风格。中式风格主要体现在材料和制作工艺上,大到柱梁、门窗,小到桌椅都是精雕细刻,雅致而不失富贵之感。

2）现代简约风格

该风格以自然、闲适、简洁、时尚的新生活理念为基准,在现代的装饰形式中加入传统的艺术,整体颜色或柔和或尖锐,装修线条简洁而不失局部的细腻,配置的家具有强烈的现代感却又不失传统典雅的韵味。这种设计的特色就是简洁中有高雅,追求的是一种低调的奢华,通过现代感十足的一些元素,如 Logo、线条搭配等,突出空间的设计感和层次感。

3）摩登 Mix 风格

摩登 Mix 是近年来流行起来的特色餐厅设计风格,各种潮流化的多元素混搭和各种闪烁的灯光带来视觉上的冲击,营造出独特的潮流、浪漫与温馨,让人的大脑混乱而又痴迷。这类餐厅服务的主要对象一般定位为追求独立、新潮时尚、独特浪漫的消费者。

4）自然田园风格

该风格以生态、自然为基本设计理念,力求表现悠闲、舒畅、自然的田园生活情趣,创造质朴、清新的氛围。该风格的常用手法是采用大量绿色植物,利用天然的木、石、藤、竹等材质质朴的纹理,将餐饮空间布置成室内花园,各种包房、隔间均是以植物围合而成,山水草木之间,让顾客能够感受到繁忙都市中难得一见的田园生活,如同脱离了城市的喧嚣而置身于大自然之中。

(二)餐厅布局设计

餐厅布局设计,主要是指餐厅的空间限定、餐位设计和流线安排。餐厅布局设计既要考虑到顾客、员工的安全性与便利性、营业各环节的机能等诸多因素,又要注意全局与部分之间的和谐、均匀、对称,体现出浓郁的风格情调,使顾客一进餐厅就能强烈感受到形式美与艺术美。

1. 空间限定

空间限定,是指利用实体元素或人的心理因素限制视线的观察方向或行动范围,从而产生空间感和心理上的场所感。空间限定的基本形式有:以实体围合,完全阻断视线;以虚体分隔,既对空间场所起界定与围合的作用,同时又可保持较好的视域;利用人固有的心理因素来界定一个不定位的空间场所。

1)地面限定

地面限定,即主要通过地面、沉降抬升、铺地变化(地面利用不同材料、色彩、质感,划分空间)等手段,将空间划分成若干个实体空间或虚空间,目的在于丰富空间环境的变化,增加餐厅环境的层次感与艺术感。

2)顶面限定

顶面限定,即主要通过屋顶、楼板、吊顶、构架、织物软吊顶、光带等变化,限定出它与地面之间的空间范围,目的在于创造用餐环境的安全感、舒适感与美感。

3)垂直体限定

垂直体限定,即主要通过墙、柱、构架、屏风、帷幕、家具、灯具、绿化等限定要素,对餐厅空间加以实与虚的合理分割,以创造良好的餐厅功能与独特的用餐环境。垂直面实体根据垂直隔面的个数或垂直面实体质感、高度、透明度、疏密等方面的不同,对空间产生的围合感也各不相同。

2. 餐位设计

餐位设计应根据该餐厅的档次、经营风格、面积等因素加以通盘考虑,既要注意餐桌大小,数量合理配置,达到适用、协调、统一、经济的效果,又要充分考虑服务通道的合理安排,保证员工服务活动的顺利进行。餐位设计主要应该考虑以下几个方面。

1)台面选择

餐台台面通常有两种:一种是圆台面,另一种为方形台面。台面选择的原则是针对餐饮风格而加以设计的。一般情况下,中餐厅主要以圆形台面为主,适当配置方形的台面。除中餐外的其他餐饮风格,一般使用方形台面,餐台的高低可根据民族或传统特色加以选择,如日餐、韩餐的餐台相对较低。

2)台型设计

该项设计要考虑到环境、餐厅的形状和大小,合理使用各种不同规格、不同形状的餐台,布置不同的台型组合,创造出良好的餐厅氛围,使顾客感觉舒适方便。

3)空间设计

该项设计既要注意给顾客足够的活动空间,又要在一定的空间面积中最大限度地加以利用,使餐位数增至最大。一般应根据餐厅的档次、服务方式、目标顾客的需求来定。比如对于高档、豪华的餐厅而言,其餐位密度相对较小,而中、低档餐厅的餐位密度相对较大;对服务要求高的正规餐厅,其餐位的空间距离较大,反之亦然。高档商务餐厅和情侣餐厅,还必须考虑顾客心理安全感的满足,如不被人过分关注、其谈话内容不易被他人听到等。

3. 流线安排

餐厅流线是指顾客、服务员、食物与器皿在厅内的流动方向和路线。流线设计的基本要求为:尽可能分流,进出门分设;客用通道与服务通道相对分离,避免交叉碰撞;尽量选取直线,避免迂回曲线;通道的宽度要符合营业服务的需要,注意考虑服务人员工作手推车的通行宽度。

（三）餐厅装饰设计

餐厅装饰设计是餐厅意境氛围营造的核心部分,通常要考虑以下几项内容。

1. 门面设计

餐厅的门面与外表,既反映了该餐厅的主题,也体现了该餐厅的格调档次。其设计的基本要求是必须具有明确的辨认功能,并具有超凡脱俗的个性和特色,对顾客具有极强的视觉吸引力。

2. 光线设计

光是体现室内视觉效果的关键因素,是形成空间、色彩、质感等审美要素的必要条件,同时,光也是改变室内气氛和情调的最简捷的方法,可以增添空间感,弥补室内原有的缺陷,营造优雅气氛,达到理想的室内效果。光线设计主要应考虑以下内容。

1) 光源选择

餐厅可选择的光源可分为两种:自然光源与人工光源。人工光源进一步可分为装饰光与照明光。有些餐厅位于邻近路旁的地方或设在高层,并以窗代墙,这类餐厅应充分采用自然光线,一方面能使顾客享受自然阳光的舒适,另一方面能产生一种明亮宽敞的感觉,心情舒畅而乐于饮食。还有一种餐厅设于建筑物中央,这类餐厅须借助人工光源。当然,餐厅光源选择还须考虑餐厅的风格。

2) 光线类型

餐厅光线与色调的配置要结合季节或依据餐厅主题来定。酒店餐厅一般宜采用白炽灯,并采用暖色光照。一是暖色会让人与人之间的距离显得更近一些;二是菜点在暖色光的照射下不会偏离本色;三是暖色光照能让餐具显得明亮、干净,却又不会让人产生冰冷的感觉,给人带来食欲。

3) 照明方式

餐厅照明设计应注意艺术性和功能性的结合,达到色调柔和、宁静,并有足够的亮度,以构成一种视觉上的整体美感。酒店餐厅照明一般采用混合照明的方式,即由照度均匀的一般照明、辅助照明和针对就餐面的局部照明所组合而成的照明方式。

3. 色彩设计

色彩能改善空间的视觉感受,使一个空间的尺度在视觉上发生变化。一个成功的餐厅设计总是有着令人满意而又深刻的色彩效果。餐厅色彩设计的基本要求是突出主题,符合功能,兼顾自然条件,力求和谐协调。

1) 明确色彩功能

不同色彩在餐厅氛围营造中担负着不同的职能。

(1) 背景色彩。如墙面、地面、天棚,它们占有极大面积并起到衬托室内一切物件的作用。因此,背景色是室内色彩设计中首要考虑和选择的问题。

(2) 装修色彩。如门、窗、通风孔等,它们常和背景色彩有紧密的联系。

(3) 家具色彩。各种不同品种、规格、形式、材料的各式家具是室内陈设的主体,是表现室内风格、个性的重要因素,它们和背景色彩有着密切关系,常成为室内总体效果的主体色彩。

(4) 织物色彩。包括窗帘、帷幔、台布、地毯、椅面等织物。室内织物的材料、质感、色彩、图案五光十色、千姿百态,在室内色彩中起着举足轻重的作用。

(5) 陈设色彩。灯具、工艺品、绘画、雕塑等,它们体积虽小,但可起到画龙点睛的作用,不可忽视。在室内色彩中,常作为重点色彩或点缀色彩。

(6) 绿化色彩。盆景、花篮、插花,不同花卉、植物有不同的姿态色彩、情调和含义,和其他色彩容易协调,它对丰富空间环境、创造空间意境有着特殊的作用。

2) 正确选择主调

室内色彩应有主调或基调,冷暖、性格、气氛都通过主调来体现。主调的选择是一个决定性的步骤,必须十分贴切地反映空间的主题,即希望通过色彩达到怎样的感受,是典雅还是华丽,安静还是活跃,纯朴还是奢华。不同的色彩对人的心理和行为有不同的影响,具体见表2-1。

表2-1 颜色对人的心境的影响

颜　色	效　果
红色	振奋、激动
橙色	兴奋、活跃
黄色	刺激
绿色	宁静、镇静
蓝色	自由、轻松
紫色	优美、雅致
棕色	松弛

3) 注重色彩协调

处理色彩关系一般应遵循大调和、小对比的基本原则,主色调一般应占有较大比例,而次色调作为与主调相协调(或对比)色,只占小的比例。总体来说,色相宜简不宜繁,纯度宜淡不宜浓,明度宜明不宜暗。同时,要注意背景色、主体色、强调色三者之间的色彩关系,既要有明确的层次关系和视觉中心,又不刻板、僵化。另外,还需考虑餐厅的不同环境与功能,在缺少阳光的区域和利用灯光照明的餐饮包厢,可多采用明亮的暖色相,以调节其明亮的温暖气氛,增加亲切感;而阳光充足的地区或炎热的地方,则可多采用淡雅的冷色相,给人以凉爽的感觉。在门面招牌、接待区、洗手间、电梯间和其他一些逗留时间短暂的地方,可考虑使用高明度色彩,以给顾客光彩夺目、干净卫生的清新感觉;而用餐区和包厢等逗留时间较长的地方,则可考虑使用纯度较低的各种淡色调,以给顾客创造一种安静、柔和、舒适的空间气氛。

4. 温度设计

顾客来到餐厅,希望能在一个四季如春的舒适空间就餐,因此,室内空气与温度对餐厅的经营有重要影响。餐厅的空气调节受地理位置、季节、空间大小、室外温度等因素的制约。餐厅根据不同季节环境一般所选用的温度与湿度如表2-2所示。

表2-2 餐厅室内外温度比较

室 外 温 度	室 内 温 度	建议餐厅内的相对湿度
25 ℃	22 ℃	65%
26 ℃	23 ℃	65%
28 ℃	24 ℃	65%
30 ℃	25 ℃	60%
35 ℃	29 ℃	60%
-10 ℃	1~5 ℃	45%
-50 ℃	5 ℃	50%

5. 陈设设计

餐厅陈设是体现餐馆文化氛围的重要方面,是显示餐厅文化层次的一个主要标志。餐厅陈设设计主要包括家具、装饰物、观赏品和绿化等几大部分的设计。家具主要有餐桌、餐椅、落台、酒柜、屏风等。装饰织品主要有地毯、帘幔、覆盖织物、悬挂织物。观赏物主要有字画、浮雕、艺术挂盘等墙饰品和雕塑、酒水车、工艺品等摆设品。绿化主要是指盆栽、盆景和插花等。餐厅陈设设计必须突出主题性、艺术性和协调性,并起到画龙点睛的作用。

二、厨房规划设计

厨房设计,就是确定厨房总体及各部分的规模大小和相互联结,并具体安排厨房各部门的位置及厨房设施和设备的分布。

(一)厨房空间设计

厨房空间设计必须有利于提高厨房的生产质量和劳动效率,具体必须达到以下要求。

1. 保证适当面积,满足运营要求

厨房面积的大小,主要取决于餐厅营业面积。通常,厨房应占餐饮用房总面积的45%左右。当然,由于各酒店的餐饮定位、档次、功能以及原料情况、制作工艺、设备设施等因素,餐饮各部分的面积会有差异。

2. 保证物流畅通,避免交叉碰撞

菜肴的生产从食品原料的采购开始到菜肴的制作,是一个连续不断、循序渐进的过程(见图2-1)。要保证该生产的过程有序、快速地进行,厨房布局必须按进货、验收、加工、切配、烹调、出菜等流程依次对设备设施进行科学的定位,保证创造一条快捷、连贯、畅通的物流线,避免各种物质的运送传递发生不必要的交叉回流,特别是要防止出菜与收台、洗涤的交叉碰撞。此外,厨房布局必须充分考虑物流线的宽度,保证餐车等运输工具的自由出入。

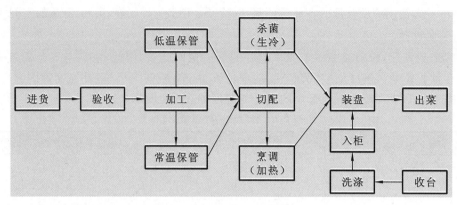

图 2-1　厨房作业流程图

3. 缩短工作距离，避免无谓消耗

为了减少厨房的劳动强度，提高工作效率，保证厨房的出菜速度和菜肴质量，厨房的设计和布局必须注意库房及厨房各操作单元尽量紧凑，厨房及洗碗间尽可能靠近餐厅，最大限度地缩短食品原料进出各操作单元的距离和服务距离。厨房各操作单元应尽量处在同一平面，并力求靠近餐厅。若无法安排同一平面时，应配置升降梯等垂直运输工具，以避免来回跑动而影响工作效率和体力的无谓消耗。

4. 突出中心厨房，有效利用资源

现代酒店中，往往有众多的餐厅，如宴会厅、风味餐厅、中餐零点餐厅、多功能餐厅等。为了有效利用设备和资源，并方便顾客，一般应尽量把餐饮区域设计在同一层面或相邻层面。但有时由于餐厅功能不同，大小不同，特色各异，忙闲不均，往往会出现各区域分设在不同层面，甚至"顶天立地"的情况。因此，各餐厅除了应配备相应的主厨房外，其余的如初加工、点心、冷菜、蒸煮、烧烤等配套厨房应尽量集中在中心餐饮区的中心厨房，以减少设备投资，并节省厨房场地的占用和劳动力的消耗。

（二）厨房环境设计

厨房既是菜肴加工生产部门，又是消防、卫生防疫的重点区域。厨房环境设计必须保证达到我国《食品卫生法》和《消防法》等法规的要求，并为员工创造良好的工作环境。厨房环境总的要求是明亮、通风、干燥、防潮、安全、卫生。

1. 厨房"三面"设计

这里的"三面"指地面、墙面和顶面。

1）地面

应用不吸潮而且防滑的瓷地砖铺设，且必须采用防滑地砖，且要耐磨、易于清扫、不沾油。另外，地面的颜色要求鲜明，以便促使人们从心理上注意保持厨房清洁。

2）墙面

应平整光滑，无裂缝凹陷，最好采用瓷砖之类的可洗物质铺面，以免油污堆积。

3）顶面

厨房天花板平面力求平整，无裂缝和凹凸，无暴露的管道，不然易堆积油污和灰尘，甚至孳生虫蝇,影响食品生产的卫生安全。由于厨房空气湿度大,天花板最好涂抹抗水白漆,以防表面受潮脱落污染食物,或选用轻型金属材料拉顶,便于拆卸清洁。

2. 厨房"三度"设计

这里的"三度"是指厨房的温度、湿度和亮度。

1) 温度

厨房设计布局必须注意使厨房保持温度恰当,如果在闷热的环境中工作,不仅员工的工作情绪受到影响,工作效率也会变得低下。厨房内较适宜的温度应控制在冬天22 ℃～26 ℃,夏天24 ℃～28 ℃。

2) 湿度

湿度是指空气中含水量的多少,相对湿度是指空气中的含水量和在特定温度下饱和水汽中含水量之比。厨房应保持适当湿度,湿度过高,易造成人体不适,并导致某些食品原料的腐败变质。湿度过低,厨房内的原料(特别是新鲜的绿叶蔬菜)易干瘪变色。人体较为适宜的相对湿度为30%～40%。夏季,当温度在30 ℃时,相对湿度一般在70%左右。也就是说,温度越高,相对湿度也越大。

3) 亮度

厨房生产时,操作人员需要有充足的照明,才能顺利地进行工作,特别是炉灶烹调,若光线不足,一方面会影响烹饪菜肴的质量,另一方面容易使员工产生疲乏劳累感,降低生产效率,并增加安全隐患。厨房灯光不仅要从烹调厨师正面射出、没有阴影,而且要保持与餐厅照射菜点灯光一致。厨房照明度应达到每平方米10瓦以上,在主要操作台、烹调作业区的照明则更要加强。

3. 厨房"三排"设计[①]

这里的"三排"是指厨房的排风、排水与排污。

1) 排风

在厨房工作时会产生大量油、汽、烟等对人体健康有害的物质,酒店必须注重厨房有效的通风设施,保证空气流通。首先,应注意厨房高度,一般为3.6～4米,太低使人感到压抑,透气与散热效果差。当然,也不要太高,否则会使建筑、装修、清扫、维修费用增大,不符合经济性要求。其次,应注重送风设施,一种方式是全面送风,即利用酒店的中央空调送风管直接将经过处理的新鲜风送至厨房,并在厨房的各个工作点上方设置送风口,又叫岗位送风。另一种方式是局部送风,就是利用小型空调器对较小空间的厨房进行送风。最后,应注重排风设施,即利用排风设备将厨房内含有油脂异味的空气排出厨房,使厨房内充满新鲜的、无污染的空气。

2) 排水

厨房排水系统须满足生产中最大排水量的需要,并做到排放及时。厨房排水有明沟与暗沟两种方式。

(1) 明沟方式。明沟应尽量采用不锈钢板铺设而成,底部与两侧均采用弧形处理,水沟的宽度在30～38厘米,深度在15～20厘米,砌有斜坡,坡度应保持在2.0%～4.0%,盖板要

---

① 该部分内容主要参考了马开良的《现代厨房设计与管理》的相关内容。

整齐平稳，同时要注意防滑，可采用防锈铸铁板，亦可采用不锈钢，呈细格栅形。此外，排水沟出水端应安装网眼小于1平方厘米的金属网，以防止鼠、虫和小动物的侵入。明沟的优点是便于排水、便于冲洗、有效防止堵塞；缺点是排水沟里可能有异味散发到厨房内。

（2）暗沟方式。一般通过地漏与厨房污水相连，地漏直径不宜小于150毫米，径流面积不宜大于25平方米，径流距离不宜大于10米。暗沟宽度一般为200～300厘米，深度为150～300厘米，内壁铺设瓷砖或不锈钢板，有一定的斜度，防止逆流。另外，排水沟出口处同样应有防止垃圾流入及鼠虫侵入管道的过滤筛。采用暗沟排水，厨房地面显得平整、光洁，易于设备摆放，无须担心排水沟有异味排出，但管道堵塞疏浚工作则相对困难。一些酒店在暗沟的某些部位安装了热水龙头，每天只需开启1～2次热水龙头，就能将暗沟中的污物冲洗干净。

3）排污

酒店必须考虑必要的厨房垃圾、污水处理系统。厨房排水往往水中混杂油污，因此，要通过厨房内的排水沟连接建筑物下水道，再通往建筑物外面的污水池来进行处理。处理的主要方法就是厨房排水经隔油池过滤，隔油池可以由砖头砌成，或用混凝土浇制于地面之下，上面用盖板盖住，池中3/4处有一隔板直竖于出水口前阻挡悬浮油脂。

（三）厨房设备选择

厨房设备配置是否合理，既关系到厨房工作效率与菜肴质量，又关系到厨房安全与卫生。厨房设备选择应遵循以下基本原则。

1. 安全性

安全性，即购置的设备必须安全可靠，并符合食品卫生管理与安全生产的要求。

（1）厨房设备选择要注意防水、防火、耐高温。

（2）厨房设备要注意是否对食品构成直接或间接污染，要具有防污染的能力，特别是要有防止蟑螂、老鼠、蚂蚁等污染食品的功能。

（3）厨房设备要注意自身安全系数，如有些机械和电器设备要看是否具有自动报警、自动切断电源的保护装置。

2. 配套性

配套性，就是选购的设备必须适应酒店厨房生产的需要，既要考虑设备外观的配套，更要注意厨房各设备之间功能的互相配套。

3. 经济性

经济性，即尽可能用少的钱去购置效用高的设备。主要应考虑如下因素：一是价廉物美；二是能耗低，污染少，噪音低，符合环保要求；三是体积小，占用空间面积少；四是便于清洁、维修；五是方便员工使用，符合人体工程原理和厨房操作程序。

三、辅助设施规划设计

餐饮设施除厨房与餐厅设施外，还必须配置一些辅助设施。

（一）门厅服务区

门厅服务区是顾客进入餐厅的过渡空间，也是给顾客留下第一印象的场所。该功能区一般应根据餐厅大小设置展示区、接待区和候餐区。大型宴会厅或者多功能厅一般还设有衣帽间,通常设在靠近餐厅进口处,有专门的服务人员管理顾客的衣物、帽子、手杖等用品。

（二）洗手间

洗手间分为客用洗手间与员工洗手间,两者均应在设计中加以重视。客用洗手间的设置应注意以下几点。

1. 数量充足

一般来说,每个餐厅应配置相应的洗手间,并设置足够的厕位。

2. 位置合理

一是洗手间一般应与餐厅设在同一层楼,免得顾客上下不便。二是餐厅包厢原则上最好应设置独立的洗手间,以方便顾客使用,但要注意适当的隐蔽设计。

3. 指示清晰

洗手间的标记要规范、清晰与醒目。

（三）储物仓库

餐饮储物仓库一般有原料仓库、酒水仓库、布草仓库、杂件仓库等,这些仓库既可以单独设置,也可以集中设置,分类存放,当然,这些仓库也可以在酒店仓库的总体设计中统一考虑。总体来说,餐饮储物仓库呈现减少与缩小的趋势。

1. 原料仓库

食品原料仓库分为食品仓库和冷库,食品仓库又分为干货仓库和粮油仓库。冷库一般采用预制组合式冷库,这种冷库的壁板采用保温性能极高的材料,壁板之间有凹凸槽连接,安装方便、迅速。仓库和冷库内应充分利用空间,制作尺寸合适的陈放架。随着物质供应的日趋丰富、交通条件的改善与互联网的发展,食品原料储藏区域有不断缩小的趋势。

2. 酒水仓库

酒水仓库是餐厅的酒水中转站。根据任务的需要,从仓库领取酒水,存放在餐厅的酒水库,从餐厅酒水库向餐厅发放,多余和退回的酒水也保存在这个酒水库中。

3. 布草仓库

布草仓库是餐厅存放台布、口布、桌裙、筷套、牙签等物品的储藏地。布草仓库设置有序的货架,从洗衣房（公司）取回干净的布草按要求存放。但待清洗的脏台布禁止入内,防止老鼠以及昆虫的孳生。

4. 杂件仓库

杂件仓库是餐厅存放临时不用的桌椅、自助餐架、折叠桌、屏风、背景板、餐具等物品的地方,同样是餐厅必须设置的仓库。

第二节　酒店餐饮经营决策

思路决定出路,餐饮经营要生财有道,就必须对餐饮经营方式、餐饮目标市场、餐饮竞争

战略等做出正确决策。

一、餐饮经营方式决策

餐饮经营方式,就是餐饮经营活动的业务组织形式与方法。目前,我国酒店的餐饮经营方式一般有以下三种。

(一)自主经营

自主经营,即餐饮业务由酒店自己经营,独自承担餐厅的所有经营管理工作,如菜单设计、食品原材料筹措、生产、组织餐厅销售、策划专题销售活动等。采用自主经营方式,有利于酒店按照统一的经营战略,组织酒店的经营业务,设计并实施酒店的营销策略,对于酒店的整体营销、整体形象和品牌建设具有良好的作用。当然,采取这种经营方式,如果不具备必要的餐饮经营规模和必要的餐饮技术力量,或者经营管理不善,就可能导致餐饮运行成本过高、餐饮经营力不从心、经济效益受损等情况。

(二)合作经营

合作经营,就是酒店与其他经济实体合作,以达到取长补短,合作共赢的目的。这种经营合作,既可以是与社会上的餐饮公司合作,如厨房管理由餐饮公司承担,也可以是与其他地区的酒店合作,如与其他地区的名牌酒店共同经营特色餐厅。合作经营方式的特点是共同投资,统一经营,分工管理,分享利益。这种经营方式应该是未来餐饮经营一种值得推广的方式,关键是选择合适的合作方式与合作对象,制定科学的合作管理条款,签订合法有效的协作合同。另外,酒店也可以与著名的餐饮品牌机构或者餐饮品牌持有者合作,类似于特许经营方式。

(三)外包经营

外包经营,是指酒店通过签订租约,将餐饮实体、土地、建筑物及家居等,租赁给其他独立经营者,使其作为法人直接经营。通过外包经营,酒店可整合利用其外部互补性的专业化资源并与其结成战略联盟,从而达到降低成本与风险、提高效率、充分发挥自身核心竞争力和增强酒店对环境的迅速应变能力。但是,酒店放弃餐饮业务也存在很大的弊病,如外包出去的餐饮业务在市场营销方面可能与酒店的整体形象不符,而且产品质量也难以控制。是否选择外包经营方式,关键取决于餐饮业务在整个酒店业务中的关联度,比如会议型酒店,其餐饮业务在整个酒店产品体系中举足轻重,就不宜采用外包经营方式。外包经营的关键是要注意餐饮经营商的选择,要注意挑选那些对酒店现有餐饮有补充作用和有一定品牌或有地方特色的餐饮经营商加入。

二、酒店餐饮市场定位

市场是酒店餐饮经营赖以生存的基础,餐饮经营能否成功,很大程度上取决于市场定位的正确与否。

(一)餐饮市场细分

任何一家酒店不可能占领所有的细分市场,酒店必须对餐饮市场进行细分并做出科学的选择,以便把有限的资金和人力集中在招徕最能增加餐饮经营效益的顾客群体上。市场细分,就是指将一个异质市场划分成若干个具有相同需求的亚市场,即同质市场。不同的细分市场代表不同的餐饮消费群体。目标市场一般包括三个要素,即目标地域、目标人群与目标需求,所以餐饮市场细分的方法主要有以下几种。

1. 地理因素细分法

地理因素细分法是指按不同的地理单位,如国际、国内、本地、外地等,将餐饮市场划分成若干个亚市场。地理因素细分市场直接关系到酒店餐饮营销的方式和区域范围。

2. 人口统计特征细分法

人口统计特征细分法是根据人口的不同特征,如年龄、性别、职业、收入、教育程度、婚姻状况等,将酒店餐饮市场划分成若干个亚市场。一般而言,顾客的各种需求、偏爱、使用产品的频率等均与人口特征因素密切相关,对于酒店的餐饮促销手段和服务设计与提供具有十分重要的意义。

3. 消费者行为细分法

消费者行为细分法是依据消费者追求的利益、使用程度、平均支付能力、对产品的忠诚程度等行为因素,把酒店餐饮市场分成若干个亚市场。消费行为市场的细分,对于酒店餐饮产品的设计和营销主题及价格策略的制定是至关重要的。

4. 产品使用者细分法

产品使用者细分法,就是按使用者的目的、团体规模等因素将市场分为若干个专业市场,如商务顾客市场、团队顾客市场、会议顾客市场、婚宴市场等。

(二)目标市场选择

目标市场,就是最有市场潜力且酒店最有能力获得的顾客群体。酒店目标市场的选择,必须考虑以下几个关键要素。

1. 细分市场要求

一个细分市场能否成为目标市场,一般应具备以下特点:①可衡量性。是指用一定的标准进行衡量,比如"收入"因素可用数字衡量,"寻求便利"这个"行为因素"能够界定为"追求方便与获取与之相应的利益"。②可达性。本酒店能进入该市场并占有一定的市场份额。③规模性。该细分市场有足够的潜力使酒店值得开发和经营,能够为酒店带来可观的营业收入和利润。④可行性。该细分市场的顾客有能力购买本酒店的餐饮产品,而酒店也有能力适应细分市场顾客的需要。⑤持久性。该细分市场能持续较长时间。

2. 酒店自身特征

餐饮目标市场选择必须充分了解自身能力,即酒店有能力满足该细分市场消费者的需要,迅速提高在该细分市场上的市场占有率,并能获得盈利。总的来说,目标市场选择必须遵循扬长避短的原则,选择自己最擅长的领域。

3. 竞争对手情况

餐饮目标市场选择必须充分了解该细分市场的竞争态势,如该细分市场上是否有许多竞争对手?是否会遇到强劲的竞争对手?如果某个餐饮细分市场上已经存在许多强有力的和具有进攻性的竞争者,那么这一细分市场就具有较大的进入壁垒。餐饮目标市场的选择,应尽可能选择没有同业竞争或竞争对手少的市场,以减少竞争成本。

当然,酒店餐饮目标市场选择决策时,要注意确立引导消费、创造市场的经营理念,注重市场的预测与舆论导向,关注各种名人、明星和流行事物的倾向和排行,把握社会的消费潮流,及早发现人们的消费倾向,以抓住和创造新的细分市场。

(三)市场形象定位

市场细分和目标市场抉择是寻找"靶子",而形象定位则是将"箭"射向"靶子",即让自己酒店的餐饮产品在目标消费者的心中代表一种独特的观念和形象,以求在目标顾客心目中形成一种特殊的偏爱。由此可见,形象定位的目的在于"攻心",即在消费者心中确立位置,而不是在某个空间上确定各位置。形象定位的实质就是在消费者心里下功夫,打"攻心战",让消费者在内心认同和接受。形象定位的手段就是制造差异,主要是制造与竞争对手的差异。餐饮市场形象定位必须遵循顾客价值导向的基本准则,基本视角有以下三个。

1. 功能价值定位

功能价值,即主要体现产品的功能性利益或物理属性,比如精致可口的菜肴、安全舒适的环境、热情舒心的服务等。功能价值是产品立足的基石,让顾客有一种信任感。功能价值定位的关键在于性价比。

2. 情感价值定位

情感价值,即消费者在购买使用餐饮产品的过程中获得的情感满足。产品的情感价值常常将冷冰冰的产品带到了有血有肉的情感境界,赋予产品生命和感染力,让消费者拥有一段美好的情感体验。情感价值定位的关键在于触动心灵,情到深处。

3. 象征价值定位

象征价值,即主要诠释品牌所蕴含的人生哲理、价值观、身份地位等。消费者往往通过使用这样的产品,体验人生追求,张扬自我个性,寻找精神寄托。象征价值定位的关键在于物有所值,凸显尊贵。

三、餐饮竞争战略抉择

酒店餐饮要想在市场竞争中立于不败之地,就必须思考如何形成竞争优势的问题。根据迈克尔·波特的观点[1],酒店餐饮可采取的基本竞争战略主要有低成本战略、差异化战略与集中化战略。

(一)低成本战略

低成本战略即成本领先战略,就是使酒店餐饮的总成本低于竞争对手的成本,甚至在同行业中处于最低,从而取得竞争优势的一种战略。

1. 低成本战略的实施条件

要成功实施低成本战略,应注意其中隐含的条件:一是酒店所在的餐饮市场为完全竞争的市场;二是在顾客心目中,价格差别比产品差别更重要;三是目前酒店之间的餐饮产品几乎是同质的,且大多数顾客的需求相似;四是随着酒店规模的扩大、服务项目的增加,能有效提高酒店吸引力,迅速降低产品平均成本;五是酒店与现实的竞争对手处于同一档次;六是

---

[1] 迈克尔·波特.竞争优势[M].陈小悦,译.北京:华夏出版社,1997.

酒店餐饮产品需求弹性较大,降低价格能有效刺激需求。

2. 低成本战略的潜在风险

尽管成本领先战略可帮助酒店取得价格优势,防止新进入者侵蚀本酒店的市场份额,但也存在以下风险:第一,可能会使竞争者效仿,降低成本带来的优势,继而压低整个行业的盈利水平;第二,顾客的价格敏感性可能下降,不愿意反复享用缺乏特色的餐饮产品,转而寻求更新颖、更高品质的服务;第三,为使成本最低而进行的投资,可能会使酒店局限于目前的战略计划中而难以适应外部环境和顾客需求的变化。

3. 低成本战略的实施途径

1)促进纵向、横向一体化

通过纵向一体化,消除上游企业利用其资产的专用性敲竹杠的机会主义行为,从而节约交易成本和生产成本。通过横向一体化,扩大企业的生产规模,获规模经济之利,并且增加市场控制权。

迈克尔·波特,哈佛商学院教授,全球第一战略权威,是商业管理界公认的"竞争战略之父"。其三部经典著作《竞争战略》、《竞争优势》、《国家竞争优势》被称为"竞争三部曲"。

2)推进战略性合作

其目的是和其他企业共同分摊某种具有明显的正外部性的经济活动的成本。同时,战略性合作也可以实现酒店及其他企业间战略资源的互补,降低竞争强度,对竞争环境的变化做出敏捷的反应,减少不确定性,实现酒店产品的多样化和企业间的协同,更好地服务与方便顾客。

3)实施全面成本管理

主要包括:①成本筹划,即以价值工程思想为依据,设计合理的成本;②管理设计,即对酒店的管理要素进行科学的整合,降低管理成本;③标准化管理,即通过标准化,保证酒店业务活动的正常运行和服务质量的稳定,并减少人员,提高劳动生产率;④成本控制,就是对酒店成本费用进行预测、核算、监督、考核、分析等工作。

(二)差异化战略

差异化战略,是指为使企业产品与竞争对手产品有明显的区别,形成与众不同的特点而采取的一种战略。

1. 差异化战略的实施条件

酒店实施餐饮差异化战略,一般应具有一定的外部与内部条件。

1)外部条件

外部条件主要有:一是市场基础,即顾客需要有特色的餐饮产品,并愿意支付差异附加值的相应费用;二是法律基础,即国家对差异化餐饮产品有必要的法律保护;三是技术基础,即社会能为酒店创造差异化餐饮产品提供必要的技术支持。

2)内部条件

酒店应具有足够的市场调研与餐饮产品创新能力,酒店对顾客差异化需求有深层次的把握,并能根据自身优势,创造顾客认可的差异化餐饮产品。

2. 差异化战略的潜在风险

实施差异化战略,尽管可以帮助酒店增强讨价还价的能力,提升顾客的忠诚度,并形成强有力的进入障碍,但是,该战略同样存在一定风险。

(1) 酒店营销创新具有一定风险,要想创造性地将本身的优势与目标顾客群的真正需求有机结合起来,这并非易事。

(2) 酒店为使餐饮产品具有特色所进行的创新需要一定的投入,但竞争对手则可能会以很低的代价来模仿这些差异特征。当许多酒店都开始拥有某种特色时,这种特色就变成了一般性能。

(3) 顾客需求发生改变,不再认可酒店提供的差异化餐饮产品,或竞争对手开发出更具差异化的餐饮产品,导致酒店原有消费者投向竞争者的怀抱。

因此,在实施差异化竞争战略时需注意以下一些问题:第一,餐饮差异化创新不应以少数顾客的需要为依据,而应着眼于目标市场顾客的需求;第二,独特的餐饮产品应努力形成体系,充分让顾客理解认可,并在顾客心目中留下深深的烙印;第三,要注意运用有关的法律和制度,保证本酒店餐饮产品的独特优势不被模仿侵权;第四,实施差异化所得到的溢价须大于为此而付出的成本。

3. 差异化战略的实施途径

酒店餐饮差异化战略实施的基本途径在于创造独特的市场卖点,该卖点使本餐饮产品或本餐厅具有无可取代的特点,其基本思路主要有以下四种。

1) 环境氛围的独特性

环境氛围的独特性,即通过特殊的环境布置创造别具一格的用餐氛围,比如热带雨林餐厅。

2) 菜肴制作的独特性

菜肴制作的独特性,即通过菜肴制作的过程中的若干环节创造与众不同的特色。主要有原料的独特性,如所有蔬菜、家禽均来自本酒店绿色有机农产品基地;菜肴配方的独特性,比如"雕爷牛腩"花500万元从香港食神戴龙购买牛腩秘方;烹饪方式或者菜肴口味的独特性,如菜肴全部经由柴火灶头人工烹制,确保菜点的原汁原味;烹饪人员的独特性或唯一性,如谭家菜的第几代传人。

3) 销售方式的独特性

销售方式的独特性,即通过餐饮销售方式的别出心裁创造独特的卖点。比如电视点炒方式,即顾客点菜后,其中的主菜或部分菜点的烹制过程通过电视进行实况转播,让顾客观看厨师的整个工作过程。

4) 餐饮服务的独特性

餐饮服务的独特性,即通过体现服务水平的各个方面创造独具神韵的服务特色。比如小华盛顿旅馆的餐厅,其对客服务标准定位于不只是满足顾客的需求,而是要超出顾客的预期,给顾客创造快乐的体验。为此,该旅馆特别推出了顾客心情指数管理,创造了美国旅馆业界的服务典范。又比如一些酒店推出的厨艺秀、服务秀等,把菜肴制作、服务方式上升到艺术表演的境界。

(三)集中化战略

集中化战略又称市场聚焦战略,是指酒店将自己的餐饮经营目标集中在特定的细分市场,如动漫爱好者,并且在这一细分市场上建立起自己的产品差别与价格优势。

1. 集中化战略的适用条件

酒店实施集中化战略需具备以下三个基本条件:一是确有特殊需求的顾客存在,并具有必要的规模;二是尚未发现其他竞争对手试图在上述细分市场中采取此战略;三是酒店餐饮产品在某些特定市场中具有一定的实力与优势。

2. 集中化战略的潜在风险

尽管酒店实行集中化战略能以更高的效率、更好的效果为某一特定的对象服务,从而超越竞争对手,但是,其同样存在一定的风险。

(1) 由于全部力量和资源都投入了一种产品或服务一个特定的市场,当顾客偏好发生变化、技术出现创新或有新的替代品出现时,这部分市场对产品或服务需求下降,酒店就会受到很大的冲击。

(2) 酒店提供的专业化服务增加了其他竞争者替代的难度,但一旦目标市场衰落或消费需求发生改变,也增加了该酒店产品进入其他细分市场的难度。

(3) 竞争者打入了该酒店选定的目标市场,并且采取了优于其的更集中化的战略。

3. 集中化战略的实施途径

集中化战略实施的基本途径主要有以下几种。

1) 餐饮设施针对性

餐饮设施针对性,即餐饮设施与功能设计都应基于特定目标顾客的需求和爱好。

2) 利益诉求专一性

利益诉求专一性,即利益诉求必须满足特定目标顾客的需求,使顾客深切感受到酒店"特别的爱献给特别的您"的情感。

3) 服务标准独特性

服务标准独特性,即服务标准必须为特定目标顾客的需求而设计,酒店要通过自己专门化、个性化的服务策略,使目标顾客忠诚。

4) 营销活动主题性

营销活动主题性,即营销活动针对特定的目标顾客设计餐饮营销主题,在此主题下营造相应的环境,营造一种独特的气氛和情调,从而产生吸引力和新鲜感,以此吸引特定的目标顾客群体。

经典案例   杭州湾环球酒店的餐饮经营之道

杭州湾环球酒店是一家按五星级标准建设的综合性酒店,其计划建设于2010年,最后于2014年开业,酒店经营环境变化明显,经营难度可想而知,尤其是高端餐饮经营,更是如此。但是,环球酒店的餐饮经营在困难中前进,在逆境中发展,

并取得了非常理想的经济效益。原因何在？答案是审时度势，正确定位，精准管理。

首先，调查研究，知己知彼。环球酒店的管理者在建设阶段，就对慈溪的餐饮市场进行了深入的调研，运用SWOT分析法，研究宏观环境的变化给高端酒店餐饮经营带来的机遇与挑战，深刻剖析竞争对手的情况及自己酒店的条件，在此基础上梳理酒店的优势与劣势。与此同时，酒店多次拜访了各种不同类型的消费者，了解各类消费者的共同需求与不同特点，经过交流，管理层清晰地知道，准确识别消费者需求的难点在于顾客需求的多重性，消费者的内心就好像冰山一样，你能轻易观察到的只是露出冰面的冰山一角，而消费者的真实动机深藏在冰面下，需要深入洞察才能撼动整座冰山。事实上，消费者的需求分为几个层次，包括表面的需要、真正的需要、未表明的需要及秘密的需要等。

其次，选择目标顾客，并设计相应的产品。根据调研及酒店的类型与档次，酒店确立了高端、大气、时尚的餐饮形象，把自己的目标顾客定位于追求生活品质的中高端消费者。同时，决定采用差异化的竞争战略，并据此设计了三种不同类型的餐饮产品。一是以高端定制为特色的云餐厅，位于酒店顶楼25层，设有3间豪华中餐包厢、1间豪华西餐包厢，并配有茶室、雪茄吧、红酒吧等配套设施。环境清幽恬静，高雅怡人，视野开阔。该产品的目标顾客定位于高社会地位、高文化品位和高人生境界的成功人士。云餐厅高度尊重顾客隐私，创造雅静的私人空间，并采用限定席位的经营规则，给顾客带来了神秘感与尊贵感。二是以大气、精致、典雅为特色的中餐厅，位于酒店3楼，拥有18间风格迥异的豪华包厢和2个多功能豪华宴会厅，适合举办婚宴、订婚宴、满月宴、生日宴及各类商务宴请与朋友聚会。该产品的目标顾客定位于享受生活、具有较强经济实力、追求档次排场的消费人群。三是以时尚、便捷为特色的柏瑞厅，主要面向本地大众消费，除提供自助早餐、西式套餐、西点、茶饮外，主要提供中西合璧的自助晚餐。

最后，确立餐饮管理模式。根据目标市场及酒店竞争战略，环球酒店确立了"四美"餐饮管理模式。优美的场景，即为顾客创造赏心悦目的用餐环境，酒店通过餐厅门口的装饰、景观小品、餐厅特色布置、餐台主题设计等，力求给顾客独特、愉悦、难忘的视觉体验。精美的食物，将美味佳肴赋予生命力，体现其好看、好吃、好玩的特点。完美的服务，即为顾客提供热心、诚心、虚心、精心、恒心的"五心"服务，凸显顾客的尊贵。唯美的推广，即利用自媒体、传统媒体、新媒体，通过优美真实的文字、图片、视频等场景，进行宣传推广，提高酒店餐饮的知名度与美誉度。

开业以来，酒店餐饮的品牌形象得到了顾客的高度认同，酒店推出的各类餐饮服务与专项活动得到了顾客的高度赞扬，如每年6月的广场音乐啤酒节，以自助餐结合节目表演及游戏互动的形式，吸引大量本地及周边地区的顾客；每年中秋百家宴及除夕百家宴，成为当地节日聚餐的首选之地；外籍西餐总监呈现专业的"雪茄

+红酒"服务,令顾客津津乐道;中餐宴请的出菜秀服务,极具形式感,给顾客带来视觉及味觉上的盛宴;为顾客量身定制的求婚仪式,让顾客惊喜连连;为企业专属定制的主题茶歇,让顾客激动不已。可以说,环球酒店的餐饮经营已成为当地高端、时尚、主题餐饮的风向标。

(案例来源:由邹益民根据杭州湾环球酒店提供的资料整理而成。)

第三节 酒店餐饮菜单决策

菜单是酒店餐饮服务生产和销售活动的依据,菜单决策可以说是餐饮业务活动的首要环节。

一、菜系品种决策

菜系品种是菜单的核心内容,菜单决策首先必须对酒店经营何种菜系做出选择,如川菜、粤菜、淮扬菜、本地菜等,若有多个餐厅,一般应有所分工。当然,也可考虑以某种菜系为主、其他菜系搭配的方式。其次必须对菜肴结构做出相应决策。

(一)菜品针对性

菜品选择,首先必须符合目标顾客的要求,包括菜系与口味、档次、质量、价格水平、花色品种等,做到投其所好。同时,必须和餐厅的总体就餐环境相协调。当然,菜单并不是一成不变的,正式投入使用后应针对不同季节、新原料及餐饮潮流和菜肴销售情况进行必要的更新调整,让顾客时常有新鲜感。因此,酒店可考虑采用固定的常规菜单与活页的时令特色菜单相结合的方式。

(二)菜品适量性

菜单所列的菜肴品种必须适度,品种过多,顾客看起来费力费时,无所适从,不易挑选,造成点菜决策困难,延长点菜时间,降低餐位的周转率等问题,同时,品种过多意味着原料的采购品种和库存量过大,不宜采购和储存,管理和控制难度加大,由此可能导致资金占用和管理费用增加。当然,菜品的品种也不能过少,太少不能满足不同顾客的需求,容易造成顾客流失。因此,酒店也可考虑菜单根据菜品原料的可取代性来延伸其他菜单,如黑椒牛柳,主料是牛肉,可以延伸为菜心炒牛肉、酥炸牛肉条等,一种材料多种菜品,既节约成本,又好备料。

(三)菜肴特色性

特色菜肴,即与众不同的菜肴,既可以是独特原料、独特调味与独特口味,也可以是独特的烹饪方法与出品方式。酒店在进行菜单决策时,必须对酒店的招牌菜、特色菜进行设计与选择。一般来说,招牌菜是酒店的当家菜,原则上一年四季常年供应,具有很长的生命周期,类似于各地的名菜,如杭州的西湖醋鱼、叫花鸡、龙井虾仁等。特色菜具有一定时间性,一般

属于创新菜的范畴。当然,具有良好市场点击率,又具有较强生命力的特色菜肴可上升为酒店的招牌菜。酒店只有拥有不同层次的特色菜肴,才能形成自己的独特优势,创造菜肴品牌价值,提高酒店餐饮的知名度与美誉度。

(四)结构合理性

为满足顾客的需要及酒店餐饮的盈利目标,菜肴品种组合应注意下列几个要素的平衡。

1. 原料搭配平衡

要依据餐厅主题特色、消费者的饮食习惯及消费倾向,合理安排海鲜、水产、家禽、豆制品、蔬菜等原料的搭配,同时,要注意各种营养成分菜肴的有机组合。

2. 烹调方法平衡

注意不同烹调方法制作菜肴的合理搭配,同时,注意口味、口感的合理搭配。

3. 花色品种平衡

主要包括菜肴的色彩、形状、温度的合理搭配,同时,注意常规菜肴与特色菜肴的合理组合。

4. 菜品价格平衡

要根据人均消费目标与菜肴毛利率水平,科学设计高、中、低档菜肴的结构。

(五)制作可行性

菜品选择,必须充分考虑具备制作的主客观基本条件,能保质保量地供应菜单所列的各种菜肴,主要应考虑一些以下三个因素。

1. 选择菜品要注意食品原料的供应情况

凡列入菜单的菜式品种,厨房必须无条件地保证供应。固定菜单中的菜肴,一般是常年可供的菜肴,必须有常年可供的原料保障,而季节性的原料,应该在特色和临时菜单中体现。

2. 选择菜品要考虑厨师的能力

厨师的技术水平是菜品选择时必须考虑的因素,一般情况下,要尽量选择厨房有条件生产的菜肴品种。当然,为了吸引顾客,专门外聘烹饪水平较高的厨师也是必要的。

3. 选择菜品要考虑餐饮设备与之相匹配

必须保证有足够合适的设备可以按要求制作相应的菜肴。

二、餐饮价格决策

按照价格理论,影响酒店餐饮定价的因素主要有三个方面,即成本、需求和竞争。成本是酒店餐饮产品价值的基础组成部分,它决定了餐饮产品价格的最低界限;市场需求影响顾客对餐饮产品价值的认识,进而决定餐饮产品价格的上限;市场竞争状况则调节价格在上限和下限之间不断波动并最终确定餐饮产品的市场价格。因此,酒店餐饮的价格策略主要有以下几种。

(一)满意利润定价策略

该策略以争取正常利润为主,重点在掌握酒店综合毛利率和分类毛利率,使产品价格补偿原材料成本和流通费用后,有比较满意的利润。一是产品价格的最终确定要充分考虑分类毛利率标准,如特色、传统名优菜肴产品,毛利率要从高,反之则从低;二是分类毛利率的比较标准要以同一档次、同类产品为主,毛利率大体和其他同类酒店、同一档次和同类产品相当;三是具体产品的价格水平要相对稳定,使产品价格和实际利润水平与同行、同一等级的同类产品大体相当,求取合理利润。

(二)区分需求定价策略

区分需求定价法的基本理论是将同一产品定出两种或多种价格,运用在各种需求强度不同的细分市场上,实际上就是餐饮的不同毛利率策略,具体有以下三种方法。

1. 等级差价

等级差价是按照酒店产品和服务等级档次不同,根据顾客的需求层次不同而制定出不同的价格,如团队与散客、零点与宴会的不同价格。

2. 时间差价

时间差价,即不同的季节、不同的日子、不同的用餐时段,采取不同的价格。

3. 餐厅差价

餐厅差价,即不同餐厅之间的价格差异,如普通餐厅与特色风味餐厅,零点餐厅与宴会餐厅,大众餐厅与豪华餐厅等。

采用区分需求定价法应当注意以下几点:第一,市场必须能够细分,并且在不同的细分市场上能反映出不同的需求强度;第二,必须对消费者的购买动机、心理需求等进行经常的、细致的调查研究,使区分需求定价更能满足不同消费者的需求;第三,等级差价大小要适宜,使消费者不会过于计较价差,不致引起反感。

(三)竞争取向定价策略

竞争取向定价策略,定价的主要依据是将对市场价格有决定影响的竞争者的价格作为定价的基础。采取竞争取向定价的酒店,其餐饮产品价格不一定与竞争对手的价格完全相同,但会根据自己的具体情况而制定比竞争对手略低或稍高一些的价格。在成本、费用或消费者的需求发生变化时,如果竞争对手的餐饮产品价格保持不变,他们也会维持原有的价格,但若竞争对手做出价格变动的决定时,他们也会对价格进行相应的调整以应付竞争。

(四)心理取向定价策略

心理取向定价策略,就是根据不同类型的消费者购买餐饮产品的心理动机来制定价格的策略,具体有以下四种方法。

1. 尾数定价法

尾数定价,即保留价格尾数,采用零头标价。心理学分析和市场调查的统计数据都表明,0.99元与1.00元、99.50元与100元的对比定价,在消费者心中是完全不一样的。因此,采用尾数定价法,既能满足消费者廉价消费的心理,又能通过标价的精确性来给人一种信赖感。

2. 整数定价法

整数定价,即将价格调整到一个较能代表其价值附近的整数。制定整数价格,是针对某部分消费者通过价格来辨别产品质量的心态而制定的。一个比较合理的整数价格往往能使消费者放心购买,使其拥有一种心理上的安全感。

3. 声望定价法

声望定价,即利用消费者的价格档次常被当作商品质量最直观的反映的心理进行定价。如果我们将一些在消费者心目中享有声望的豪华餐厅或特色拳头餐饮产品定以高价,那么既提高了产品的身价,以衬托出消费者的身份和地位,给消费者一种在心理上的满足感。这种定价方法一般适用于某些声望高、信誉好的酒店企业和稀缺产品。

4. 招徕定价法

招徕定价,就是利用消费者廉价消费的心理,对酒店部分餐饮产品以低价或降价的办法吸引消费者,借机扩大销售,提高酒店餐饮的整体效益。比如对消费者比较熟悉、与其他酒店可直接比较的一类常规菜肴采用低价策略,给消费者以本酒店菜肴便宜的感觉。这种定价方法以餐饮的整体利益为目标,而不是以个别产品的收益为目标。

三、菜单设计制作

菜单是餐厅写给顾客的一封美味情书,若用情至深,自然会有所回应;若是毫无章法,胡乱堆砌,便会毫无收获,甚至招来厌恶。

(一) 菜单类型选择

菜单的种类多种多样,根据酒店餐饮经营的实际,主要有以下几种形式的菜单。

1. 点菜菜单

点菜菜单也称零点菜单,是餐厅最常见、使用最广的一种菜单。这种菜单分别标出价格,顾客可自由点菜,并按价付款。点菜菜单的形式主要有固定菜单与变动菜单两种形式。固定菜单也称标准菜单,是一种菜式内容标准化而且不做经常性调整的菜单。变动菜单也称活页菜单,是一种根据季节和酒店餐饮经营要求随时变化的菜单。点菜菜单大体可分为早、午、晚餐菜单和客房送餐菜单等。

2. 套餐菜单

套餐菜单,其一次用餐的所有菜用一个固定的价格标出,顾客不能随意点菜,而只能按照一个固定价格付款。套餐菜单既有个人套餐菜单,也有团体包餐菜单。

(1) 个人套餐菜单,是酒店事先根据市场特点、菜肴品种和营养、价格与毛利率等因素,制定的若干款不同组合的菜单。顾客可以根据自己的需要,选择不同组合的套餐。

(2) 团体包餐菜单,是根据旅行社或会议主办单位规定的用餐标准来制定的菜单。团体包餐菜单,既要让顾客吃得满意,又要保证餐饮部的利润,具体要注意以下问题:一是要根据不同地区、不同风俗习惯做到多样性、有针对性;二是对不同的订餐标准要在用餐数量、质量以及上灶的厨师力量上区别对待,以保证质价相符;三是中西餐结合,高低档菜搭配,做到天天不一样,餐餐不重复;四是要注意各种原料、烹饪方法、菜肴口味、营养的合理搭配。

3. 宴会菜单

宴会菜单是根据顾客的国籍、宗教信仰、生活习惯、口味特点、宴会标准和宴请单位或个人的要求制定的菜单,具体见第五章的宴会菜单设计。

4. 自助餐菜单

自助餐菜单类似于套餐菜单,主要区别在于品种的数量和服务方式,可分为日常自助菜单和冷餐会菜单。自助餐菜单既有中式菜肴,又有西式菜肴,且菜肴有冷有热,花色品种丰富,顾客选择余地大,并且由顾客自己拿取。冷餐会菜单讲究食物丰盛、食物造型和气氛渲染。

(二) 菜单内容编排

菜单内容编排是否科学,一方面直接影响顾客的时间与精神成本,另一方面也直接影响餐饮经营的收益。

1. 完整性

菜单应包含顾客用餐需要知道的基本信息,一般来说,一份完整的菜单主要应有四个方面的内容。

1) 菜肴名称

菜名是一种非常重要的饮食符号,顾客往往会凭菜名去挑选菜肴,菜名会在就餐顾客头脑中产生一种联想。零点餐厅菜肴名称的设计,主要有以下思路:一是根据菜点的原料构成采用直陈其名的方式,如"尖椒牛柳";二是根据菜点的烹调方式命名,如"清蒸鲈鱼";三是根据菜点所具有的口味特色命名,如"麻辣豆腐";四是根据菜点的出处命名,如"日本烧鱼卷";五是根据顾客的需求倾向命名,如当今人们喜欢减肥、喜欢天然食品,可考虑取名为"纤美色拉"、"田园色拉"、"乡间午餐盒"、"农家煎蛋"等。总的来说,零点餐厅菜单的菜名应名副其实,一目了然。个别特色菜肴可以以独特的思路命名,但也不能太离奇。菜肴的外文名字须准确无误,符合国际标准与惯例。

2) 菜肴介绍

菜单应对某些菜肴进行介绍,以帮助顾客挑选菜肴,减少选菜时间。介绍的主要内容有:一是主要原料、独特调料及菜肴口味;二是菜肴烹调方法;三是菜肴份额,西餐用分量方法加注,如牛排重200克,中餐则应标明例盘、大盘等不同规格;四是菜肴烹调等候时间或者标明需提前预订,某些特殊菜肴由于加工时间较长,应在菜单上注明烹饪等候时间。此外,菜肴介绍必须真实可信。

3) 菜肴价格

菜肴须明码标价,同时必须符合当地政府物价管理部门的相关标准。

4) 告示性信息

除上述核心内容之外,菜单还应提供一些告示性信息,如餐厅的名称、地址、营业时间、餐厅加收费用等。告示性信息应简洁明了。

2. 合理性

菜单内容一般按用餐顺序排列,顾客一般按用餐顺序点菜,也希望菜单按用餐顺序编排,这既符合人们正常的思维步骤,又能帮助顾客很快找到菜肴的类别,不致漏点某些菜肴。西餐菜单的排列顺序一般是开胃品、汤、色拉、主菜、三明治、甜点、饮品,中餐的排列顺序一般是冷盆、热炒、汤、主食。同时,酒店应单独设计酒水单。

3. 引导性

菜单要起到引导消费的功能,所以,要注意引导顾客去点那些餐厅希望重点促销的菜

肴,可以是时令菜、特色菜、厨师拿手绝活菜,也可以是由滞销、积压原料经过精心加工包装之后制成的特别推荐菜。既然是重点促销菜,就应该将这些菜肴安排在显目之处。菜肴在菜单上的位置对于此类菜肴的推销有很大影响,要使推销效果明显,通常应将重点促销菜放在菜单的开始处和结尾处,因为这两个位置往往最能吸引人们的注意力,并在人们头脑中留下深刻的印象。当然,有些重点推销的菜、名牌菜、高价菜和特色菜或套餐可以采用插页、夹页、台卡的形式单独进行推销。

(三)菜单制作艺术

菜单设计制作的精美程度,不仅体现餐厅的档次与特色,在一定程度上影响顾客的用餐情绪,而且还直接关系到菜肴的销售,影响餐厅的收益。

1. 菜单的材料

如何选取菜单的制作材料,取决于菜单的使用方式。酒店的菜单有一次性和多次性两种方式:一次性,即使用一次后就处理掉;多次性,即在较长时间内重复使用。一次性菜单不必考虑纸张的耐污、耐磨性等因素,可选择较轻巧、便宜的纸张,但这并不意味着可以粗制滥造。多次使用的菜单应选用质地精良、高克数的厚实纸张,同时还须考虑纸张的防污、去渍、防折和耐磨等属性。当然,也不一定非得选择同一种纸质,也可考虑由一个厚实耐用的封面加上纸质稍次的活页组成。同时,应避免使用塑料和绸绢用作菜单封面。因为塑料制品一般被视为低廉的东西,绸绢固然高雅,但极易沾染污渍,其他材料,如漆纸、漆布,虽不易弄脏,但因其常发生龟裂、剥落而有碍观瞻,也不宜用作菜单封面。

由于移动设备的广泛应用,电子菜单越来越受到酒店餐饮顾客的欢迎,菜单的设计也需要紧扣电子阅读器、微信页面等的日新月异的新需求。

2. 菜单的式样

菜单的式样主要有杂志式、折叠式、活页式、单页式等。菜单的式样应与餐厅菜肴结构、菜肴数量、餐饮竞争策略、餐厅风格等相协调。同时,应注意菜单大小适中,既要方便顾客翻阅,又要与餐桌的大小和餐位空间相协调、对应。

3. 菜单的编排

菜单的编排,主要体现在排版、文字、画面、颜色等方面。

1) 排版

菜单排版应注意虚实结合、松紧有序、疏密有度,达到清晰、醒目、协调、美观的效果。

2) 文字

这里主要是指字体、字号等。无论是中文字体还是外文字体,均应清晰,易于顾客辨认,同时尽可能富有艺术美感。字号大小应适中,要与菜单形状、大小等相适应。

3) 图片

图片是菜肴有效的推销工具,能使顾客加快点菜速度,加速餐位周转率。图片菜肴应是餐厅将销售的、希望顾客最能注意并决定购买的菜肴或者形状美观、色彩丰富的菜肴。图片菜肴应印上菜名,注明配料和价格,便于顾客点菜。

4) 颜色

通过色彩的安排、组合,能更好地介绍重点菜肴,使菜单更具吸引力,令人产生兴趣。另外,菜单颜色具有一定的装饰作用,要与餐厅的环境、餐桌、桌布、口布和餐具的颜色相协调。

本章小结

(1) 餐饮设施包括餐厅、厨房、辅助设施等三个重要组成部分,是餐饮经营的物质基础。餐厅规划设计主要包括意境设计、布局设计、装修设计,要求达到既满足餐饮业务运转的需要,又具有自己的风格和特色。厨房规划设计主要包括布局设计、环境设计与设备选择等,设计中要特别注重实用性、安全性、便利性、经济性等基本原则。餐饮辅助设施设计则应强化其配套功能与提升功能。

(2) 餐饮经营方式主要有自主经营、合作经营、外包经营三种方式,酒店应根据酒店经营环境及自身的类型、经营战略等因素选择合适的经营方式。酒店餐饮市场定位主要包括市场细分、目标市场选择及市场形象定位等,酒店必须遵循扬长避短、发挥优势的原则,选择正确的市场定位。酒店竞争战略的选择,应充分考虑不同竞争战略应用的条件与风险,并采取切实可行的实施途径与策略。

(3) 菜单是餐饮经营的灵魂,应在菜系、品种、结构、价格等方面做出科学的决策,并注重菜单的设计与制作。

核心关键词

餐饮规划设计	planning and design for food and beverage
餐饮经营方式	operation pattern of food and beverage
餐饮市场定位	market positioning of food and beverage
餐饮竞争战略	competitive strategy of food and beverage
菜单决策	decision-making of menu

思考与练习

1. 酒店餐饮设施规划设计应坚持哪些基本原则?
2. 酒店餐饮经营方式有哪几种?选择不同经营方式的依据是什么?
3. 酒店应怎样正确选择餐饮目标顾客群体?
4. 如何理解"菜单是餐饮经营的灵魂"这一观点?
5. 酒店菜肴定价有哪些策略?
6. 查阅资料,分析"雕爷牛腩餐厅"的经营战略、策略,以及它对酒店餐饮经营的启示。

案例分析

张翔来到餐饮部的一周后,召开了第一次由全体管理者参加的部门会议。

会上,他对酒店以前取得的成绩给予了充分肯定,同时又希望大家畅所欲言,集思广益,对造成餐饮经营问题的主要原因进行分析。张翔的话一说完,厨师长就立即发表了自己的意见。厨师长说,酒店餐饮设施的设计存在明显缺陷,厨房布局与设备选型也存在诸多问题。比如三楼多功能厅没有设计厨房,会议用餐和举办婚宴时,菜要从二楼厨房端上来,既影响餐饮质量,又影响效率。厨师长话音刚落,餐厅经理就发表了意见,酒店餐饮包厢数量不少,但面积、档次不够,绝大部分包厢内没有卫生间,与当地顾客的需求不匹配。之后,宴会经理接着发言,酒店多功能厅空间不够大,与当地居民举办婚宴的要求相差较大,导致酒店在婚宴市场竞争力不强。同时,她反映了顾客对酒店餐饮的意见,顾客认为酒店菜肴品种比较单调,零点餐厅的菜单从开业至今5年多,仅仅更换过两次。另外,餐厅装修没有特点,缺乏独特性。

另外,总经理告知张翔,一楼租赁经营的餐厅3个月后将到期,对方有续约的意向,是否续约,请餐饮部先提出初步意见。

问题讨论:
1. 对于一楼餐厅是否续约,张翔在进行决策时应考虑哪些问题?
2. 针对餐饮管理人员提出的问题,假如你是张翔,下一步会进行哪些工作?

第三章

酒店餐饮采供业务管理

学习导引

俗话说:"巧妇难为无米之炊。"餐饮原料的质量直接影响餐饮产品的质量,而其价格又直接关系到酒店企业的经济效益。因此,餐饮原料的采供管理对酒店企业餐饮经营显得非常重要和关键。餐饮原料采供管理,就是通过对餐饮原料的采购、验收、发放、贮存等环节进行有效的计划与控制,其目的在于为厨房等加工部门保质保量地提供原料,并使采购的价格和费用最为经济合理。那么,究竟该如何进行餐饮原料采购的组织、控制、验收和盘存管理?本章将提供一些答案。

学习重点

通过本章学习,你应该重点掌握:
1. 餐饮原料采购的各种不同模式和方式;
2. 餐饮原料采购控制的要领;
3. 餐饮原料验收程序及控制方法;
4. 餐饮原料仓库盘存管理的基本环节与方法。

第一节 餐饮原料采购管理

一、餐饮原料采购模式

餐饮原料采购,就是根据生产需要和计划购货,并以最低的价格购得保证质量的原料。餐饮原料采购工作好坏,直接影响餐饮原料的质量和餐饮成本的有效控制。根据我国酒店的现状,餐饮原料采购主要有以下三种采购模式。

（一）采供部负责采购

这种采购组织形式是由餐饮部门提出采购的申请和要求，由酒店采供部统一采购。采供部属于酒店的二级部门，一般由财务部领导。该组织形式的优点是利于专业化管理，便于资金和采购成本的控制；不足之处是采购的及时性和灵活性较为欠缺。这种组织形式必须以严密的计划性和制度化为前提，否则就会出现互相扯皮、互相推诿，造成工序脱节等现象。

（二）餐饮部负责采购

这种采购组织形式就是餐饮部负责所有餐饮原料的订货和购货业务。该组织形式的优点是能根据餐饮的业务状况，灵活及时地采购，便于控制数量和质量；不足之处是缺乏制约，容易出现财务漏洞，采购的资金及成本控制相对难以掌握。因此，采用这种组织形式的酒店企业，应制定比较严格的规章制度，加强监督控制，控制采购成本。

（三）分工采购

分工采购，有两种情况：一是单体酒店，一般由餐饮部负责鲜活原料的采购，采供部负责可储存原料和物品的采购。该组织形式的优点是比较灵活，及时满足餐饮业务活动的需要，也有利于采购成本的控制；不足之处是多头采购，职责上划分不清，给管理与协调带来一定的困难。二是酒店联号企业，可储存原料和物品一般由酒店集团物资采供中心集中配送，鲜活原料则由各酒店自行采购。这种形式有助于集团统一监督原料的质量、数量，同时可获得相对优惠的价格，方便控制成本，但采购的灵活性和及时性也受到一定的限制。

餐饮原料采购，究竟采取何种模式，应根据酒店的自身情况及酒店所在地原料市场的供应情况而定。

二、餐饮原料采购方式

酒店应根据餐饮经营业务要求、餐饮原料的类型及市场供求情况，选择相应的采购方式。所谓采购方式，就是获得餐饮原料的途径和形式。

（一）直接采购

直接采购，就是采购人员对网上信息或直接在自由市场中获得的信息进行分析取舍，通过洽谈（讨价还价）从中购买相应的原材料。

（二）招标采购

招标采购，就是酒店把所需采购的原料名称及规格标准，以招标的方式向社会公布或以邀请招标的形式寄给有关供货单位，供货单位接到招标信息或招标邀请后，在投标的有效期内向酒店寄送投标书（单），酒店根据客观、公正、科学的原则，对投标书（单）进行综合评定，选择信誉程度高、原料符合质量规格、供货及时、价格合理的单位作为中标单位。招标采购一般适用批量大、数量多、价格高的餐饮原料。招标过程中，要注意防范投标人相互串通报价，哄抬物价，同时，也要避免低于成本的报价竞标，因为这种供货合作违背市场经济的双赢原则，往往难以持久。

（三）定点采购

定点采购，就是酒店选定供货单位并与之签订长期供货合同，来保证所需原料的采购方式。这种采购方式,一般适用于短缺原料和特殊原料。有时,酒店需要的某种原料在市场上十分缺乏,或者仅一家单位有货供应,此时,酒店就必须采用定点采购的方式。另外,酒店为了保证某种特殊原料的品质和供货的稳定性,如有些家常菜原料往往也会和供应商签订长期供货合同,这种供货方式类似于酒店的原料生产基地。

(四)代销方式

代销方式,就是由供应商提供原料供酒店使用,按实际使用量结算的方式,如某些酒店对海鲜产品就采用此方法。酒店设置海鲜池,由供应商负责采购养殖,酒店则在营业期间计量取用,根据实际用量按月结算,供应商则需保证酒店所需的品种和数量。

三、餐饮原料采购控制

餐饮原料采购的目标是品种对路、数量适中、质量优良、价格合理、供货及时。根据餐饮原料采购的目标,必须抓好以下六个环节。

(一)选好采购人员

采购工作的好坏,关键在于采购人员的素质。餐饮原料采购是一项较复杂的业务活动,需要采购人员以合适的价格,在适当的时间,采购安全可靠、符合规格标准和预定数量的原料,以保证餐饮经营的顺利进行。一般来说,一个优秀的采购人员需达到以下要求。

(1)品行端正,诚实可靠,廉洁奉公,吃苦耐劳,具有进取奉献的精神。
(2)反应灵敏,办事精明,精打细算,善于谈判,具有服务意识、市场观念和经济头脑。
(3)了解市场行情,懂得餐饮业务,熟悉各种原料知识,掌握供货信息。
(4)熟悉财务知识,遵守财务制度。

(二)明确供货单位的标准

餐饮原料供货单位的标准则应根据餐饮业务的要求加以规定,一般而言,评价供货单位的标准主要有以下五条。

(1)供货单位的地理位置、交易条件、服务精神如何。
(2)对本酒店餐饮的经营策略是否理解,并且是否愿意全力协助。
(3)供货单位的信誉如何,是否稳定,是否可长期协作。
(4)能否提供有关商品和消费的情报。
(5)能否提供本酒店餐饮经营所必需的商品种类、数量和质量,价格是否公道。

(三)规定采购质量

要保证菜肴质量的稳定,食品原料的质量必须始终如一。因此,酒店必须列出本酒店常用的需采购的食品原料的目录,并采用采购规格书的形式,对需采购的食品原料的质量规格等要求进行详细规定,其基本格式见表3-1。

表3-1 采购规格书

制定规格书时间:
1. 原料名称

续表

2. 原料用途 （明确说明原料的用途，如橄榄供调制鸡尾酒用，以及烤煎汉堡包、小馅饼、三明治等用。）
3. 原料的一般概述 （提供有关所需物品的一般质量资料，如牛腰肉：带骨切块，25厘米宽，符合国家牛肉一级标准，每块重量5千克至6千克，油层1厘米至1.5厘米，中度脂肪条纹，肉色微深红，冷冻运输交货，无不良气味，无变质或溶冻迹象。）
4. 详细说明 买方应列明其他有助于识别合格产品的因素。各种原料应列明的因素包括： ＊产地　　＊规格　　＊比重 ＊品种　　＊份额大小　＊容器 ＊类型　　＊商标名称　＊净料率 ＊式样　　＊稠密度 ＊等级　　＊包装物
5. 原料检验程序 （验收时与生产时需进行检验。例如，收货时对应该冷藏保管的原料可用温度计测出。容器应该是何种类别的箱子，可通过点数检验。已加工成形的肉块可通过称重量抽查。）
6. 特别要求 （列出明确表明质量要求所需的其他信息。例如，标记和包装要求，交货和服务要求等。）

（四）建立标准的采购程序

为了使采购人员清楚地知道怎样工作，也为了让管理人员实行有效控制，酒店必须建立标准化的采购程序，明确规定各自的责任和各项工作的先后顺序。

标准化的采购程序主要通过表单的传递来实施，其基本表单有请购单（见表3-2）、定购单（见表3-3）、进货单（见表3-4）和每日食品存购一览表（见表3-5）。

表3-2　请购单

日期＿＿＿＿＿＿＿＿＿＿＿＿　　　　　请购人＿＿＿＿＿＿＿＿＿＿＿＿

部门＿＿＿＿＿＿＿＿＿＿＿＿　　　　　部门负责人签名＿＿＿＿＿＿＿＿

要求交货日期＿＿＿＿＿＿＿＿　　　　　采购部主任审批意见＿＿＿＿＿＿

注意：每份请购单只填写某一种商品或某一类商品

项　目	数　量	订购单编号	建议供应单位

表 3-3　定购单

订购单编号_____　　　　　订购日期_____
　　　　　　　　　　　　　　　　　　　　　　　付款条件_____
致：_____　　　　　　　订货单位日期_____
（供货单位）　　　　　　　　　　　　　　　　（企业名称）

_____　　　　　　　_____

_____　　　　　　　_____
（地址）　　　　　　　　　　　　　　　　　　（地址）

请送下列货物：　　　　　　　　　　　　　　　交货日期_____

订购数量	项　目	运送单位数	单　价	小　计

总计_____

注意：本订单明确规定，只接受上述的、背面注明的条款和条件及本订购单附件或用别的方式说明的附加条款和条件，而不接受卖方提出的附加条款和条件。

_____
（授权签字）

表 3-4　进货单

_____
（供货单位）

订货日期	项　目	单　位	单　价	单位数	小　计	发货票编号	备　注

表 3-5 每日食品存购一览表

日期：

品名	单位	库存数量	在途数量	需购数量	订单号码	供应商名称	单价	送货时间	备注

仓库主管＿＿＿＿＿ 行政总厨＿＿＿＿＿ 餐饮总监＿＿＿＿＿ 采购部经理＿＿＿＿＿

这四种表单的运行与关系为：请购单由使用部门提出，是采购人员进行采购的依据；定购单由采购部门向供货单位发出，是供货单位供货和酒店验收人员的依据；进货单（进货回执）由酒店验收人员填写，是供货单位的结算凭证；在此基础上填写每日食品存购一览表，以便全面控制食品的采购和结存。

（五）控制采购数量

餐饮原料的采购，不仅要保证质量，而且还要做到数量适中，如果数量不足，就会影响餐饮的业务活动，反之则会造成积压和变质浪费。同时，采购数量的多少还关系到采购价格的高低，关系到资金周转的快慢，影响仓储条件和存货费用等。餐饮原料采购数量的依据来源于仓库和厨房的订货数量。厨房订货，大都为鲜活原料，因其具有易腐烂的特征，通常不宜作为库存原料。对此类原料，由厨房根据业务需要每天提出订货，其订货数量则来自第二天的接待任务和销售预测。仓库的订货一般为不易变质、可以储存的原料，如大米、面粉、罐头、干货、调料等。其订货的数量可根据不同的存货定额，即最高和最低的库存量来决定采购原料的数量。其订货的方法主要有以下三种。

1. 定期订购方法

它是指某种原料在一定时期必须进行订货的数量，即订购时间预先固定，而订货数量随库存情况而定，其计算公式如下：

订购量＝平均每日需用量×（订购时间＋订购间隔）＋保险储备量－实际库存量

保险储备量主要是考虑天气、交通、运输等原因造成送货延误，以及原料消耗量增加等因素。其中，库存安全系数视酒店的实际情况而定。

例1：某原料每月订购一次，订购时间为2天，每日平均需要量为150千克，保险储备定额为450千克，订货日实际库存为600千克，则本月的订购量是：

订购量＝150×（30＋2）＋450－600＝4650（千克）

2. 订货点法

它是指订货时间不固定,而每次订货的数量固定。其关键是确定订货点库存量,即存货达到此点就要订货。

$$订货点库存量 = 平均每日需用量 \times 订购时间 + 保险储备量$$

例2:某种茄汁罐头的每天消耗量为3听,订购期天数为2天,保险储备定额为6听。那么,该品种罐头的订货点库存量是:

$$订货库存量 = 3 \times 2 + 6 = 12(单位:听)$$

3. 经济订购批量法

它是指能使酒店在存货上所支付的总费用为最低的每次订购量。存储总费用,包括订购费用、采购费用和保管费用。其计算公式为:

$$经济定购批量 = \sqrt{\frac{2 \times 全年定购量 \times 每次定购费用}{单位保管费用}}$$

例3:某餐饮集团采购中心对罐装竹笋年需求量为4000箱,每次采购费用为200元,单位保管费用为10元,则最佳订货批量为:

$$经济定购批量 = \sqrt{\frac{2 \times 4000 \times 200}{10}} = 400(单位:箱)$$

随着我国经济的发展和市场的繁荣、物流企业的成熟及互联网的发展,商品供应日趋丰富充足,酒店的采购周期日趋缩短,而且库存量也呈下降趋势。在此,零库存管理思想值得中国的酒店借鉴。零库存并不是指以仓库储存形式的某种或某些物品的储存数量真正为零,而是通过实施特定的库存控制策略,实现库存量的最小化。所以零库存管理的内涵是以仓库储存形式的某些种物品数量为零,即不保存经常性库存,它是在物资有充分社会储备保证的前提下所采取的一种特殊供给方式。实现零库存管理的目的是为了减少社会劳动占用量(主要表现为减少资金占用量)和提高物流运动的经济效益。实现零库存,关键需要加强酒店餐饮科学的预算、预订管理工作,并注重提高餐饮工作的计划性与现场控制水平。

(六)建立监控系统

为了有效控制食品原料的进货价格,酒店领导层及餐饮、财务部门的管理者应通过多种途径收集各种市场信息,掌握第一手资料,以便分析比较、发现问题、及时防范纠正。同时,酒店应完善采购规范,建立严格的奖惩制度,实施部门之间的相互制约和必要的员工监督机制。

第二节 餐饮原料验收管理

采购是厨房生产获取原料的前提,验收则是为厨房生产提供价格适宜又符合质量要求的各类原料的保证。

一、餐饮验收基本条件

为了使验收工作顺利完成,并确保所购进的原料符合订货的要求,酒店应注重以下

环节。

（一）验收场地

验收位置好坏、场地大小，直接影响到货物交接验收的工作效率。理想的验收位置应当设在靠近贮藏室至货物进出较方便的地方，最好也能靠近厨房的加工场所。这样便于货物的搬运，缩短货物搬运的距离，也可减少工作的失误。验收要有足够的场地，以免货物堆积，影响验收。此外，验收工作涉及许多发票、账单等，还需一些验收设备工具，因此，需要设有验收办公室。

（二）验收设备

验收处应配置合适的设备，供验收时使用。比如磅秤，就是最主要的设备之一，磅秤的大小可根据酒店正常进货的量来定。验收既要有称大件物品的大磅秤，又要有称小件、贵重物品的台秤和天平秤，各种秤都应定期校准，以保持精确度。

验收常用的工具有开启罐头的开刀，开纸板箱的尖刀、剪刀、榔头、铁皮切割刀，起货钩，搬运货物的推车，盛装物品的网篮和箩筐、木箱等。这些验收工具既要保持清洁，又要安全保险。

（三）验收人员

餐饮验收必须由专人负责，并经过专门训练，不能谁有空谁来验收。对于兼做其他工作的验收员，验收时间应与其他工作时间分开。验收人员必须具备以下基本条件。

（1）为人诚实，处事公正，坚持原则，不图私利，秉公验收。

（2）工作认真，办事细心，作风踏实。

（3）掌握各种专业知识，熟悉酒店的各项制度，具有较强的协调能力。

为了保证验收工作的正常有效进行，并达到验收的预期目标，酒店必须赋予验收人员相应的权力，如有权拒收质量低劣、规格不符的货品，有权抵制任何未经批准的物品采购等。

二、餐饮验收基本程序

科学合理的验收程序，是提高验收工作效率，保证验收工作质量，减少失误与差错的关键。

（一）根据订单核对原料与票据

首先要依据订购单或订购记录来检查货物，对未办理过订购手续的物品不予受理，以防止盲目进货或有意多进货的现象。同时，供货发票通常是随同货物一起交付的，发票是付款的重要凭证，一定要逐一检查。核查票据上所载明的食品原料的品种、规格、单价、数量、金额、时间、供应商和印戳等内容是否与订购要求相符，对于与订购单或订购合同书不符的内容，要求供货单位（或送货人）进行解释或进行必要的处理；如果两者的出入较大，则不能对原料进行验收和接受，并及时汇报上级。另外，还应核对随同食品原料一起交付的有关票据，如提货单、发货票、装箱单、准运证、品质证或合格证等是否齐备，否则另作处理。

（二）检查原料的品种、数量与质量

根据送货单检查原料的品种是否符合要求，检验原料的质量是否优良，核对原料的数量是否准确,以及对包装进行检验等,并对每一项目做好验收记录。

1. 品种验收

不论何种方式采购的原料,验收人员必须根据定购单或订购合同书核验原料品种。由于食品原料种类繁多,有些食品原料的品种不是验收人员能够准确加以识别的,对有异议或辨认不清的原料应请有经验的厨师帮助识别验收,以免出现验收失误。

2. 数量验收

对于零散的食品原料,按计件、计量的规格逐件验收。有些原料以包、盒为单位,有些以重量为单位,这就需要分别清点。凡可数的物品,必须逐件清点,记录正确的数量。以重量计数的物品,必须逐件过秤,记录正确的重量。对于大件原料(特别是托运原料)要先清点件数,然后再开箱清点数量。另外,数量检查时,要注意有无注水、掺杂、多余包装物、表里不一等现象。

3. 质量验收

对常见的蔬菜、水果、禽畜肉类,验收员要凭知识和经验通过原料的色泽、气味、滋味、口感、手感、外观等来判别食品原料的质量优劣。

对于水产类原料,验收员要凭知识和经验通过原料的颜色、光泽、气味、外观、鲜活度来判别原料的质量优劣。

对于包装原料,验收员要查看包装是否完好无损,有无渗漏、破碎,标识标签是否完好,生产日期(保质期)、制造商(经销商)的名称和地址是否齐全。

对于一些数量较大,从外表又不能鉴定的原料,就要采取抽样检查,从批量中提取少量具有代表性的样品,作为评定该批量食品原料质量的依据。如冰冻虾仁、鲜贝等,化冻后检查其重量和质量。抽样的方法一般有百分比抽样和随机抽样两种。

(三)受理货物,开具单子

如果一切项目与订购单或订购合同书所规定的完全相符,并且完全符合验收要求,验收人员应根据验收记录填写验收单并在发货票上签字。对于不符合验收要求的,如质量、数量或价格等,若属供应商送货的,则应拒绝验收,办理退货手续,开具原料退货单,并由送货人签字,将其中一联退货单随同原料退回供货单位。属于自提和代运的,应根据验收记录做验收异议处理,并应对这类食品原料妥善保管,加贴封条予以封存,不可随便动用,留待供货方来人或其他方式进行协商处理。

(四)办理入库,分流物品

食品原料验收合格后,应及时与仓库保管员根据食品原料的品种办理入库手续,交由保管员分类入库保管或冷藏保管,及时填写双联标签,注明进货日期、名称、重量、单价及保质期等。对于部分鲜活原料、蔬菜原料可直接发放给使用部门,但申领手续要齐全。

(五)填写相关表单

验收人员在对食品原料进行验收的过程中,除了需要在发货票上签字外,还应根据企业的规定对验收过的原料填写相应的表格、单据等。

三、餐饮验收控制方法

餐饮验收的控制方法主要由验收员通过表单进行,验收员要努力提高业务素质,熟练地使用、填制和上报各种票证和表单。

(一)发货票和收货凭证

发货票应一式二联,送货人在验收员验货后要求验收员签字,一联留收货单位,另一联交还供货单位,以证明收货单位已收到货物。在与收货单位结账时,凭有验收人签字的发货票和有关人员签字的税务发票到收货单位的财务处领取货款。

收货凭证一般有四联(见表3-6),一联给供货单位作为财务付款凭证,一联交验收单位财务部,一联留验收处,一联给采购部。

表 3-6　收货凭证

编号	品名	规格	数量	单价	金额	申请单号	备注
总额							

付款方式:现金
　　　　　挂账
　　　　　支票　　　　　　　　　　　　　　　供应商签字:
收货部门:　　　　　　库房:　　　　　　收货人签字:

发货票和收货凭证都是供货单位的供货证明,不同之处在于,发货票由送货单位提供,随货物送到酒店验收处,由收货单位有关人员签字证明货物收妥无误,而收货凭证是由收货单位提供的收货证明。

(二)验收记录和验收单

验收记录就是验收员每天记录验收部收到哪些货品,这些货品的票据情况、账款的应收应付情况及验收部发出货物的情况,验收记录格式如表3-7所示。

表 3-7　验收记录

供应单位	品名	发货票	订购量	实际量	单价	发货票金额	应付款	出库量	备注

货物验收单是验收员填写的同一天内同一供应单位供应的原材料名称、数量、单价及金额的单据(见表 3-8)。验收单一式三联,第一联交财务部,第二联交仓库,第三联留存。

表 3-8 货物验收单

供货单位_____　　　　　　　编号_____
供货单位地址_____　　　　　　　日期_____
订购单编号_____

存货编号	项目及规格	单 位	数 量	单 价	合 计

验收员_____　　　　　　　送货员_____
储藏室管理员_____

(三)验收章

为便于监控结账过程和明确责任,企业应使用验收章。原材料验收合格后,应在发货票或收货凭证上加盖验收章,并请有关人员在相关栏目内签字。手续完备后,财务部门才能支付货款,验收章格式如表 3-9 所示。

表 3-9 验收章

验收日期:_____
采购员签字:_____
验收员签字:_____
成本核算员签字:_____
同意付款签字:_____

(四)冷冻原材料存货标签

在验收时,验收员应给冷冻肉类或海产品加上存货标签,如表 3-10 所示。

表 3-10 冷冻原材料存货标签

标签号:	标签号:
收货日期:	收货日期:
项目:	项目:
重量/单价/成本:	重量/单价/成本:
发料日期:	发料日期:
供货单位:	供货单位:

使用存货标签时,应遵守下列工作程序。

(1)验收员应为每一件冷冻原材料填写单独的标签。

(2)标签应分为两个部分,一部分系在原材料上,另一部分送食品成本核算员。

(3)厨房领用原材料后,解下标签,加锁保管。原材料用完后,将标签送交成本核算员,核算当天冷冻原材料的成本。

(4)食品成本核算员核对由其保管的另半张标签,根据未使用的标签,盘点存货。如存货短缺,应分析是否存在偷盗,或是否记错金额。

(五)退货通知单

发现原料重量不足或质量不符合要求,验收员应填写退货通知单(见表3-11),并让送货人签字,将退货单随同发票退回供货单位,基本工作程序如下。

(1)在发货票或收货凭证上注明哪些原材料存在问题。

(2)填写退货通知单,要求送货人签字,并把一联退货通知单交送货人带回。

(3)将退货通知单存根贴在发货票或收货凭证背面,在发货票或收货凭证正面填上正确的数额。

(4)电话通知供货单位,本企业已使用退货通知单修正发货票金额。

(5)如果供货单位补发或重发货物,新送来的发货票应按常规处理。

(6)将有差额的发货票或收货凭证单独存档,直至问题解决。

表3-11　退货通知单

(副本备存)

发自：_____　　　　编号：_____

_____　　　　　　　　交至：_____

_____　　　　　　　　(供货单位)

_____　　　　　　　　_____

_____　　　　　　　　_____

发货号码：_____　　　　　　　开具发票日期：_____

货　品	单　位	数　量	单　价	总　价

理由：_____　　总计：_____

送货人签字　　　　　　　　　　　　　　　　负责人签字

(六)无购货发票收货单

验收员收到无购货发票货物时,应填写无购货发票收货单(见表3-12)。该单一般一式二联,一联送财务部,一联作为存根留在验收处。

表 3-12 无购货发票收货单

××酒店

无购货发票收货单　　　　　NO.

发货单位：_____　　　　　　　　　　　日期：_____

名　称	规　格	数　量	单　价	小　计

验收人：_____　　送货人：_____　　采购人：_____

（七）验收日报表

验收日报表由验收员按日期填写，记录所有进货的有关信息。有的酒店也把食品原材料与酒水等分开填写，成为食品验收日报表和饮料验收日报表。验收日报表基本格式如表3-13所示。

表 3-13 食品验收日报表

日期：_____　　　　　　　编号：_____

货品名	供应商名称	发货号	数量	单价	金额	直接采购食品				库房采购食品					
						一厨房		二厨房		一号库		二号库		三号库	
						数量	金额	数量	金额	数量	金额	数量	金额	数量	金额
合计															

验收日报表的作用主要有以下几点。

(1) 分别计算食品成本和饮料成本，为编制有关财务报表提供资料。

(2) 分别计算各营业点厨房的直接原材料总额，以便计算各厨房当日食品成本。

(3) 在大型酒店企业里，一般配有数名验收员和保管员，使用日报表，便于将收货控制的责任由验收员转至保管员。

当然，为了做好验收工作，酒店还必须建立和完善验收制度，同时，必须加强对验收工作的领导，定期和不定期地对验收工作进行督导，以使验收工作符合管理的目标。

第三节 餐饮食品仓库管理

食品仓库管理是餐饮采购管理的重要环节,对餐饮质量和餐饮成本影响较大。良好的仓库管理,能有效地控制食品成本,如果控制不当,就会造成原材料变质、腐败、账目混乱、库存积压等问题,甚至还会导致贪污、盗窃等事故的发生。

一、食品原料贮存要求

(一)仓库要求

为了使食品贮存达到理想的效果,首先必须保证食品仓库达到科学设计的要求,主要包括以下三个方面。

1. 位置、面积及分类

1) 位置

为便于将食品原料从验收处运入仓库及从仓库送至厨房,仓库的位置应尽可能位于验收处与厨房之间,若酒店有几个厨房,且位于不同的楼层,则应将仓库安排在验收处附近。

2) 面积

除了位置合理外,还必须注意保证食品仓库的面积,不应过小,否则就难以保证一定的库存以满足餐饮业务经营的需要,当然也不能过大,以免增加资金占用,增加能源费用和维修保养费用。根据有关资料显示,餐饮仓库的面积一般为餐饮总面积的10%~12%。从目前来看,一方面客人对菜肴的新鲜度要求越来越高,另一方面市场的商品越来越丰富,所以食品仓库的面积有缩小的趋势。

3) 分类

由于各类食品原料对贮存的条件要求不尽相同,所以,酒店应设计不同功能、不同类别的仓库,一般可以分为干藏库、冷藏库和冷冻库三类。

2. 温度、湿度和光线

不同的食品原料对温度、湿度的要求不一样,因此,酒店应根据不同的贮存要求,设计不同的温度、湿度和光线条件。

1) 温度

不同的食品原料应存放于不同的库房内,干藏库的最佳温度为10 ℃,一般控制在10 ℃~22 ℃。冷藏库应设计在0 ℃~4 ℃,冷冻库则须保持在-18 ℃以下。

2) 湿度

食品原料仓库的湿度是否恰当,会影响食品贮存的时间及质量。不同库房对湿度的要求为:干藏库的相对湿度应控制在50%~60%,水果蔬菜冷藏库的湿度为85%~95%,肉类、乳制品及混合冷藏库的湿度应保持在75%~85%,冷冻库则应保持高度湿度,以防干冷空气从食品中吸取水分。

3)光线

所有食品仓库均应避免阳光的直射。在选用人工照明时,应尽可能挑选冷光灯,以免由于电灯光热,使仓库的室温升高。

3. 安全卫生

为了确保安全和卫生,餐厅食品仓库的设计均须符合消防、公安部和卫生防疫部门的要求,同时,应配置良好的通风设备及下水道,以便保持空气流通和便于清洗,并配备适量的货架、填板、容器,避免食品直接置于地面、靠墙摆放及裸露散放。

(二)入库要求

所有购置回来的食品原料(直拨原料除外)均应及时入库,以防变质散失。入库的食品原料均应系上标签,注明入库时间、数量等,便于领用发放、盘存清点,并利于掌握贮存时间,做到先进先出。

(三)存放要求

食品原料的存放要求,主要有以下四条。

1. 分类存放

食品应根据不同的性质和贮存的时间要求,存入不同的库房,干货、罐头、米面、调味品等无须冷藏的食品应放入干藏库,果蔬、禽蛋、奶品等存入冷藏库,需冷冻的海产品、家禽等则应放入冷冻库,活的海鲜水产则应放入海鲜池。

知识活页   **酒类的存放要求**

酒的主要成分是酒精、水、酸类、酯类、糖分等物质,在保管和储藏过程中常发生挥发、渗漏、混浊、沉淀、酸败等变质损耗现象。由于各种酒类所含酒精度高低不同,保管条件不一,因此,可能发生的变质损耗现象也就有所不同。

酒精含量较高的酒,具有较好的杀菌能力,不易酸败变质,但会有挥发、渗漏现象;酒精含量较低的低度酒,因含酸类、糖分等物质较多,易受杂菌感染,保管温度过高,又会使酒液再次发生发酵而浑浊沉淀、酸败变质或变色变味。针对各类酒的特点,要因地制宜,选择适宜的酒库。理想的酒库应符合下列几个基本要求:足够的储存空间和活动空间;通风性能良好,环境容易保持干燥;隔绝自然采光照明;防震动、防巨声干扰;有相对的恒温条件。各类葡萄酒应根据其特点进行储存,分别将白葡萄酒、香槟酒、汽酒存放于冷库,红葡萄酒存放于专用酒库中,通常的储存温度一般在 10 ℃~14 ℃。

---

2. 科学摆放

对原材料科学合理地存放,可以保持较高的工作效率,便于原材料的入库上架、清仓盘点和领用发放。食品摆放可采用的方法主要有以下几种。

（1）定位摆放，即根据仓库布局，合理规划各类食品原料的摆放区域，实行分区定位摆放。

（2）四号定位，就是用四个号码来表示某种原材料在仓库中的存放位置。这四个号码依次是库号、货架号、层号和位置号。任何原材料都要对号入位，并在该原材料的货品标牌上注明与账页一致的编号。例如，鱿鱼干在账页上的编号是1-4-2-7，即可知鱿鱼干是存放在第一号仓库、第四号货架、第二层、第七号货位上。

（3）立牌立卡，即对定位、编号的各类物品建立料牌与卡片。料牌上写明物品的名称、编号、到货日期，并涂上不同的颜色加以区分。卡片上填写记录物品的进出数量和结存数量。

（4）五五摆放，即根据分类后的原料形状，以五为计算单位进行摆放。做到五五成堆、五五成排、五五成行、五五成串、五五成捆、五五成层等。这种摆放方法能使码放的原料整齐美观，也便于清点发放，充分利用库容。五五摆放法适用于储存包装较规范的箱、罐、瓶、盒装原料。

3．保持清洁

食品仓库的清洁工作，应遵循以下基本规则。

（1）及时通风。

（2）对储藏库每天进行清理，冷藏库则每周清洗一次。

（3）放置于货架上的带汁食品应用盘盛放。

（4）发现腐败变质食品应立即取走，并清洗干净。

（5）每天清扫地面，用消毒液拖地，定期清洗墙壁、货架等设备。

（6）专人负责杀虫灭鼠。

（7）当储存的数量降到最低时，及时安排冷藏库（箱）清扫除霜。

（8）经常对储藏库进行卫生检查，并应规定卫生标准。

4．保证安全

仓库安全事关酒店的财产安全，必须加强防范控制。其基本要求为：配备专用锁系统，并及时上锁；限制仓库进出人员；经常检查定期盘点；加强监控，有条件的应安装监控系统。

二、食品原料发放控制

食品原料发放管理的目的，一是保证厨房生产的需要，二是有效控制厨房的用料数量，三是正确记录厨房用料成本。要达到此目的，食品原料的发放管理必须抓好以下五点。

（一）定时发放

定时发放，即规定发放时间，如上午8:30、下午2:30发放，并不是全天24小时开放。此举的意义是便于仓管人员有充分的时间检查、整理仓库，同时也有利于促进厨房管理人员增强计划意识，养成计划管理的习惯。当然，如碰到临时性任务等，则必须灵活处置，确保餐饮业务的顺利进行。

（二）凭单发放

凭单发放，就是凭领料单发料。领料单是厨房领料和仓库发料的凭证和依据，必须手续齐全，填写准确、清楚，符合酒店规定，其格式如表3-14所示。

表 3-14　领料单

领料部门：　　　　　　　仓库类别：　　　　　　　日期：

品　名	货　号	请领数量	实发数量	单价(元)	金　额

领料人：　　　　　　　　审批人：　　　　　　　　发料人：

（三）先进先出

先进先出，即食品原料入库时必须注明入库日期，并做到先入库的食品原料先发放，注意食品原料的保质期，保证在食品原料的有效期之前使用。

（四）准确计价

准确计价，即食品原料出库后，仓管员必须在领料单上列出各项原料的单价，计出各项原料的金额，并汇总领取食品原料的总金额，以便计算餐饮的食品成本。

（五）如实记录

如实记录，就是有些原料不在领取日使用，而在第二天或此后某天使用，则应在原料领用单上注明该原料的消耗日期，以便把该原料的价值记入其使用日的食品成本。有些原料是一次领用、分次使用的，则应分天计入。至于各部门之间的内部调拨，则同样应办理必要的手续。

三、食品原料盘存管理

餐饮原料的流动性大，为了及时掌握原料库存流动变化的情况，就必须对库存原料进行定期（如财务核算周期末）和不定期（如仓库管理人员更换之际）的盘点。食品原料贮存应有严格的登记制度。建立的账目，要能准确反映食品原料在入库、发放、存货等方面的时间、数量、价格和价值等情况，有效控制存货量、订货量和发货量，确保食品原料的利用达到最理想的程度。因此，必须做好食品原料的盘存管理。

（一）库存盘点程序

库存盘点主要是全面清点库房和厨房的库存物资，检查原料的实际存货额与账面额相符，以便控制库存物资的短缺。通过库存盘点，使管理人员掌握原料的使用情况，分析原料管理过程中各环节的现状，计算和核实每月月末的库存额和餐饮成本消耗，为编制每月的资金平衡表和经营情况表提供依据。

原料盘存一般由酒店财务部门派人专门负责，在盘点时，要对每一种库存原料进行实地点数，具体程序如下。

（1）制作存货清单，即分不同类别的库房，按照原料编号的大小，在清单上填好货号、品名、单位、单价等基本数据。

（2）库存卡结算，在库存卡的结存栏内，根据历次进货和发货数量，计算出应有的结存量和库存金额。

（3）库存实物盘点，即实地点数，并将实物数量填入盘点清单。为加快盘点速度，可以由一名职工清点货架上原料的数量，另一名核对货品库存卡并将实际库存数量填写在存货清单上。货品库存卡和存货清单上的原料编排次序应与原料的实际存放次序一致，这样盘点既迅速又不会有遗漏。

（4）核对，将库存卡结算结果与库存实物结果进行核对。

（5）计算盘点清单上的库存物品价值，该价值为实际库存金额，如与账面库存额有出入，要复查并查明原因。

盘点完毕，以实际库存金额记账代替账面数字计算出各种原料的价值和库存原料金额，作为月末原料库存额。月末库存额自然转结成下月初的库存额。月末实际库存额与账面库存额的差额计入资金平衡表的流动资产占用项"待处理流动资产损失"，数量不大的金额直接记入餐饮成本。

（二）库存情况分析

通过盘存管理，酒店应该对以下两个指标进行分析。

1. 库存短缺率

按照原材料实际盘点数量和一定计价方法得出库房月末实际库存额后，为了解实际库存额有无短缺及短缺的程度，需将实际库存额与账面库存额进行比较，分析短缺额和短缺率。

其中，　　　　　库存短缺额＝账面库存额－实际库存额

账面库存额＝月初库房库存额＋本月库房采购额－本月库房发料额

上述公式中每个项目的数据来源是：

月初库房库存额来自上月末的实际库存额结转；

本月库房采购额来自本月验收日报表中库房采购原材料金额的汇总；

本月库房发料额来自本月领料单上的领料金额的汇总。

例4：某餐厅10月底经月末库存实物盘点，实际库存额为15500元，月初库房库存额为13000元，本月库房采购额为75000元，本月库房发料额为72000元。

则：　　　　　月末账面库存额＝13000＋75000－72000＝16000元

库房库存短缺额＝16000－15500＝500元

$$库房库存短缺率 = 500 \div 72000 \times 100\% = 0.69\%$$

根据国际惯例,库存短缺率不应超过1%,否则为不正常短缺,应查明原因。

2. 库存周转率

库存周转率反映原材料在库存中的周转情况,即消耗量与平均库存量的比例。用公式表示为:

$$库存周转率 = \frac{月原料消耗额}{平均库存额} = \frac{月初库存额 + 本月采购额 - 月末库存额}{(月初库存额 + 月末库存额) \div 2}$$

上例中,该餐厅10月份库存周转率为 $72500 \div [(13000 + 15500) \div 2] = 5.09$

库存周转率大,说明每月库存周转次数多,相对库存的消耗量来说库存量较少。库存周转率应为多大,取决于多种因素,如酒店所处的地理位置、采购的方便程度、企业需储备的原材料量等。对于管理者来说,重要的是库存周转率的变化。如果酒店正常周转率为每月2次,但某月周转率增加或降低很多,就要查明原因。库存周转率太快,有时储备的原材料就会供不应求;周转率太低,又会积压过多资金,因此,管理人员应经常分析周转率的变化,保证适度的库存规模。

本章小结

(1)餐饮原料采供管理通过对餐饮原料的采购、验收、发放、贮存等环节进行有效的计划与控制,为厨房等加工部门保质保量地提供原料,并使采购的价格和费用最为经济合理。

(2)采购是厨房生产获取原料的前提,验收则是为厨房生产提供价格适宜又符合质量要求的各类原料的保证。餐饮原料验收需具备相应的验收场地、合适的验收设备、经过专门训练的验收人员,需遵循科学合理的验收程序,并通过验收员根据各项表单进行有效的验收控制。

(3)为了有效地控制食品成本,良好的餐饮食品仓库管理需要在原料贮存上达到相应的仓库要求、入库要求和存放要求,严格控制食品原料的发放管理,有效进行食品原料的盘存。

食品原料采购	food materials purchasing
食品原料验收	food materials check and acceptance
餐饮原料贮存	food materials storage
食品原料发放	food materials dispensing

思考与练习

1. 餐饮原料采供对酒店餐饮管理的意义何在?
2. 分析餐饮原料四种采购方式的利弊及适用范围?
3. 餐饮原料定额采购的基本方法有哪些?
4. 验收的主要环节有哪些?如何通过验收,控制采购原料的数量、质量和价格?
5. 食品仓库管理的基本要求是什么?
6. 食品原料发放管理该如何进行控制?
7. 怎样做好食品原料的库存盘点与库存分析工作?

案例分析

最近几天,张翔为餐饮原材料的供应问题而百感交集,心情实在不太好。

事情的起因是这样的:该酒店开业时,根据餐饮部经理的意见,为了保证餐饮原材料的质量与及供应的及时性,实施的是餐饮部自行采供的管理模式。但在张翔上任的半年前,因为酒店餐饮原料采供管理漏洞太多,导致原料成本明显高于其他同类酒店。所以,酒店改变了采供模式,专门成立了采供部,直接归属于财务部,实施集中统一采供的管理模式。

为了控制原料采购价格,采供部对蔬菜、肉类、水产等原料采用招标方式。由于该酒店影响大,且每天的需求量较大,吸引了多家供应商前来投标。最后,两家供应商以基本上无利可图的价格中标。刚开始一个月,供应商还算规矩,供货的数量、质量及时间还能达到酒店的要求,但供应商为此付出了亏损的代价。第二个月,供应商则开始对有关采供人员开展"公关"工作,供货原料的数量、质量等也出现了一些细微的变化。第三个月开始,供应商的工作对象扩大到使用部门的管理人员。随着供应商和酒店有关人员关系的日益密切,所供原料的数量及质量也随之出现明显的变化。同时,为供应商说情的人员也随之增加,最终供应商也就获得了丰厚的回报,而酒店的菜肴质量及效益则随之下降。张翔到任后,发现了这一现象,经过几天的实地调查,他抓住了供应商违反供货合同的事实,据此要求采供部更换供应商。采供部在事实面前,不得不更换了供应商。

但是,张翔很快发现,新的供应商从一开始就受到了酒店内部的采购、验收、厨房等部门某些人员的诸多刁难,以致出现了某些原料不能按时供应的情况,导致菜单上的菜肴无法提供遭到了顾客投诉。

问题讨论:
(1) 你认为该酒店的采供体系存在何种缺陷?
(2) 面对这一情况,你有何良策?

第四章

酒店餐饮厨房业务管理

学习导引

俗话说:"一招鲜吃遍天。"假如一家酒店的菜点独具美味,受到众多食客的追捧,那么其往往能在激烈的餐饮市场竞争中占据一席之地。而厨房是餐饮菜点的生产基地,厨房管理水平的高低则直接关系到菜点的特色与品质,当然也决定了餐饮毛利率水平的高低。所以,优化厨房业务管理对于餐饮管理来说至关重要。厨房业务管理,就是对菜点品种的研发,菜点质量的形成及食品成本的相关要素进行计划、组织与控制的活动。那么,怎样才能做好厨房业务管理?比如厨房生产流程如何安排?菜点质量如何控制?菜点怎样组织研发?本章内容将帮助你找到一些思路与方法。

学习重点

通过本章学习,你应该重点掌握:
1. 酒店厨房生产运行基本组织与作业规范;
2. 酒店厨房环境管理的基本要求与方法;
3. 酒店菜点质量的基本要求与控制方法;
4. 酒店菜点研发的基本思路与方法。

第一节 酒店厨房基础管理

厨房管理要井然有序,首先必须明确各部门的基本职能,建立科学的工作规范,创造良好的工作环境。

一、部门基本职能

菜点生产要经过原料加工、配份、烹调过程,然后送至备餐间传菜销售,厨房的正常运营离不开以下这些基本部门。

(一)加工部门

加工部门是原料进入厨房的第一生产岗位,主要负责将蔬菜、水产、禽畜、肉类等各种原料进行拣摘、洗涤、宰杀、整理,以及干货原料的涨发、洗涤、处理,即所谓的初加工。目前,在一部分酒店中,加工部门还负责按照规格要求对原料进行刀工切割处理,并做预制浆腌,也叫深加工或精加工。这样,在整个厨房生产过程中,刀工处理基本在加工部门完成。由于加工部门的职能扩大,加工部门又称为加工厨房,甚至叫主厨房或中心厨房。

(二)配菜部门

配菜部门又称砧墩或案板切配部门,负责将已加工的原料按照菜肴制作要求进行主料、配料、料头(又叫小料,主要是配到菜肴里起增香作用的葱、姜、蒜等)的组合配份。由于这里使用的原料都是净料,而且直接影响着每道菜、每种原料的投放数量,因此,对成本控制起着重要作用。

有些生产量不大的厨房的配菜部门,又叫切配部门,即加工部门只是负责对各种原料进行初步加工、洗涤、整理,而原料的切割、浆腌等刀工处理、精细加工则由这些部门完成,连同配菜,在整个生产链中起着加工与炉灶烹调中的桥梁、纽带作用。

(三)炉灶部门

炉灶部门将配制好的组合原料,经过加热、杀菌、消毒和调味等环节,做出符合风味、质地、营养、卫生要求的成品。该部门决定成菜的色、香、味、质地、温度等,是开餐期间最繁忙、也是对出品质量影响最大的部门。该部门又可分为中餐与西餐的炉灶部门。

(四)冷菜部门

冷菜(亦称凉菜)是中餐中不可或缺的重要组成部分,它不仅起到刺激顾客食欲,增加用餐(宴会)气氛的作用,而且起到缓解热菜厨房出菜压力,保证顾客用餐效率与效果的作用。所以,酒店均设有专门的冷菜部门。冷菜部门负责冷菜的刀工处理、腌制、烹调及改刀装盘工作。冷菜与热菜的制作、切配程序不完全一致,冷菜大多先烹调后配份、装盘。因此,它的生产、制作与切配、装盘是分开进行的。

(五)点心部门

点心部门主要负责点心的制作和供应。中餐广东风味厨房的点心部门还负责茶市小吃的制作和供应,有的点心部门还兼做甜品、炒面类食品。西餐点心部又称包饼房,主要负责各类面包、蛋糕、甜品等的制作与供应。

二、厨房作业规范

厨房各部门作业基本规范是否科学合理,直接关系到酒店菜点质量与餐饮成本的

高低。①

(一) 加工厨房作业规范

俗话说,朽木不可雕也。菜点质量首先源于菜点原材料质量,而加工作业是原材料进入厨房加工的第一道关口,必须严格把关。加工质量控制,关键在于必须按照标准菜谱的要求,根据不同原料种类,采用不同方法进行处理,并保证达到规定的出净率。

1. 控制数量

原料加工是为厨房的烹饪提供服务的,每天加工好的食品原材料及净料或半成品应在当日按照各个厨房需要发送,以保证酒店厨房生产的需要。

2. 分类加工

厨房每天使用的食品原材料种类繁多,各种原料的用途和烹制的产品不同,其加工方式和要求也不相同。

1) 蔬菜加工

蔬菜、瓜果等新鲜原材料,主要是挑洗、去皮、去籽、去茎叶及老根等不宜食用的部分,然后加工成一定形状,提供给厨房烹调使用。

2) 鲜活宰杀

水产、飞禽走兽等鲜活原料,主要是宰杀,去鱼鳞、毛皮、内脏等,然后分档取料,同时,将原料的不同部位加工成一定形状,以便细加工进一步处理。为了保障原材料的新鲜度,活的鱼、虾、黄鳝等,除了会议团队用餐外,一般是在顾客点菜后即时加工。

3) 肉类拆卸

整块的猪、羊、牛等原料,可采用分档取料的方式,将不同部位、不同肥瘦程度的部分切割后再进行细加工。

4) 原料解冻

从冰柜、冷库、冰箱中取出的冷冻原材料要根据原料的大小和冷冻程度提前解冻。解冻方法有空气解冻、冷水解冻、盐水解冻、加热解冻等。解冻原料必须完全,方便拆卸、切割等。

3. 检验质量

加工厨房的质量检验,一是要检验原材料是否符合标准菜谱规定的规格与质量要求;二是要检查经过初加工的原料是否符合标准。

4. 控制出净率

出净率是指加工后可用作做菜的净料与未经加工的原材料数量的百分比。出净率的控制,关键在于加工方法的科学合理,同时要加强这方面的考核。

(二) 热菜厨房作业规范

热菜厨房的作业管理必须保证生产的运行秩序和菜点的出品质量,主要应加强三大环节的作业规范。

1. 砧板作业规范

在规模较大的中餐厨房中,热菜厨房的砧板岗位实际上是由两部分构成的,一个是对原

---

① 该部分主要参考戴桂宝编著的《现代餐饮管理》一书的内容编写。

料进行切形处理的切制人员,另一个是负责对菜点生料进行配份的人员,负责对菜点生料进行配份的厨师通常称为配菜师。在一般的小型厨房中这两个岗位是合二为一的,但一个岗位的工作内容与两个岗位的工作内容是完全相同的。原料切割作业规范见表4-1,配制点菜作业规范见表4-2。

表 4-1 原料切割作业规范

	作业程序		作业要求
	宴会、会议、团队厨房	点菜厨房	
1	与订餐台进行联系,了解次日宴会、团体接待人数、就餐标准及特点要求,若需涨发和解冻的原料,需提前制作	取出没有加工的冷冻原料,进行解冻处理,提前涨发原料	主动并及时了解次日或几天后的任务要求
2	根据预订情况备足当日所用原料	根据营业规律备足当日所用原料	领取原料后,对所有原料要进行质量检验
3	准备好各种加工用具及盛器	准备好各种加工用具及盛器	
4	根据不同的预订菜单,分别对畜、禽、水产品、蔬菜类等原料进行切割处理	根据不同菜点的烹调要求,分别对畜、禽、水产品、蔬菜类等原料进行切割处理	按规定的料形、要求对原料进行切割加工,要求成形大小相等、厚薄均匀、粗细一致,并整齐放置
5		待点菜单到达后,按菜单要求,适时取冰箱内或原料架上加工好的原料,进行配菜	配菜迅速、缩短冰箱开启时间
6	妥善收藏剩余原料,清洁工作区域及用具,清运垃圾	开餐结束,妥善收藏剩余原料,清洁工作区域及用具,清运垃圾	时刻保持场地的清洁

表 4-2 配制点菜作业规范

	作业程序	作业要求
1	准备生料配料盘	预先了解原料的准备情况
2	接受点菜员传递过来的点菜单	确认菜单上的名称、种类、数量与桌号标识
3	按标准菜谱规定的各菜点所需的原料种类、重量、规格等进行配伍(或切配)	所有的用料必须使用标准称量,不准随意抓取原料
4	将各种菜料放置菜点生料配料盘内,然后夹上菜单夹,按顺序传给打荷厨师	一般单个菜点的配份应在1~2分钟内完成
5	搞好案头卫生,等待下一菜单	

2. 打荷作业规范

打荷是现代厨房必不可少的岗位,此岗位的主要职责是菜点质量监督、出菜速度的调控与菜点出品的美化等,对减轻炉灶厨师工作强度、加快出菜速度、保证菜点质量能起到积极的作用。打荷规范作业程序见表 4-3。

表 4-3　打荷作业规范

	作业程序	作业内容和要求
1	用具准备	准备刀、墩、小料盒、抹布、筷子和专用纸巾,所有用具必须符合卫生标准
2	检查物料	按《食品原料质量规格书》中规定的质量标准,对领取的当日所需要的各种调味料进行质量检验
3	调料准备	领用、添加各种调料,配制调味酱、调味汁、调味油
4	汤料准备	制作各类清汤、高汤
5	小料准备	按规定的标准和要求切制小料
6	点缀品准备	雕刻盘饰花卉,按要求调制各种糨糊及制作高汤等
7	餐具准备	消毒过的各种餐具放置打荷台上或储存柜内,以取用方便为准
8	协助炉灶厨师对原料进行预制处理	按要求调制各种糊浆,协助上浆、挂糊
9	接受配菜厨师传递过来的菜单、原料	确认菜点的名称、种类、烹调方法及桌号标识,检查原料的配制是否符合标准
10	传递配制无误的原料给炉灶厨师	将配制无误的半成品菜点原料传递给炉灶厨师烹调加工,并掌握出菜顺序、间隔时间,如果接到催菜的信息,经核实该菜点尚未开始烹调时,要立即协调优先烹调
11	准备盛装餐具	根据菜点的出品盛装要求,准备相应的餐具,并确保餐具的干净卫生
12	盛装、检查	在炉灶厨师盛装时(有些菜点打荷员盛装),打荷员要快速有效地对菜点进行质量检查,检查内容包括是否有异物、烹制方法是否有误等
13	点缀装饰	根据审美需求及菜式格调,对装盘的菜点进行快速的点缀装饰
14	核对、出菜	核对菜点、菜夹号码、菜单三者是否相符,确认无误后,交传菜员出菜
15	开餐结束	及时收藏剩余原料,保管好用品、用具,搞好卫生

3. 炉灶作业规范

炉灶作业是确定菜点色泽、口味、形态、质地的关键环节,直接决定菜点质量的高低与出菜速度的快慢。炉灶作业规范见表 4-4。

表4-4　炉灶作业规范

作业程序		作业内容和要求
1	检查设备	通电通气检查炉灶、油烟排风设备运转功能是否正常,若出现故障,应及时自行排除或报修
2	打扫清洗	清洗锅子(必要时用明火烤烧),打扫炉台卫生
3	准备调料	清洗油罐、调料罐,补足调料
4	准备工具	将手勺放入炒锅内,将炒锅放在灶眼上,漏勺放于油罐上,垫布放大炒锅左侧,炊帚、筷子、抹布等用具备好,放于炒锅两侧的适当位置
5	烹制前工作	打开照明灯,先点火放入灶眼中,再打开燃气开关,调整风量,打开水龙头,注满水盒后,调整水速,保持流水降温
6	预制加工	对要预先加工的原料进行水焯、油炸等预制加工
7	正式烹制	听从打荷员的安排,对菜点按程序、标准进行烹调,并随时保持灶面的清洁
8	开餐结束	及时过滤剩油,并加盖保管各类调味罐,防止蝇虫飞入,妥善保管好用品、用具,搞好炊具卫生,并关闭煤气电源

(三)冷菜厨房作业规范

冷菜主要采用批量生产方式,正式烹制前,必须根据餐厅菜单冷菜的花色品种和销售预测,分类确定批量生产任务量。尽管各种冷菜食品烹制方法不同,但基本规范相同。冷菜烹制作业规范见表4-5。

表4-5　冷菜烹制作业规范

作业程序		作业内容和要求
1	上班	上班后,应洗手消毒,更换工作衣,戴工作帽
2	了解任务	与订餐台进行联系,了解次日宴会和其他接待人数、就餐标准及特点要求
3	准备原料	原材料要严格把关,确保原料的质量,对直接拌食的原料要消毒清洗
4	刀案消毒	用高度酒精对砧板、刀具进行明火消毒,用漂白精水对抹布和双手消毒
5	刀工处理	根据不同品种的冷菜,分类进行严格选料,将原材料加工成所要求的形状,生熟原料的加工要有固定的场地
6	直接调味	根据不同的冷菜食品,选好配料和调味料
	烹制调味	根据冷菜食品不同的烹制方法,加工制作各种冷菜食品
7	装盆	取用洁净的餐具盛放,事先设计围碟、总盆所需原料种类的搭配和艺术图案,然后利用刀工技术组合拼摆

续表

作业程序		作业内容和要求
8	工作结束	应将所有的饮具和用具进行清洗消毒,放到指定的地方备用,剩余的冷荤食品放入冰柜中,注意生熟原料分开存放
9	紫外线消毒	等人员离开冷菜房时,开启紫外线灯,进行消毒

(四)点心厨房作业规范

中餐面点是以小麦、大米、豆类为主要原料制作的各种小吃和点心,是中国菜点的重要组成部分。

1. 面料准备

和面是面点烹制的第一关。和面所用的液体原料以水为主,但水的温度、水中所加的拌料各不相同,和面所要求的柔软度、拉力、弹性也不一样。

2. 馅料配方

面点食品大体可分含料和带馅两个大类。前者的配料和调味品大多直接掺和在面粉中。拌料分两种:一是将配料和调味品,如鸡蛋、油、盐、味精、花椒面、胡椒粉、香油、葱花等掺和于面粉中,然后用手工或机器搅拌、揉搓,使其达到能够制作产品的要求;二是配料和调味品单独形成馅料,如肉类、海鲜、蔬菜等原料。每种面点的拌料或拌馅完成后,要严格检查,在保证质量的基础上,方可进入下一道工序。

3. 点心造型

造型是面点烹调制作管理的前奏。和好的面料如是发面,则需要经过一定时间的发酵,方可正式造型。面点造型的要求是美观、精巧,带馅面点的造型要均匀、光滑。

4. 烹饪制作

烘烤和烹制是面点烹调制作管理的最后一道工序。烘烤是将加工好的面点放入烤箱、微波烤炉等机械炉灶设备中,加热使之成熟的过程。一般将半成品放入烤盘,调好烤箱的温度和时间,进行分批烘烤。烹制则是根据面点花色品种制作要求,分别用蒸、煮、烧、烙、煎、炸、烤等烹调技法,使面点原料完成化学和物理反应达到成熟的过程。

三、厨房环境管理

厨房工作环境的好坏,一方面直接关系到食品卫生,另一方面也直接影响厨房员工的心情。厨房工作环境可考虑采用定置管理方法加以优化。所谓定置管理,就是运用系统的观点和方法,研究生产和工作现场中人与物、人与环境、物与环境之间的关系,对现场中的最佳固定位置进行设计、组织、实施、调整和控制,使其达到规范化、标准化和科学化的管理活动。①

(一)科学分析

定置管理要在生产现场实现人、物、场所三者最佳结合,首先应解决人与物的有效结合

---

① 定置管理的基本内容根据百度百科的资料加以编写。

问题,这就必须对人、物结合状态进行分析。

1. 人与物的关系

在厨房生产活动中,构成生产工序的要素有 5 个,即原材料、设备、工作者、操作方法、环境条件。其中,最重要的是人与物的关系,只有人与物相结合才能进行工作。

人与物的结合方式有两种,即直接结合与间接结合。直接结合,是指工作者在工作中需要某种物品时能够立即得到,高效率地利用时间。间接结合是指人与物呈分离状态。人与物是否有效地结合取决于物的特有状态,即 A、B、C 三种状态。A 状态是物与人处于有效结合状态,物与人结合立即能进行生产活动。B 状态是物与人处于间接结合状态,也称物与人处于寻找状态或物存在一定缺陷,经过某种媒介或某种活动后才能进行有效生产活动的状态。C 状态是物与现场生产活动无关的状态,也可说是多余物。

2. 场所与物的关系

在厨房的生产活动中,人与物的结合状态是生产有效程度的决定因素,但人与物的结合都是在一定的场所里进行的。因此,实现人与物的有效结合,必须处理好场所与物的关系,也就是说场所与物的有效结合是人与物有效结合的基础。场所有三种状态:一是良好状态,即场所具有良好的工作环境、作业面积、通风设施、恒温设施、光照等,符合人的生理状况与生产需要,整个场所达到安全生产的要求;二是改善状态,即场所需要不断改善工作环境,场所的布局不尽合理或只满足人的生理要求或只满足生产要求,或两者都未能完全满足;三是需要彻底改造状态,即场所需要彻底改造,场所既不能满足生产要求,安全要求又不能满足人的生理要求。定置管理就是要通过相应的设计、改进和控制,消除 C 状态,改进 B 状态,使之都成为 A 状态,并长期保持下去。

3. 人、物、场所与信息的关系

生产现场中众多的对象物不可能都同人处于直接结合状态,而绝大多数的物同人处于间接结合状态。为实现人与物的有效结合,必须借助于信息媒介的指引、控制与确认。因此,信息媒介的准确可靠程度直接影响人、物、场所的有效结合。

(二) 定置设计

定置与随意放置不同,定置是对生产现场、人、物进行作业分析和动作研究,根据厨房业务活动的目的,考虑生产活动的效率、质量等制约条件和物品自身的特殊要求(如时间、质量、数量、流程等),使对象物科学地固定在场所的特定位置上,以达到物与场所有效地结合,缩短人取物的时间,消除人的重复动作,促进人与物的有效结合。

1. 明确定置类别

定置可分为区域定置、现场定置和可移动物件定置等。

(1) 区域定置是指在厨房外区域的定置,如拆除物临时存放区、更衣室、垃圾区、车辆存放区等。

(2) 现场定置是指厨房各作业区域的定置,如粗加工作业区、冷菜制作区、热菜烹饪区、原材料冷冻区等。这是厨房环境定置管理的重点与难点。

(3) 可移动物件定置是指劳动对象物定置,如原材料、半成品、在制品等;工卡、量具的定置,如工具、量具、胎具、容器、文件资料等;废弃物的定置,如废品、杂物等。

2. 定置图设计

定置图是对厨房生产现场所在物进行定置,并通过调整物品来改善场所中人与物、人与场所、物与场所相互关系的综合反映图。

1) 定置内容

有室外区域定置图、厨房各作业区定置图、厨房仓库定置图和特殊要求定置图(如工作台面、工具箱内,以及对安全、质量有特殊要求的物品定置图)。

2) 基本要求

总的来说,厨房原料、用品、工具等均应做到"四分",即分类、分区、分层、分颜色;"五定",即定名、定量、定位、定向、定流线。而这些均应通过清晰的定置图加以呈现与固化。

3) 基本方法

定置设计可根据对象物流运动的规律性,便于人与物的结合和充分利用场所的原则,科学地确定对象物在场所的位置。一是固定位置,即场所固定、物品存放位置固定、物品的信息媒介固定。用"三固定"的技法来实现人、物、场所一体化。此种定置方法适用于对象物在物流运动中进行周期性重复运动,即物品用后回归原地,仍固定在场所某特定位置。二是自由位置,即是物品在一定范围内自由放置,并以完善信息、媒介和信息、处理的方法来实现人与物的结合。这种方法应用于物流系统中不回归、不重复的对象物,可提高场所的利用率。

3. 信息媒介物设计

信息媒介就是人与物、物与场所合理结合过程中起指导、控制和确认等作用的信息载体。人与物的结合,需要有四个信息媒介物:一是位置台账,它表明该物在何处,通过查看位置台账,可以了解所需物品的存放场所;二是平面布置图,它表明该处在哪里,在平面布置图上可以看到物品存放场所的具体位置;三是场所标志,它表明这儿就是该处,是指物品存放场所的标志,通常用名称、图示、编号等表示;四是现货标示,它表明此物即该物,它是物品的自我标示,一般用各种标牌表示,标牌上有货物本身的名称及有关事项。在寻找物品的过程中,人们通过第一、二个媒介物,被引导到目的场所。其中,一、二媒介物为引导媒介物,三、四媒介物为确认媒介物。人与物结合的这四个信息媒介物缺一不可。

建立人与物之间的连接信息,是定置管理这一管理技术的特色。是否能按照定置管理的要求,认真地建立、健全连接信息系统,并形成通畅的信息流,有效地引导和控制物流,是推行定置管理成败的关键。

(三)定置实施

1. 清除与生产无关之物

厨房及库房中凡与生产无关的物品,都要清除干净。清除与生产无关的物品应本着"双增双节"(收入与空间)的精神,能转变利用的就转变利用,不能转变利用的,可以变卖,化为资金。

2. 按定置图实施定置

厨房各部门都应按照定置图的要求,将生产现场、器具等物品进行分类、搬、转、调整并予以定位。定置的物要与图相符,位置要正确,摆放要整齐,贮存要有器具。可移动物,如推车等也要定置到适当位置。

3. 放置标准信息名牌

放置标准信息名牌,要做到牌、物、图相符,设专人管理,不得随意挪动。要以醒目和不妨碍生产操作为原则。总之,定置实施必须做到有图必有物,有物必有区,有区必挂牌,有牌必分类,按图定置,按类存放,账(图)物一致。

(四)强化执行

定置管理的一条重要原则就是持之以恒。只有这样,才能巩固定置成果,并使之不断发展。

1. 强化责任

强化责任,就是本着谁管谁负责、谁使用谁负责、谁检查谁负责的原则,把工作流程化、把流程形象化和数字化,做到制度上墙,把卫生、设备、服务、安全责任到人。定置管理的负责人应严格执行有关制度和标准,认真履行组织、督导之责,每班对定置区域和定置物品进行整理、清扫和清点,并做到"五个不走":下班时不清理、不整理好定置物不走;定置物与定置牌内容不相符不走;定置区域内工作完毕而地面不干净不走;不擦拭、不保养好设备不走;原始记录不填好不走。

2. 强化检查

定置管理的检查一般分为两种情况:一是定置后的验收检查,检查不合格的不予通过,必须重新定置,直到合格为止;二是定期与不定期地对定置管理实施与效果进行检查与考核。

3. 强化奖惩

为了促进员工养成严格定位、经常整理的良好习惯,酒店必须加强考核,并实施有效的奖惩,以实现定置管理的长效化。

定置考核,既要注重过程考核,更要注重结果考核。结果考核的基本指标是定置率,它表明生产现场中必须定置的物品已经实现定置的程度。其计算公式是:

定置率=实际定置的物品个数(种数)/定置图规定的定置物品个数(种数)×100%

知识活页　　五常管理法

"五常法"是香港何广明教授借鉴日本"5S"管理法,结合香港实际情况创建的现代餐饮优质管理方法,它不仅对餐饮业,而且对各行各业也具有普遍的适用性。"五常法"的要义是:工作常组织,天天常整顿,环境常清洁,事物常规范,人人常自律。

(1)"常组织"。判断出完成工作所必需的物品并把它与非必需的物品分开,将必需品的数量降低到最低程度,并把它放在一个方便的地方。

(2)"常整顿"。研究如何提高工作效率,采取合适的贮存方法和容器,决定物品的"名"和"家",旨在用最短的时间取得或放好物品。

(3)"常清洁"。清洁检查和保持卫生是由整个组织所有成员一起来完成的,

每个人都有负责清洁、整理、检查的任务。

（4）"常规范"。以视觉、安全管理和标准化为重点，维持透明度和视觉管理，包括坚持规范化的条件，提高办事效率。

（5）"常自律"。创造一个具有良好氛围的工作场所，持续、自觉地执行上述"四常"要求，养成遵守规章制度的习惯。

（资料来源：http://www.hbrc.com/news/view_1543248.html.）

第二节　酒店菜点质量控制

一、菜点质量评价要素

菜点质量，是指菜点能满足顾客生理及心理需要的各种特性。顾客对菜点质量的评定，一般是根据个人的饮食偏好、以往的经历和经验，结合菜点质量的内在要素，通过嗅觉、视觉、听觉、味觉和触觉等感官鉴定而得出的。因此，菜点质量的评价要素，主要有以下八个方面。

（一）菜点色彩

菜点色彩，即菜点的颜色与色泽，是顾客评定菜点质量的视觉标准，往往以先入为主的方式给就餐者留下第一印象。菜点的颜色可以由动物、植物组织中天然产生的色素形成，也可以通过添加含有色素的调味品完成，如黄油、番茄汁、酱油等。水果和蔬菜的主要色素为胡萝卜素、叶绿素、花色素苷和花黄素等。菜点的生产烹调加工过程能对菜点成品的颜色变化产生作用，烹调加工的目的之一就是通过恰当的处理，使原料趋于理想的颜色。

菜点颜色以自然清新、色泽光亮、搭配和谐为佳。当然，菜点的颜色还必须考虑季节的特点和地区的差异，并注意适应消费者的审美标准和饮食习惯。

（二）菜点气味

菜点气味，即菜点飘逸出的气息，是顾客鉴定菜点质量的嗅觉标准，对顾客的食欲有着直接的关系。人们就餐时，总是先感受到菜点的气味，再品尝到食物的滋味。在人们将食物送入口中之前，气味就由空气进入鼻中。菜点的气味大部分来自菜点原料本身，经过烹调处理得以发挥，当然也可以通过调味得以创造。

菜点的气味，应该是芳香浓郁，清新隽永，诱人食欲，催人下箸。

（三）菜点滋味

菜点滋味即菜点的味道，是指餐饮菜点入口后对人的口腔、舌头上的味觉系统产生作用，给人口中留下的感受。口味是菜点质量的核心指标，人们去餐厅用餐，并非仅仅满足于闻菜点的香味，他们更需要品尝到食物的味道。

菜点滋味的最基本要求是口味纯正，味道鲜美，调味适中。

(四)菜点形状

菜点形状,即指菜点的成形、造型,也是顾客评定菜点质量的视觉标准。菜点的形状一般由原料本身的形态、加工处理的技法,以及烹调装盘的拼摆而成。这些效果的取得要靠厨师的艺术设计。热菜造型以快捷、神似为主,利用围边进行装饰点缀等,使热菜的造型更加多姿多彩。冷菜的造型比热菜有更高的要求,冷菜先烹制后装配,提供美化菜点的时间。因此,对于一些有主题的餐饮活动,对冷菜进行有针对性的装盘造型就显得更加必要和富有效果。

菜点的形状,应该做到刀工粗细,整齐划一,匀称和谐,点缀得体,装盘巧妙,造型优美,形象生动,给就餐者以美感享受。当然,菜点"形"的追求要把握分寸,过分精雕细刻,反复触摸摆弄,要么会污染菜点,要么喧宾夺主,甚至华而不实、杂乱无章,是对菜点"形"的极大破坏。

(五)菜点质感

菜点质感,即菜点给人的质地方面的印象,一般包括韧性、弹性、胶性、黏附性、纤维性及脆性等属性。菜点质感是一种触觉标准,在很大程度上取决于原料的性质和菜点的烹制时间及温度。通常菜点的质感包括以下几个方面。

(1)酥,指菜点入口,咬后迎牙即散,成为碎渣,产生一种似乎有抵抗而又无阻力的微妙感觉,如香酥鸭。

(2)脆,菜点入口迎牙即裂,而且顺着裂纹一直劈开,产生一种有抵抗力的感觉,如清炒鲜芦笋等。

(3)韧,指菜点入口后带有弹性的硬度,咀嚼时产生的抵抗力不那么强烈,但时间持久。韧的特点,要经较长时间的咀嚼才能感受到,如干煸牛肉丝、花菇牛筋煲等。

(4)嫩,菜点入口后,有光滑感,一嚼即碎,没有什么抵抗力,如糟溜鱼片。

(5)烂,菜点入口即化,几乎不用咀嚼,如粉蒸肉。

(六)菜点温度

菜点温度,即出品菜点的温度,也是菜点的触觉标准。同一菜点温度不同,口感质量会有明显的差异。

菜点的温度必须依据不同菜点的特点,保持恰当的温度,该冰的要冰,该冷的要冷,该热的要热,该烫的要烫。一般来说,各类菜点应保证的温度如表4-6所示。

表4-6 各类菜点的温度规定

食品名称	出品及提供使用温度
冷菜	10 ℃左右
热菜	70 ℃以上
热汤	80 ℃以上
热饭	65 ℃以上
砂锅	100 ℃

(七)菜点器皿

菜点器皿,即用来盛装菜点的容器,这也是顾客评定菜点质量的视觉标准。器皿是否合适,不仅会影响到菜点的身价,而且有时还会直接影响到菜点本身的质量。如煲、明炉、铁板、火锅等。菜点与器皿配合恰当,能起到锦上添花、相得益彰的效果。

菜点器皿的基本要求为:不同的菜点配以不同的器皿;菜点的分量与盛器的大小一致;菜点的特色与器皿相统一。

(八)菜点卫生

菜点卫生,即符合国际食品卫生标准,并符合消费者清爽的观感标准。这是顾客评价菜点质量的安全标准。菜点卫生,首先是指加工菜点等的食品原料本身是否含有毒素;其次是指食品原料在采购加工等环节中有否遭受有毒、有害物质和物品的污染;最后是加工烹制过程必须足以保证杀灭有害细菌,同时,烹制、服务必须严格按照卫生操作程序,确保不被交叉污染。这三个方面无论是哪一方面出现了问题,均会直接影响产品本身的卫生质量。

以上是菜点质量的基本要素,除此之外,菜点的营养价值、菜点的名称、特殊菜点的光和声响等,均是应考虑的因素。

二、影响菜点质量的因素

如同菜点质量构成因素较多一样,影响菜点质量的因素也是多方面的。

(一)自然因素

菜点质量常常受到原料及调料自身质量的影响。原料本身品质较好,只要烹饪恰当,菜点质量就相对较好;原料先天不足,即使有厨师的精心改良,精细烹制,菜点质量要合乎标准、尽如人意,仍很困难。

厨房生产过程中,还有一些意想不到或不可抗力因素的作用,同样影响着菜点的质量。比如,炉火的大小对菜点质量同样有着直接影响。

(二)人为因素

人为因素,即厨房员工自身的主、客观因素对菜点质量造成的影响。除了员工的技术、体力、能力之外,厨房生产人员的情绪波动对菜点质量也有直接影响。人有喜、怒、哀、乐,这是人对客观事物态度的反应,即情绪或情感。情绪有明显的两极性,积极的情绪可以提高人的活动能力,消极的情绪则会降低人的活动能力,从而降低工作积极性。

(三)服务因素

餐厅服务销售从某种意义上讲是厨房生产的延伸和继续,服务是否到位,对保证和提高菜点质量是至关重要的。

(1)上菜质量。一方面上菜的速度会影响菜点口感,尤其是某些特别讲究火候的菜点,如拔丝类菜肴;另一方面上菜规范也会影响菜点质量,比如上菜顺序、调料提供等。

(2)菜点烹制。有些菜点是在餐厅完成烹饪,比如各种火锅、火锅菜点,堂灼、客前烹制菜点等,服务员的服务技艺、处事应变能力,直接或间接地影响着菜点的质量。

(3) 菜点介绍。有些独特的菜点,需要服务员的介绍、引导才能让顾客准确品味菜点的味道。

(4) 服务水平。不同顾客对菜点的认可、接受程度是不同的,而餐厅服务水平直接关系到顾客的心情,进而影响顾客对菜点质量的评价及对菜点价值的认可程度。

(四) 顾客因素

俗话说:"食无定味,适口者珍。"这就说明菜点口味并没有严格的评判标准,而是因人而异。所谓众口难调就是此理,即使厨房生产完全合乎规范,菜点质量达到标准菜谱的要求,在消费过程中,仍不免有顾客认为"偏咸了"、"偏淡了"、"过火了"、"带生了"等。当然,这里还存在顾客对菜点是否熟悉、"懂吃"的问题。这就是厨房产品质量因就餐顾客的不同生理感受、心理作用(与以往就餐经历的对比)而产生的不同评价,也就是影响菜点质量的顾客因素。

三、菜点质量控制

菜点质量的形成始于菜点的设计,成于加工烹制,终于餐厅服务,包括菜点设计、菜点加工烹制和菜点服务三个过程。菜点质量的控制,主要可采取以下几种方法。

(一) 标准控制法

标准控制法,就是通过制定标准菜谱来规范菜点的加工烹制过程,以保证菜点质量的方法。标准菜谱是厨房用来规范厨师菜点烹制操作流程的作业性指导文件,是厨房生产标准化控制的重要环节。标准菜谱要求文字简明易懂,名称、术语确切规范,项目排列合理,易于操作实施。标准菜谱的制定,必须确定以下内容和要求。

1. 基本信息

标准菜谱中的基本信息,也可以称为基础技术指标,主要包括菜点的编号、生产方式、盛器规格、烹饪方法、精确度等,它们虽然不是标准菜谱的主要部分,但却是不能缺少的基本项目,而且它们必须在一开始就要设定好。

2. 原料与调料

主配料是菜点形成的基础,而调料不仅关系到菜点的颜色、气味,而且直接决定着菜点的口味。标准菜谱一方面必须明确规定主配料的比例、数量,同时,还必须规定食品原料的规格、数量、感官性状、产地、产时、品牌、包装要求、色泽、含水量等,以确保餐饮产品质量达到最优效果。

3. 烹调规范

烹调规范是对烹制菜点所采用的烹调方法和操作步骤、要领等方面所做的技术性规定。这一技术规定是为保证菜点质量,对厨房生产的最后一道工序进行规范。它全面地规定了烹制某一菜点所用的炉灶、炊具、原料配份方法、投料次序、型坯处理方式、烹调方法、操作要求、烹制温度和时间、装盘造型和点缀装饰等,使烹制的菜点质量具有可靠性。

4. 烹制份数和标准份额

厨房烹制的菜点多数是一份一份单独进行的,有的也是多份一起烹制的。标准菜谱对

每种菜点的烹制份数进行了规定,是以保证菜点质量为出发点的。

5. 菜点标准成本

标准菜谱对每份菜点标准成本做出规定,能够对产品生产进行有效的成本控制,可以最大限度地降低成本,提高餐饮产品的市场竞争力。标准菜谱对标准配料及配料量做出了规定,由此可以计算出每份菜点的标准成本。由于食品原料市场价格的不断变化,每份菜点标准化成本也就要及时做出调整。

6. 成品与彩色图片

因为菜点的成品质量有些项目尚难以量化,所以在设计时,应制作一份标准菜点,拍成彩色图片,以便作为成品质量最直观的参照标准。

7. 服务程序和要求

有些菜点质量与服务程序和方法密切相关,所以标准菜谱对某些菜点还必须规定服务的方法和要求,如时间要求、操作要求、餐具要求、佐料要求、菜点的介绍等。

(二)岗位控制法

厨房生产要正常运转,并保证菜点的质量,就必须注重岗位的设计与管理。

1. 明确岗位分工

厨房业务按其运转要求分成多个业务单元,酒店必须明确各业务单元的职能,并根据不同职能设置相应的岗位,同时规定各岗位必须承担的工作任务和责任,使厨房生产的各项任务落到实处。

2. 强化岗位责任

要增强员工的责任心,必须强化各司其职、各尽所能的意识,并通过相应的制度加以保证。如实行挂牌操作是为了便于对菜点的质量进行考核,安排烹制出菜时,将每道菜的烹制厨师的工号留注订单,以便备查。

3. 合理配置人员

合理配置人员,首先是在数量上必须满足厨房生产的需要,要根据餐饮的生产规模、营业时间、厨房布局、分工及菜点的特色标准配备相应数量的厨房人员。其次,必须保持厨房各类人员的合理结构和比例,如不同工种与技术特点、不同年龄、不同技术等级与技术水平等,做到能位相称,人尽其才,结构优化。

(三)检查督导法

厨房菜点质量的检查一般可建立以下四种检查制度。

(1)工序检查制度,即菜点加工制作过程中每一道工序的员工必须对上道工序的加工质量进行检查,如发现不符合标准,应退回上一道工序。

(2)出品检查的制度,即所有菜点出品,均需经过厨师长或指定的菜点质量检验人员的检查,以确保成品达到标准。

(3)服务检查制度,即菜点在提供给顾客之前,服务人员必须按照标准菜谱及顾客的需要,对菜点进行全面检查,同时,在服务过程中,必须主动征求顾客对菜点质量的意见,接受顾客的最终检查。

（4）重点检查制度，即对重点岗位、重点环节、重点客情、重要任务、重大活动进行全面检查，以确保关键环节、关键时刻的关键质量。

（四）情感控制法

厨房是以手工劳动为基础的生产加工部门，厨房技术具有模糊性和经验性的特点。菜点质量的管理，有些可以通过量化指标来衡量，有些可以用标准程序加以控制，但有些则无法明确规定。所以，要保证菜点质量，就必须注意有效控制厨师的情绪，充分发挥厨师的主动性和创造性。

此外，顾客对菜点的评价也带有很大的主观性，顾客的情绪、饮食习惯、经验及对菜点的不同理解，对菜点质量的评价往往起着重要的作用。所以，正确把握不同顾客的需求，积极引导顾客消费，加强顾客的情绪管理，也是菜点质量控制不可缺少的重要环节和有效方法。

第三节　酒店菜点研发管理

再好吃的菜，吃多了也会腻。酒店既要保证菜点质量，又要注重加强菜点的研发，增加花色品种。

一、创新研发原则

菜点的研发，必须确立正确的原则，以达到事半功倍的效果。

（一）正确定位

菜点从用途的角度，可分为宴会菜点、会议菜点、团队菜点和零点菜点；从档次层面，可分为高、中、低三档；从适应对象来看，又可分为普遍性和特殊性两类。各类菜点必须具有各自的特性和风格，才能满足不同对象的需要，取得良好的效果。如宴会菜点强调精良、精致、高档，而团队菜点则要求经济实惠、口感入味，老年食品非常强调清淡易消化，儿童食品则要特别注意色彩、营养等。所以，菜点创新必须正确抓住各类菜点的本质特征，以做到有的放矢。

（二）顺应潮流

不同的时代，人们对饮食的追求是不同的。在贫困落后的年代，人们追求的是温饱；在满足了温饱后，人们追求口福的满足，于是仿古菜、家常菜、海鲜菜、野味菜等一时成为菜点创新的主要内容；到了现在，人们在追求口福的同时，健康美容等需求相继产生，于是保健美容等菜点就应运而生，药膳菜点、美容食品、粗粮菜点、野菜菜点、昆虫菜食等成为人们创新制作的关注热点。所以，创新菜点的研发，必须顺应时代潮流，适应人们对饮食变化的追求，才能获得广阔的市场前景。

（三）顾及成本

酒店作为一个经济组织，必须讲究投入产出。创新菜点的研发，也必须遵循这个原则。创新菜点的研发，既要注意菜点的实际成本，又要注意顾客的感觉成本，尽量降低菜点的实际成本，如原料成本、工时耗费。同时，又要想办法增加顾客的感觉成本。因此，创新菜点的研发就必须注意时令性和地方性，即尽量就地取材，研发时令菜点。此外，要注意研发低成本、造型美、口味好的菜点，并努力做好下脚料的综合利用。

（四）创造特色

菜点创新，关键在于与众不同，富有个性，具有特色。所以，创新菜点的研发，必须注重标新立异，别出心裁，追求别具一格的新、奇、特，切忌墨守成规，简单模仿。

（五）循序渐进

"好戏不断"固然能吸引众多食客，但菜点研发并非举手可得，往往凝结了众多人员的智慧和汗水。因此，酒店在创新菜点的应用上，应循序渐进，持续创新，并做好创新菜点的保护工作。一般来说，可考虑采用"四用法"，即传统菜点反复用、特色菜点重点用、时令菜点及时用、创新菜点间隔用。

二、菜点研发思路

菜点研发实际上就是菜点创新，即采用新的原料、新的方法，创造新的菜点，或对传统菜点用新的思路和方法进行改良与完善，使创作后的菜点具有新的风格。菜点的创新，关键在于思路的开阔与变化，其基本思路主要有以下几个方面。

（一）古为今用，推陈出新

中国烹饪历史悠久，厨艺精湛，菜点众多，风味各异，个性分明。所以，菜点的创新应该努力挖掘和研发中国的传统菜点，古为今用，推陈出新。传统菜点的研发，大体有以下三种思路。

1. 历史菜的挖掘和研发

历史菜的挖掘和研发，即从历史的陈迹中寻找失传的历史菜，仿制和改良古代菜点。其途径主要有三条：第一，根据历史留存的食谱、食单、笔记、农书、食疗著作中的史料进行挖掘仿制，如西安的仿唐菜、杭州的仿宋菜等；第二，根据历史档案及其他一些史料，再加上厨师的记忆，加以挖掘整理，如孔府菜、仿膳菜、乾隆菜、苏州船宴等；第三，根据古典小说中描述的饮食内容，加以考证，然后进行制作，如红楼菜、西施宴等。

2. 乡土菜的挖掘和研发

乡土菜，就是指在一定的地域内利用本地所特有的物产，制作的具有鲜明乡土特点的民间菜。如按原料分类，有野菜系列、野味系列、鲜活系列、粗粮系列等。其特点是就地取材、传统烹制、原汁原味、鲜美异常，具有独特的乡土气息。

3. 家常菜的挖掘和研发

中国作为礼仪之邦，是一个热情好客的民族，节日甚多，人们往来频繁。所以，中国的家庭在待客过程中,创造了不少优秀的菜点,如霉菜系列、糟菜系列、酱菜系列、腌制系列、红烧系列、清蒸系列等。酒店稍加改造,即可形成富有家常口味的菜点。

(二)洋为中用,中西合璧

菜点的创新和研发,既要继承中国烹饪的传统优势,又要善于借鉴西洋制作之长,为我所用。中西合璧,即中菜西做,西菜中做,其思路主要有以下三种。

1. 西料中用

西料中用,即广泛使用引进和培植的西方烹饪原料,为中菜制作所用,如蜗牛、夏威夷果、荷兰豆、西兰花等。

2. 西味中调

西味中调,即广泛吸取西方常用调料来丰富中菜之味,如西餐的各式香料、调味酱、汁等。

3. 西法中效

西法中效,即借用西餐烹饪技法来制作中餐菜点,如铁扒炉制作法、酥皮制法、客前烹制法等。

(三)菜点交融,相得益彰

菜肴烹调与面点制作是中国烹饪的两大部分,菜点相互借鉴,使菜中有点,点中有菜,不但可拓展菜肴与点心的创作思路,而且可为菜点风格特点增添新的色彩。菜点交融,主要有以下三种思路。

(1)菜肴借鉴面点变化多样的制作手法,并使菜肴的外形具有面点的特征,以假乱真,以菜充点,即菜肴面点化,如蛋烧卖、豆腐饺、韭黄鱼面等就属此类。

(2)面点借鉴菜肴的烹饪方法、调味手段,改进传统面点的制作工艺,使面点具有菜肴的某些特征和功能,即面点菜肴化,如挂霜馒头、珍珠汤等。

(3)菜点合一,即把菜肴和面点通过不同的方式组合成一种新的菜点,其主要方式有:一是组合式,即在加工过程中,将菜点有机组合在一起,成为一盘既有菜之味,又有点之香的菜点。如馄饨鸭、酥盒虾仁等。二是跟带式,即菜肴上桌时随菜带上某一配套的面食品,如北京烤鸭、鲤鱼焙面等。三是混融式,就是将菜、点两者的原料或半成品在加工制作中相互掺和,合二为一,如紫朱鸡卷、珍珠丸子等。四是装配式,即将菜、点分别制成后,菜点双拼装盘,既有菜肴佐餐,又有点心陪衬,如菊花鱼酥、虾仁煎饺等。

(四)更材易质,改头换面

更材易质,改头换面,就是采用材料变异、调味及工艺移植等手法,使原来的食物发生变化而创出新菜。菜点制作中的更材易质,改头换面的方法众多,基本的方法有以下几种。

1. 以荤托素

以荤托素,即用植物性原料,烹制像荤菜一样的菜点,如用豆制品、面筋、香菇、木耳、时令蔬菜等干鲜品为原料,以植物油烹制而成的脆皮烧鸡、糖醋鲤鱼、鱼香肉丝、烩素海参等。

2. 酿、嵌制法

酿、嵌制法,即对原料进行改变,使其材质变换,原形保持,口感变化的方法。如盐水彩肚、蛋黄猪肝、八宝鸭、笋穿排骨等。

3. 移花接木

移花接木,即将某些菜系中较为成功的技法转移、应用到另一菜系菜点中以图创新的一种方法。如将几个菜系交融一炉的鱼香脆皮藕夹,它取江苏菜的藕类,用广东菜的脆皮糊,选四川菜的鱼香味作味碟,可谓是移花接木之佳作。

(五)独辟蹊径,出奇制胜

独辟蹊径,出奇制胜,就是改变思维定式,设法对已有原料、加工方法、烹调技术从新的角度去思考创新,或跳出传统框架,用新的原料,制造新的方法,推出新、奇、特的菜点。出奇制胜,关键是要打破常规,即要立足于改变规则,敢于标新立异,善于根据需要另立新规,如脆皮冰淇淋就属打破常规之作。此外,要学会借题发挥,举一反三,即通过由此及彼的联想,创造新品。在菜点制作中,可借之题甚多,既可从原料入手,利用丰富多变的原料来发挥,又可从味型着手,发挥联想,制成系列菜点,也可从技法着眼,进行相似、相关或对比联想,达到巧夺天工,出奇制胜的效果。

三、菜点研发管理

要使菜点研发的工作持续进行,并卓有成效,就必须加强创新菜点研发的管理。

(一)注重信息管理

全面、及时、准确的信息,是做好创新菜点研发工作的基础。菜点研发的信息管理,主要应注重以下三个基本环节。

(1)必须注意信息的收集工作,要充分发挥每个员工的作用,广开信息渠道,充分掌握各种信息。创新菜点研发的信息资料主要包括:有价值的历史资料,如名人菜谱、民间菜谱、历史传记等;餐饮消费的发展趋势;同行酒店、社会餐馆的菜点情况;国内外烹饪界的最新动态;酒店已推出菜点的销售情况;顾客对菜点的评价反映等。

(2)必须重视信息的分析整理和统计归类,去伪存真,去粗存精。

(3)必须注意信息的有效传递和利用,真正做到信息资源的共享和利用的最优化。

(二)加强组织领导

创新菜点的研发是酒店餐饮业务管理的重要组成部分,必须列入重要议事日程,加强组织管理。

1. 建立必要的研发组织

为了使菜点的创新研发落到实处,有条件的应建立创新菜研发的研究小组,做到定目标、定任务、定人员,并做到经费保证、时间保证、制度保证、措施保证。

2. 建立以顾客满意为目标的日常统计制度

酒店应经常统计哪些菜点的"点击频率"低?哪些菜点的"点击频率"高?桌面上哪些菜

点剩得多?哪位厨师的菜点投诉最多等,并将各项统计结果与个人奖惩直接挂钩。

3．建立厨师交流学习制度

酒店可采用"请进来、走出去与进修自学三者相结合"的方法,促进酒店之间、厨师之间的交流,实现取长补短,开阔视野的目的。

4．建立创新考核制度

有压力才有动力,酒店应要求厨师每季(月)出新菜、创新点,并作为厨师晋升、晋级的重要依据之一。

(三)建立激励机制

任何活动,只有全体员工的积极参与才能取得成功。创新菜点的研发,同样必须具有广泛的群众基础。所以,为了调动员工参与菜点研发的积极性,酒店应定期组织创新菜点的比赛,并建立创新菜点研发的奖励制度。在设计员工参与机制时,我们应学习借鉴美国心理学家弗鲁姆(Victor H. Vroom)的期望理论。弗鲁姆认为,一个人的积极性主要取决于两个基本要素:一是效价,就是人对目标价值的评价,表明目标满足人的需要的程度,即目标吸引力的大小;二是期望值,就是人们对自己的行为能否导致所要达到的目标的主观概率,即估计实现目标的可能性。这种需要与目标之间的关系用公式表示为:

知识关联

维克托·弗鲁姆,著名心理学家和行为科学家,期望理论的奠基人,国际管理学界较具影响力的科学家之一。弗鲁姆对管理思想发展的贡献主要有两个方面:一是深入研究组织中个人的激励和动机,率先提出了形态比较完备的期望理论模式;二是从分析领导者与下属分享决策权的角度出发,将决策方式或领导风格进行分类,设计出了决策方式的树状结构判断选择模型。

$$激励力 = 期望值 \times 效价$$

据此原理,酒店菜点创新活动的设计,必须注意处理好以下三个关系。

1．努力与成绩的关系

员工总是希望通过自己的努力达到预定的目标,如果自己认为通过努力有能力达到目标时,就会积极参与,并竭尽全力。所以,酒店菜点创新活动的目标设置要合理,要注意先进性与现实性的有机统一,并注意目标的层次性,让不同层次的员工都能通过参与活动有收获,实现自己的目标。

2．成绩与奖励的关系

一般情况下,员工总是期望能在达到预期的成绩后得到适当的奖励,以满足个人的需要。所以,酒店菜点创新活动的方案必须注意给员工及时、适度的奖励。这主要体现在两个方面:一是激励的时机,要注意事前、事中和事后三个阶段的不同方式的激励;二是激励的力度,奖励程度的大小要与员工做出的贡献相匹配。

3．奖励与满足需要的关系

员工总是希望通过奖励来满足个人的需要。所以,饭店的奖励必须建立在员工需要的基础上,具有针对性。当然,由于员工之间存在不同的差异,饭店的奖励应该采取多种方式,以满足员工的不同需要。

本章小结

（1）厨房是酒店餐饮有形产品——菜点的生产部门，厨房管理水平的高低，不仅直接关系到能否吸引顾客前来用餐，而且直接关系到餐饮毛利率的高低，对酒店餐饮的市场竞争力与经营收益关系甚重。

（2）要保证厨房正常营运，就必须明确界定厨房各业务部门的职能，制定科学的作业规范，并运用定置管理方法，创造良好的厨房环境。

（3）保证菜点质量是厨房管理的重中之重，为此必须明确菜点质量的评价要素，分析影响菜点质量的主客观因素，把握菜点质量管理的关键环节。

（4）顾客的需求是不断变化的，所以菜点创新研发至关重要。菜点创新研发，首先必须确立菜点创新研发的基本原则；其次必须掌握菜点创新研发的基本思路与方法；最后必须强化菜点创新研发的管理工作。

核心关键词

厨房工作环境	kitchen working environment
菜点质量评价	assessment of dishes quality
菜点研发	dishes research and development

思考与练习

1. 酒店厨房有效运行应做好哪些基础工作？
2. 酒店厨房环境实施定置管理有哪些作用？
3. 分析学校食堂的特点，你们学校餐厅的菜点质量在哪些方面需要提高？
4. 如何做好酒店菜点烹制过程的质量控制？
5. 酒店菜点创新研发应遵循哪些基本原则？
6. 酒店菜点的创新研发有哪些基本思路？
7. 怎样激发酒店员工菜点创新研发的积极性？

案例分析

今天,在酒店早会上,总经理通报了事关餐饮部的两件事情,请餐饮部展开一些讨论,并提出对于这两件事的认识与管理措施。

事件一:昨天,一位饭店管理专家应邀到酒店用餐,席间他发现"虾爆鳝"这道菜点与他以前所食大相径庭,对此他提出了意见。陪同他用餐的总经理叫厨师长出来说明,厨师长的理由是以前用的是野生黄鳝,而现在用的是养殖黄鳝,所以口味就不一样。同时,厨师长埋怨现在的原料越来越差,厨师越来越不好做。

事件二:三天前,总经理拜访了一位酒店的重要顾客。这位顾客谈到了一个现象,顾客在另外一家与海蓝大酒店同档次的酒店宴请客户,总的消费金额与海蓝大酒店差不多,但是顾客总觉得那家酒店要比海蓝大酒店便宜,而从餐饮毛利率来看,两家酒店也差不多。

问题讨论:
(1) 你对厨师长的解释是否同意?为什么?
(2) 你觉得顾客感觉海蓝大酒店用餐价格高的原因可能有哪些?
(3) 针对这两件事情,假如你是餐饮部经理,你会提出怎样的方案?

第五章

酒店餐饮产品管理实务

学习导引

智者说，没有疲软的市场，只有疲软的产品。酒店餐饮要想有市场，关键还是要靠产品说话。餐饮产品既是酒店进入餐饮市场的前提条件，也是酒店存活于餐饮市场的关键要素。酒店餐饮产品依据不同功能，大体可以分为主要满足顾客日常饮食需求的常规餐饮产品、主要满足顾客特定需求的宴会产品与主要满足顾客休闲社交需求的酒吧产品。那么，这些酒店餐饮产品究竟有何特点？其管理的基本环节与要求又有哪些？这是本章将要展示的主要内容。

学习重点

通过本章学习，你应该重点掌握：
1. 餐饮自助早餐、零点餐饮、团体餐饮产品设计与管理要点；
2. 酒店宴会业务预订、产品设计与控制的要点；
3. 酒店餐饮酒吧环境布局、酒水服务、酒水标准等管理要点。

第一节 酒店餐饮基本产品管理

基本产品是酒店满足顾客日常饮食需要，创造餐饮经营收入的餐饮产品，主要包括自助早餐、零点餐饮和团体餐饮产品。

一、自助早餐产品

早餐，对于顾客来说是一种最基本的需求，其品质高低是顾客评价酒店服务品质的重要因素之一。因而，提高早餐品质也是各家酒店争夺顾客的重要手段。目前，酒店基本上采用自助餐的方式提供早餐。自助餐是起源于西餐的一种就餐方式，其基本特征是厨师将烹制好的冷、热菜点及点心陈列在餐台上,由顾客自己随意取食,自我服务。自助早餐产品管理,关键必须抓好以下三个基本环节。

（一）就餐环境控制

就餐环境,就是在餐厅布局的基础上,通过灯光、色彩、背景音乐、摆台设计、桌面工艺品装饰等因素表现出来的一种超出环境的语言和情调。良好的就餐环境,能使顾客就餐时沉浸在一定的意境中,从而产生良好的情绪。

1. 总体布局合理

餐厅的总体布局是通过交通空间(早餐厅在酒店的位置)、使用空间(客用区域)、工作空间(操作区域)等要素的完美组织所共同创造的一个整体。餐厅布局是顾客对餐厅的第一印象,会直接影响顾客接下来的用餐感受。作为一个整体,餐厅的空间布局必须在以下几个方面加以科学规划与精心设计。

1) 餐厅位置

餐厅位置安排,既要方便顾客用餐,又要考虑周边环境,尤其是度假酒店,外围的自然环境更为重要,还要考虑与厨房等设施的合理连接。

2) 餐厅空间

主要体现在餐厅的面积与高度。自助早餐餐厅主要是为住店顾客提供服务的基本餐饮设施,餐厅面积必须根据酒店的类型、客房数量及顾客用餐规律加以安排,必须保证拥有足够的餐位及空间,避免出现用餐空间过于局促拥挤和顾客用餐需要等候的现象,尤其是商务酒店。同时,餐厅的空间高度也应适中,原则上应高于一般的零点餐厅,避免给顾客压抑的感觉。

3) 餐厅布局

应遵循服从功能、方便顾客、利于服务的原则,合理分割不同区域,比如接待区、餐台区、明档区、餐位区等,既要注意功能要求,又要注意艺术效果,做到主次分明,流线顺畅,围透结合,错落有致。

2. 氛围典雅和谐

自助早餐餐厅应创造一种亲切、清新、典雅的氛围,使顾客能有神清气爽、心情愉悦的感觉。为此,须特别注意以下四个方面。

1) 陈设

主要包括装饰物、观赏品和绿化等物品的选择与摆放。要求突出主题性、艺术性和协调性,能起到画龙点睛的作用。

2) 光线

餐厅光线无疑是调节餐厅气氛的一个关键性因素。自助早餐餐厅光线设计必须依据餐厅的主题、风格、建筑结构等因素加以确定。其主要须考虑以下四个基本问题:一是光源的选择,即采用人工光源或自然光源,还是人工与自然光源混合搭配;二是光线的强弱;三是光源的类型和灯饰,如白灯、荧光灯,可用聚光灯照射台面,但切忌用彩色灯光,以免使菜点变色,影响顾客食欲;四是灯具的选择。

3）香氛

自助早餐餐厅特有香氛的营造也是构成餐厅氛围的一个方面。餐厅香氛的选择，原则上应是早餐某种食品的独特气味，如让某种咖啡或者面包的香味成为自助早餐餐厅特有的香氛。

知识活页　　气味营销——勾引你的鼻子

气味营销是指以特定气味吸引消费者关注、记忆、认同以及最终形成消费的一种营销方式，是对消费者味觉、嗅觉的刺激，有别于传统视觉刺激。古语有云："雨后作画知墨润，花前得句觉诗香。"美好的气味可以让人产生神清气爽的感觉，从而对品牌有特定的认知和良好的印象。气味营销是一种创新的营销手段，是营销差异化的范本。

英国牛津大学的研究显示，人会把气味与特定的经验或物品联想在一起，该校心理学家让参与者分别吸入新的并能辨得出来的气味，同时扫描参与者的脑部，记录不同气味引发的脑部反应。研究表明，人的大脑中负责处理嗅觉的神经与主管情绪控制的中枢神经紧密相连，因此，气味会强烈影响人的情绪。而且，嗅觉记忆比视觉记忆要可靠得多。美国研究机构的研究结果表明，人们回想1年前的气味准确度为65%，然而回忆3个月前看过的照片，准确度仅为50%。气味牵动着人的情绪与记忆，气味有如一只温柔的手，触动消费者心底的一根琴弦，让消费者身临其境，感受大自然的清新、诱人的美食、安宁放松的舒缓，自然便对购买行为产生了影响。

（资料来源：李光斗.情感营销：社交媒体时代的营销生态[M].北京：电子工业出版社，2015.）

4）音乐

音乐是一种特殊的语言，它不仅是一种艺术享受，更重要的是可以影响情绪。人们通过音乐陶冶情操，从音乐中获取力量。比如，庄严的旋律赋予了人们丰富的想象，悠扬的曲调能够让人愉快地休息，舒缓悦耳的曲子能够驱散疲劳。所以，音乐应该也是营造餐厅氛围的一个重要因素。在餐厅播放音乐，一方面能减弱噪音，另一方面能影响顾客的用餐情绪和服务人员的工作情绪。餐厅必须根据餐厅的主题、格调与目标顾客等因素，精心选择和安排音乐的内容、播放音乐的时间、音乐音量的大小等。

3. 餐台设置合理

餐台是自助餐陈列食品的地方，又叫食品陈列台，是营造餐厅氛围、服务顾客的重要服务设施。它不仅反映了餐厅的经营理念、格调、档次、情趣，而且还体现了餐厅的文化特色。自助餐台设置须达到以下要求。

1）独特鲜明

餐台设计要突出餐厅的文化内涵，并围绕主题进行布置。布局要有层次感，错落有致；

装饰要有精致感,独特典雅;食品摆放要有立体感,凸显品位。

2)扬长补短

餐厅大小和形状固定,难以改变。布置餐台时应尽量掩盖餐厅形状的缺陷,突出优点。如狭长形餐厅,可将餐台设置在中间,将餐厅分隔为两个方形小餐厅;不规则形餐厅,可在不规则处设立小型餐台,如色拉台、甜品台、水果台等,或设置一些装饰台,这样既可以分流顾客,也可以美化餐厅环境。另外,餐台大小还要考虑顾客人数及菜点品种。当然,餐台设置也可定期调整和变动,不能一成不变,避免常客感得单调乏味,缺乏新鲜感。

3)方便顾客

一是餐台位置要显眼,使顾客一进餐厅就能看见;二是食物摆放要有序,能够让顾客很容易找到自己需要的食物;三是要根据顾客取菜的人流方向安排空间的使用,避免浪费空间或拥挤堵塞。

(二)出品质量控制

对于早餐出品,顾客最先关注的是卫生情况、食物种类、出品样式,最终吸引顾客伸手去拿的是顾客自身习惯的早餐食品(饮食习惯)。早餐出品质量的控制,关键有以下三个方面。

1. 早餐品种

酒店自助早餐品种数量并不是越多越好,而应该适中,关键在于根据酒店住店顾客的结构,合理安排菜点品种。一般来说,早餐品种应有以下几类。

1)常规品种

常规品种,即根据酒店档次与中西自助早餐的惯例配置的品种,或者称为最低标准配置。

2)特色品种

特色品种,即时令、地方、酒店的特色早餐品种。比如地处北京的酒店,就应有北京地方特色的早餐品种。当然,不同的酒店、不同的季节最好应有一部分不同的早餐品种。

3)针对性品种

针对性品种,即根据住店顾客类型而特别安排的早餐品种,例如,为韩国顾客提供泡菜,为日本顾客提供寿司、酱汤等。

2. 安全卫生

随着生活水平的提高,各种"富贵病"成了现代人的隐患,如何在早餐品种上注入绿色要素,倡导健康养生就显得更加重要。在常规品种方面,应充分考虑提供健康、营养、顾客喜欢的品种,如低糖、低盐的食品,绿色食品,五谷杂粮,素食等。

3. 菜点质量

早餐品种的多少固然重要,但好吃更为重要。前文所述的菜点质量八大要素,原则上早餐菜点中同样应该具备,对于自助餐来说,一方面要特别注重现场明档区的菜点制作,另一方面要特别注意须配置有效的菜点保温设备,以保证各类菜点、点心、饮料的温度。

(三)服务水平控制

自助早餐服务水平,主要体现在服务项目、服务态度、服务方式、服务效率、服务技巧等方面,主要应把握以下四个基本环节。

1. 迎领服务

这是顾客的第一印象,必须特别注重以下三个方面:一是要合理选择顾客使用早餐的确认方式,应体现尊重、方便的原则,比如采用报房号码或刷房卡等;二是要合理选择欢迎与领位的方式;三是视需要为顾客提供便利性项目,如寄存行李、通知结账服务。

2. 餐台服务

餐台是顾客获取食物,满足感观需求的重要载体。餐台服务要注意几点:一要主动为顾客递送餐盘等餐具,并热情地为顾客介绍菜点;二要注意整理菜点,使之保持丰盛、整洁、美观,必要时帮助顾客取用菜点;三要注意及时更换或清洁服务叉、匙和点心夹,并随时补充餐盘等餐具;四要根据用餐情况把握菜点供应量,既要避免供应不足,又要避免过量提供菜点。

3. 餐桌服务

餐桌服务是顾客用餐是否舒适、舒心的重要环节,必须做到热情、主动、细心、及时,应做到以下基本点:一要及时为顾客拉椅让座,并及时为顾客提供咖啡、茶水等服务;二要及时撤走顾客用过的餐具,及时补充餐巾纸、调料等;三要根据顾客需要,及时为顾客取送煎煮食品或其他菜点;四要注意观察,随时保持餐厅清洁卫生,并随时准备为顾客提供服务;五是顾客用餐结束后,要主动向顾客告别,并迅速清理台面,重新摆台,既保持餐厅的整齐清洁,又便于后来的顾客用餐。

4. 独特服务

顾客在酒店享用早餐,已不再是单纯地满足生理的需求,而还具有满足心理需求的特征。所以,酒店必须为顾客营造独特的早餐体验性服务。独特的早餐服务,一是可以考虑体现在服务方式上,比如厨师及服务人员的服装如何能做到令人赏心悦目,甚至秀色可餐,以增强顾客用早餐时的愉悦感受,比如打造煎蛋王子/煎蛋公主的形象,将创新出菜与服务人员形象相结合。二是可以考虑体现在特色的语言沟通方式、早上问候语的设计方面,使顾客有独特的情感享受。三是可以考虑体现在服务项目的设置上,比如在度假型酒店餐厅开辟儿童就餐区域,满足儿童就餐需求,解决携带孩子的父母的就餐困扰,或者在餐厅初期设计时就可以考虑将儿童取餐区作为专项设计,包括餐台的高度、特色的儿童餐具以及取餐的用具、装饰等。

二、零点餐饮产品

在酒店餐饮经营中,对散客的餐饮服务称为零点服务,零点服务强调顾客个性化需求及个性化服务。零点餐饮产品存在地区差异,不同星级标准、不同城市规模的酒店,可以根据具体情况,设置不同规格的零点餐厅。在零点餐饮产品的经营过程中,要注意以下三个关键环节。

(一)把握顾客心理

餐厅服务要想使顾客满意,前提是必须读懂顾客的心。对于来酒店用餐的顾客,大都具有以下特征。

1. 优越感

顾客是给我们带来财富的"衣食父母"。所以,许多顾客在与酒店员工的交往中,往往表现为居高临下,习惯于使唤别人。酒店员工必须把顾客当作领导一样尊重,乐于被顾客"使唤"。要始终记住这样一个信条,再忙也不能怠慢顾客,忽视顾客等于忽视自己的收入,忽视企业的利润。

2. 情绪化

顾客在工作单位其行为举止受各种职业规范的制约,而来酒店用餐时,则是"自由人"。所以,会显得特别放松而比较情绪化,当然,人性的某些弱点也相对会暴露无遗。酒店员工必须懂得宽容和设身处地为顾客着想,提供人性化的服务。

3. 求享受

无论顾客出于何种原因来餐厅用餐,都有一个共同的要求,即享受。所以,餐饮服务必须注重细节,追求完美,为顾客提供舒适的环境和舒心的服务。

4. 爱面子

人人都喜欢听好话、赞美的话,这是人类的天性,因而绝大多数的顾客都要表现自己,显得自己很高明,从而赢得赞美。在餐饮服务中,酒店员工必须给他们提供充分表现自己的机会。比如,当顾客不看菜单而迅速点出某一道菜时,你应当对他投以赞美的目光,或者说上一句"的确,这道菜的味道不错,您确实很有眼光"。当顾客对某些菜点做出点评时,你应该表示出惊羡、恭敬,做出相应的反应,不要忘记称他是一位美食家。一般来说,顾客大多反对别人搞特殊化,而都喜欢自己被特别关照。所以,在餐饮服务中,我们必须对顾客像对待自己的朋友一样关注,为每位顾客献上一份特别的爱。

(二) 注重服务规范

作为零点餐饮服务,服务规范性直接关系顾客的感觉。以中餐零点产品为例,关键在于把握以下五个基本环节。

1. 迎宾服务

迎宾服务是中餐零点服务的首要环节,是顾客对该酒店餐饮服务的第一印象。

1) 热情迎宾

开餐前迎宾员备好菜单,面带微笑地站在规定位置上迎候顾客,见到顾客到来,要主动迎上前问候,并用礼貌欢迎用语。对于常客,迎宾员要记住顾客的姓名、就餐的喜好,使顾客有宾至如归的感觉。

2) 合理引座

如顾客已预订,迎宾员应热情地引领顾客入座;如顾客没有预订,迎宾员则要礼貌地将顾客安排到满意的餐台。顾客餐位的安排,总的来说应尊重顾客的意愿,并注意以下基本准则:一是按照一批顾客的人数安排合适的餐桌,一张餐桌只安排同一批的顾客就座;二是要将顾客均衡地分配到不同的服务区域,以保证各看台服务员有效地为顾客提供服务;三是吵吵嚷嚷的大批顾客应当安排在餐厅的包厢或餐厅靠里面的地方,以免打扰其他顾客;四是在为老年人或残疾人安排座位时,尽可能安排在靠餐厅门口的地方,可避免多走动;五是针对年轻的情侣,可以安排在安静及景色优美的地方;六是服饰漂亮的顾客可以渲染餐厅的气氛,可以将其安排在餐厅中引人注目的地方。遇到餐厅满员无座位时,应礼貌地告诉顾客餐厅已满,询问顾客是否可以等待,并告知大约等待时间;安排顾客在休息处等待,为顾客提供

茶水;与餐厅及时沟通,了解餐位情况,以最快速度为顾客准备好餐台;为顾客送上菜单,可提前为顾客点菜。之后程序同餐厅有座位时相同。

3) 引宾入座

当迎宾员把顾客带到餐台边时,应主动为顾客拉椅让座,注意女士优先。站在椅背的正后方,双手握住椅背的两侧,后退半步的同时,将椅子拉后半步,用右手做请的手势,示意顾客入座。在顾客即将坐下时,双手扶住椅背的两侧,用右腿顶住椅背,手脚配合将椅子轻轻往前送,让顾客入座。

4) 送上菜单

迎宾员在见到顾客时,应根据顾客人数拿好相应数量的菜单,站在顾客的右后侧,按先宾后主、女士优先的原则,依次将菜单送至顾客手中。

5) 复位记录

协助服务员完成上述服务后,迎宾员回到迎宾岗位,将顾客人数、到达时间、台号等迅速记录在迎宾记录本上。

2. 点菜服务

点菜服务是餐饮服务的重要环节,它既直接关系到顾客的满意程度,也直接关系到餐饮经营效益。目前,酒店的点菜服务有两种形式,一是专门设立点菜服务员负责点菜,二是由看台服务员负责点菜。但是不论何种方式,均须注意以下四个方面。

1) 细心观察

点菜前要通过听、看、问等方式了解顾客的身份、宴请的类型、顾客的口味以及消费水平。根据顾客的具体情况,提供个性化的点菜服务,也就是在推荐菜式、菜品数量、价格时,既能达到酒店效益的要求,又能使顾客感受到服务人员是从顾客的角度出发,从而使顾客接受服务人员的推荐。点菜时,服务员常站在顾客的右边,姿势要端正,保持微笑,身体稍向前倾,认真听,认真记。

2) 适时推销

熟悉菜单,掌握推销菜品的多种做法和不同口味。牢记菜牌价和时价,宣传特价菜和特色菜,从原配料选择、口味特色、制作工艺等方面适时推销。在推销时,灵活机动以赢得顾客的认同。

3) 合理安排

顾客自己点菜时,要耐心热情地帮助顾客合理设计菜点的适当搭配,照顾不同年龄顾客的口味,就菜品数量不足或超量,价位是否适宜提出合理的建议。对常客,要及时介绍新菜,并介绍不同的菜品及口味。对同一原料的菜点向熟客介绍不同的做法,使熟客每次都有不同的新鲜感,从而使顾客满意。当顾客点了相同类型的菜或汤,应主动提示顾客另点其他的菜品。如顾客表示要赶时间,应尽量建议顾客点些能制作快和服务快的菜点,不要点通过蒸、炸及酿等方法制作的菜点,对于制作时间长的菜品及时提示顾客。

4) 注重细节

在填写点菜单时,必须注意以下细节:第一,填写点菜单时要书写清楚、符合规格,点菜单上要注明用餐时期、开单时间、台号、人数、分量、值台员签名等;第二,填写点菜单时,酒水、冷菜、热菜和点心要分开填写;第三,如果顾客所点的菜式是菜单上没有的,应在点菜单上注明符号以便收款、制作和定价,同时,要询问顾客是否有忌口或者其他特殊要求,如穆斯林顾客或素食顾客,要在点菜单上注明;第四,顾客对某个菜点有任何要求都应写在菜单上,如顾客分开两桌点同样的菜,应在订菜单上注明"双上",如果顾客不点任何酒食饮料,服务员一般应在点菜单上注明,便于厨房合理出菜;第五,填写点菜单要迅速、准确,点菜结束时应及时复述菜单,检查菜单是否有遗漏或者错误,得到顾客的确认,填好后要迅速交给传菜员,通知厨房,尽量缩短顾客的等候时间。

3. 餐前服务

在顾客入座后、尚未用餐时,服务员主要应做好以下服务。

1) 问茶铺巾

在迎宾员为顾客递送菜单后,看台服务员应征询顾客喝什么茶,并主动介绍餐厅的茶叶品种。在问茶的同时为顾客打开餐巾,除去筷子套。

2) 斟倒茶水

斟茶一般应从主宾位或长者、女士顺时针进行。斟茶时要小心,避免茶水滴落在顾客的身上或洒落在餐台上。

3) 增减餐位

视顾客就餐人数,将餐台进行撤位和加位。一般来说,如果增加餐位,应该在顾客入座后立即实施。增减餐具时均应使用托盘,并将餐具摆在托盘上,在不违反操作规定的前提下尽可能几件餐具一起收、摆,以减少操作次数。

4) 斟倒调料

为顾客斟倒调料时,应以白色工作巾垫在调料壶底部,调料不宜斟倒太满,以味碟的1/3为宜。

4. 席间服务

席间服务讲究察言观色、注重细节、用心服务,具体应做好以下服务。

1) 酒水服务

按顾客所点的酒水单到吧台取酒水,应该注意:一要检查酒水瓶子是否干净,不干净的要用干净的布巾抹干净,根据不同类型的酒水摆上相应的酒杯和饮料杯;二要根据酒水特点与顾客要求,处理与控制酒水温度;三要注意酒水的操作规范。

2) 上菜服务

一是注意上菜操作规范。如当顾客点了汤和羹类的菜,应按照顾客数摆上汤碗和羹匙,有配料或洗手盅的,应先上配料或洗手盅,后上菜。二是注意整理台面。如餐台上的菜点占满了餐台的位置,应征求顾客意见将台面上数量最少的菜点合并到另一个餐碟上,并将空盘撤走,或把台面上数量最少的菜点换成一个小盆,然后再上菜,切忌将新的菜点压在其他菜点上。三是检查出菜情况。注意顾客台面上的菜是否已经上齐,若顾客等了较长的时间还没上菜,要及时查单看点菜单,检查是否有错漏,并立即作好追菜等工作。接到顾客所点的菜点已售完的通知时,要立即通知顾客并介绍另外的菜点,然后在菜单上划掉该菜。同时,上最后一道菜点时要主动告诉顾客。

3) 台面服务

台面服务是巡视每桌顾客的台面,及时发现顾客需要的服务并立即完成。如随时为顾

客添加酒水、饮料,随时撤去空盘和空酒瓶,并及时整理餐台,及时为顾客调换骨盘等。

5. 结账送别

1) 结账服务

当顾客提出要结账时,及时呈上账单。若顾客签单时,应核对顾客的姓名、房号。如果顾客用现金或信用卡结账,服务员应协助顾客。当服务员取回零钱及账单时应当点清后再交给顾客,并向顾客道谢。

2) 送别服务

当顾客离席时应主动拉椅送客,提醒顾客不要忘记所带的物品,并和顾客道别。

3) 结束工作

顾客离开餐厅后立刻检查是否有遗留物品,如有发现,立即交给顾客。如顾客已经离开,交餐厅领班处理。然后拉齐餐椅,撤掉所有用过的餐具。铺上干净台布、摆台、摆上花瓶或花篮,迎接下一批顾客。

(三) 讲究服务艺术

服务艺术是源于服务实践并带有典型性、创造性的一种服务接待方法。它是在服务员良好素质和丰富实践经验基础上形成的各种精湛服务技能、娴熟服务技巧的综合体现,它的核心是一个"美"字,从服务的各项环节上体现美感,斟酒、派菜、递送相关物品,都能成为一种表演,形成一种仪式感。按照服务艺术的要求,需要注意以下三个关键环节。

1. 注重顾客类型

讲究服务艺术,首先要因人而异,根据餐饮顾客的不同类型,有针对性地满足不同顾客的需求。

1) 老马识途型

他们一般具有丰富的餐饮消费经验,因此,在服务过程中应主动顺其意思提供恰当的优质服务。

2) 开放外向型

他们一般属于胆汁质或黏液质,思维活跃、性格外向,喜欢和服务人员进行交谈沟通。因此,在服务过程中应做到有问有答,主动问候。

3) 优柔寡断型

他们或是因为性格上的原因,或是因为缺乏类似的餐饮消费经验,在消费过程中往往犹豫不决,谨小慎微。因此,在服务过程中应引导其正确选择,并鼓励其接受恰当的建议和意见。

4) 感觉良好型

他们一般善于表现自己,注重面子,感觉良好。因此,在服务过程中可通过针对性服务满足其虚荣心理。

5) 喜欢挑剔型

他们在消费过程中往往十分挑剔,因此,在服务过程中应坚持有理、有利、有节原则,满足其正当需求,拒绝其无理需求。

此外,不同年龄、不同性别、不同职业、不同地域、不同民族的顾客,在餐饮消费上均会呈现较大的差异性,需要服务人员在日常工作中提供因人而异的各项服务。

2. 注重服务的时机

餐厅服务环境复杂多变,需要服务人员把握时机,为顾客提供恰到好处的服务,主要应把握以下几个关键环节。

1) 点菜时机

由于顾客的多样性,餐饮服务员必须察言观色,根据不同顾客的情况,适时提供点菜服务,既不能让顾客有被催促的感觉,也不能让顾客有被怠慢的感觉。

2) 上菜时机

通常第一道菜应在顾客点菜后15分钟内上桌,并应适时与顾客保持必要的沟通,以便顾客了解出菜情况。如果顾客有急事,应当立刻与厨房联络,使菜点尽快上桌。

3) 席间服务时机

要根据顾客用餐情况,及时为顾客提供必要的餐桌服务。在此,要特别注意因人而异,因事而动,把握时机,恰到好处。既要注意按照服务标准与顾客需要及时提供服务,又要注意不影响顾客交流,不打扰顾客用餐。

4) 结账时机

首先,服务员应及时清点顾客所点的菜点和饮料,提前做好结账准备工作。其次,服务员应察言观色,根据顾客的用餐情况,及时通知收款员准备结账。最后,服务员应核对及确认订单、台号、人数、所点菜点的品种、数量与账单,将账单放入收银夹内。

3. 注重服务情感

人是追求情感满足的高级动物,餐饮服务能否得到顾客的高度认可,在很大程度上取决于情感的满足。尤其在移动互联网时代,网民的眼里只有情感。[①]

1) 给顾客一份亲情

情感是中华民族服务之魂,古往今来,一杯大碗茶,一碗阳春面中,总能注入店家对顾客在漫漫孤旅中的一份亲情与关爱。于细微处见精神,于善小处见人情,酒店必须做到用心服务,细心观察顾客的举动,耐心倾听顾客的要求,真心提供真诚的服务,注意服务过程中的情感交流,并创造轻松自然的氛围,使顾客感到服务人员的每一个微笑,每一次问候,每一次服务都是发自肺腑的,真正体现一种独特的关注。

2) 给顾客一份理解

由于顾客的特殊心态和酒店的特定环境,顾客往往会有一些自以为是、唯我独尊等行为和犯一些大惊小怪、无理指责等错误。对此,酒店应该给予充分理解与包容。

3) 给顾客一份自豪

"给足面子,挣足票子"可谓是酒店的生财之道。只有让顾客感到有面子,他才会听从你的"调迁";只有让顾客感到愉悦,他才会常到酒店消费。所以,作为酒店的员工,必须懂得欣赏顾客的"表演",让顾客找到自我的感觉和当"领导"的快乐。

---

① 邹益民.饭店优质服务的新思维(一)[N].中国旅游报,2003-10-29.

4）给顾客一份惊喜

要打动消费者的心，仅有满意是不够的，还必须让消费者惊喜。只有当顾客有惊喜之感时，顾客才能真正动心。因此，餐厅的优质服务应超越顾客的期望，即餐厅提供的服务是出乎顾客意料或从未体验过的。根据美国心理学家赫茨伯格的双因素理论，激励因素能激发人的积极性。超常性服务就是一种激励因素，它能激发顾客的亲情感和自豪感，能使顾客感觉到倍受尊重和关照，从而愿意成为餐厅的忠诚顾客。要超越顾客的期望，关键是餐厅的服务必须做到个性化和超常化，并努力做好延伸服务。个性化即做到针对性和灵活性。顾客是千差万别的，针对性，就是要根据不同顾客的需求和特点，提供具有个性化的服务。

知识关联

现代营销理论告诉我们，满意是指顾客对酒店产品实际感知的结果与其期望值相当时，形成的愉悦的感觉。惊喜则是当顾客对产品实际感知的结果大于其期望值时，形成的意料之外的愉悦感觉。

三、团体餐饮产品

团体餐饮，在日本叫团膳，在美国叫配餐，是向企事业单位、活动赛事等提供团体餐。酒店的团体餐饮产品主要面向旅游团队和会议团队。现以会议团队为例，分析说明其基本要求。

（一）注重针对性

针对性，即要根据会议团队的特点，提供相应的餐饮服务。

（1）会议团队餐饮的形式复杂多样，根据参会人员的喜好，可以分为西餐、中餐、自助餐、宴会等。会议团体餐饮等级规格的高低是由举办者的活动目的、活动事由、主要参加对象的重要程度、准备达到的活动影响、出席活动的主要人物身份地位、举办者的用餐标准等多重因素决定的。因此，团体餐饮服务设计时必须遵循满足目标顾客的需求原则，确保能根据目标顾客需求层次和等级规格，提供质价相符的优质服务。

（2）会议团队用餐，不同时段用餐的方式、时间、人数不尽相同，酒店必须随时与会务组人员保持紧密沟通，以提供恰到好处的服务。

（3）会议团队用餐时间与人员均高度集中，必须提前就用餐场地、人员、菜肴、出菜、服务等各个环节做好策划安排，并加强现场指挥，以保证参会顾客在最短的时间内完成用餐，同时又要考虑不影响其他顾客的用餐。比如会议团队安排自助餐，就要根据该特点来针对性地设计安排取餐台、菜单设计、出菜时机、餐位设置等问题，避免顾客长时间排队等候或菜点断档等情况。

（4）会议团队用餐有时会出现场地的交叉，即开会的场地也是用餐的场地，酒店必须提前与会务组人员进行沟通，合理安排会议与用餐时间，并积极做好各种准备工作，保证在最短的时间内完成翻台，并使顾客能在规定时间用餐。

（5）会议团队餐饮，由于参会人员身份差异、工作分工差异、地域差异等原因，经常会有一些特殊要求，酒店必须提前了解掌握各种不同需求，及时准确地提供个性化服务。

(二) 注重系统性

系统性,即把会议团队餐饮视为一个系统,以系统整体目标的优化为准绳,协调系统中各分系统的相互关系,使系统完整、平衡。会议团队餐饮的系统性要求,须特别注意以下几个要点。

1. 全方位

会议作为一个产品,其构成要素多样,与餐饮部门相关或者是由餐饮部门提供的,主要有会场服务、茶歇服务、用餐服务三大部分。为了给会议顾客有一个完美的感觉,酒店必须对会议产品进行整体设计,使之体现层次性与一致性。

2. 全覆盖

会议产品的每个组成部分均有不同的环节,诸如场景布置、台型安排、台面布置、菜点设计、服务规范、灯光布置、音响设置、乐曲播放等,酒店必须统筹考虑,精心设计,合理安排,使之环环扣紧,步步到位。

知识关联

茶歇,是指为会间休息与气氛调节而设置的小型简易茶话会,提供的饮料、点心、水果的品种、数量、档次根据茶歇标准高低及参会人数而定。

3. 全过程

会议时间有长有短,对于2天以上的会议,就意味着顾客是一种重复消费者。所以,酒店必须注重全过程管理,对会议顾客的餐饮产品进行系统设计。首先,要注意不同阶段会议顾客的不同要求,提供不同的服务;其次,要根据一天三餐的不同需求,设计不同的菜单、服务方式与服务程序;最后,要根据会议顾客重复用餐的情况,设计不同菜单,避免重复性菜品,导致会议团队顾客的审美疲劳。

(三) 注重特色性

团队餐饮服务特色是能否给顾客留下深刻印象的一个关键要素,必须给予高度重视。

1. 特色本质

特色实质上在于差异性与创造性。所以,酒店会议餐饮特色打造,一是必须遵循顾客价值导向,注重知己知彼,追求人无我有,人有我高,人高我精,绝不能闭门造车,孤芳自赏;二是必须确立一切皆有可能的理念,撑开思维的翅膀,富于幻想,打破常规,别出心裁,追求与众不同。

2. 特色层次

对于一家酒店而言,其会议餐饮的特色可在以下三个层面加以思考:一是中国特色,中国历史源远流长,中国文化博大精深,中国餐饮特色鲜明,所以如何挖掘、凸显中国特色,毫无疑问是酒店创造特色的一个基本思路,尤其是面对国外顾客时,更应如此;二是地方特色,中国地大物博、民族众多,风土人情各异,地方菜系风格独特,所以,如何展示本地特色,当然也就成为创造特色的主要思路;三是酒店特色,这需要从酒店类型、酒店风格、酒店服务管理模式出发,创造与其他酒店不同的会议餐饮产品。

3. 特色范围

会议餐饮特色打造的范围涉及面很广,既可从人的角度去思考,如高级宴会服务师、会议服务经理等,也可以从物的角度去思考,比如吉祥物、纪念品、特色菜点、特色景观小品等,还可以从特色场景去考虑,比如服务秀、厨艺秀等。

第二节　酒店宴会产品管理

宴会产品管理，主要是指宴会业务的设计与组织。宴会业务水平在一定程度上代表了一个酒店餐饮服务和烹饪技术的水平，宴会也是决定酒店餐饮效益的重要业务。

一、宴会预订

宴会预订既是顾客对酒店提出的要求，也是酒店对顾客的承诺，两者通过交流沟通，达成协议，形成合同，规范彼此的行为。宴会预订是宴会组织管理的第一步，其工作的好坏直接关系宴会的效果。

（一）宴会类型认知

要准确做好宴会预订，首先必须了解宴会的类型，以便精准定位，有的放矢。根据不同的划分方法，宴会可以分为不同的种类。

1. 按宴会形式划分

按宴会的形式来划分，主要可分为中餐宴会、西餐宴会、冷餐酒会。

1）中餐宴会

中餐宴会是使用筷子等中国餐具、食用中国菜点、采用中国式服务的聚餐形式。中餐宴会的环境布置、台面设计、菜点酒水及服务，一般要求反映中国的传统文化和中国的民族特色。

2）西餐宴会

西餐宴会是一种使用刀叉等西式餐具、采用西式摆台、品尝西式菜点、提供西式服务的宴会。西餐宴会根据菜式和服务方式的不同，可分为法式宴会、俄式宴会、美式宴会等，西餐宴会主要体现西洋文化。

3）冷餐酒会

冷餐酒会与中西餐宴会相比，具有以下特点：①举办地点比较随意，既可在室内，也可在室外的院子或花园举行；②举办形式灵活自由，既可设座位，也可不设座位，站立进餐，不排席位，也没有固定的席位；③菜点以冷菜为主，适当辅以热菜或烤烧，事先置于菜台上，由顾客自由拿取；④酒水设酒水台，既可以由顾客自取，也可以由服务员端送。

2. 按外交礼仪划分

根据我国外交礼仪的要求，主要可分为国宴、正式宴会、便宴和家宴四种。

1）国宴

国宴是国家元首或政府首脑为国家庆典，或为外国元首、政府首脑来访而举行的正式宴会，是一种最高规格的宴会形式。其特点是：悬挂国旗、会标，奏国歌；宴会厅布置豪华庄重；礼仪礼节严格规范，参加宴会者以身份级别的高低事先排定，对号入座；程序严密，服务标准。

2）正式宴会

正式宴会是仅次于国宴的一种高规格宴会,它除了不挂国旗、不奏国歌,及出席宴会的人的规格不同外,其余安排大体与国宴相同。

3）便宴

便宴即非正式宴会,不挂国旗,不奏国歌,可以不排席位,不做正式讲话,菜点数也可酌情增减。

4）家宴

家宴即在家中招待顾客的便宴。它通常由家庭主妇亲自下厨烹调,家人共同招待。改革开放以来,我国也兴起在家里以私人名义宴请外国来宾,如邓小平就曾在家里宴请过美国总统里根夫妇。

3. 按宴会主办目的划分

根据主办目的不同,主要可分为庆贺宴、迎宾宴和商务宴三种。

1）庆贺宴

庆贺宴是指一切具有纪念、庆典、祝贺意义的宴会,如婚宴、生日宴、乔迁之喜宴、开业庆典宴、庆功宴等,其特点是主题突出,风格鲜明,气氛热烈,场面隆重。

2）迎宾宴

迎宾宴是指为迎接远方来的顾客而举行的宴会,其特点是围绕主客进行,喜雅静,重叙谈,讲面子。

3）商务宴

商务宴是指为了一定的商务目的而举办的宴会,商务宴的特点与迎宾宴相似,只不过服务人员更要注意场面的观察,要随时为主人和顾客创造商务洽谈的有利条件。

（二）宴会预订方式

一般而言,宴会预订包含三种方式,即面谈预订、电话预订和书面预订。

1. 面谈预订

面谈预订即顾客或中介人与预订员通过面对面洽谈宴会所有细节的方式。面谈预订是较为理想的一种预订方式,因为通过面对面的交谈,可以充分了解酒店举办宴会的各种基本条件和优势,洽谈举办宴会的一些细节问题,解决顾客提出的一些特殊要求,有利于增进彼此间的了解和信任,达成一致意见。

2. 电话预订

电话预订主要用于接受顾客询问,向顾客介绍宴会的有关事宜,为顾客检查核实时间、地点及有关细节。电话预订简便快捷,但由于双方不宜长谈,所以,电话预订一般适用问询顾客、常客或关系户。对于陌生顾客或重要的大型宴会,应当与对方约定时间当面会谈,以便落实宴会举办的具体细节。

3. 书面预订

书面预订适合于远距离、提前较长时间预订的顾客,它以书面的方式询问和回答有关问题,如网络、信函、传真等。书面预订一般需结合电话预订或面谈预订,最终达成协议。

(三)宴会预订确认

1. 信息准备

不论采用何种预订方式,预订人员都必须熟知有关宴会场地、菜点、厨房技术力量、服务、收费、以往宴会成功经验等方面的具体情况,掌握必要的信息资料。在接受预订时,须核查宴会预订的有关记录,以知晓宴会预订的可行性。

2. 宴会洽谈

宴会洽谈,即宴会具体细节的接洽商谈。在此过程中,宴会预订人员应意识到洽谈的过程实际是宴会产品的营销过程,首先要注意洽谈技巧,立足于此次宴会业务的成交;其次要着眼于引导与刺激顾客的潜在需求,力求效益的最大化;最后要注意给顾客一个理想的期望,既让顾客对此次宴会有一定的期待,同时又不让顾客实际体验后失望。通过洽谈,至少应该在以下 6 个方面达成共识。

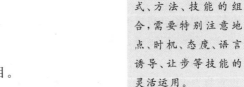

知识关联

洽谈技巧是多种方式、方法、技能的组合,需要特别注意地点、时机、态度、语言诱导、让步等技能的灵活运用。

(1)场地、设施、设备等方面的情况。
(2)菜点、酒水、饮料等方面的情况。
(3)酒店提供的优惠项目和配套服务项目。
(4)宴会标准。
(5)宴会预订金的收取。
(6)宴会提前、推迟、增人、减人、取消等方面的约定。

3. 预订确认

宴会预订达成意向,无论是初步确认,还是最终确认,均需填写宴会预订单。宴会预订确认,可以分为顾客确认和酒店内部确认。顾客确认,即双方对有关细节经过洽谈,达成了共识,填写了宴会预订单(见表5-1)或签订宴会合同,由顾客和预订员分别签字。内部确认,则由宴会预订部门制作宴会通知单,发送至各有关部门,并经各有关部门签收确认。宴会活动通知单的内容基本与宴会预订单的内容相似。

表 5-1 宴会预订单

宴会日期		宴会时间	
预订人姓名		联系电话	
宴会名称		宴会类别	
举办单位		地址邮编	
人数或桌数		每人标准	
付款方式		预订金	
具体要求			
预订日期		其他	
预订人		预订员	

承接了顾客的宴会,填写好宴会预订单后,预订员应在宴会预订控制表上做好记录,然后汇总到预订日记上。宴会预订日记簿可采取平面型宴会活动预订日记簿和立体型宴会活动预订日记簿,其式样如表 5-2、表 5-3 所示。

表 5-2　平面型宴会活动预订日记簿

预订者	日期	地点	预订	确定	时间	宴请种类	人数	公司名称	地址	联系人	电话	特别要求
		A厅			早							
					中							
					晚							
		B厅			早							
					中							
					晚							

表 5-3　立体型宴会活动预订日记簿

A厅	B厅	C厅
早:宴请名称_____人数_____ 时间_____时至_____时 联系人_____电话_____ 公司名_____收费_____	早:宴请名称_____人数_____ 时间_____时至_____时 联系人_____电话_____ 公司名_____收费_____	早:宴请名称_____人数_____ 时间_____时至_____时 联系人_____电话_____ 公司名_____收费_____
中:宴请名称_____人数_____ 时间_____时至_____时 联系人_____电话_____ 公司名_____收费_____	中:宴请名称_____人数_____ 时间_____时至_____时 联系人_____电话_____ 公司名_____收费_____	中:宴请名称_____人数_____ 时间_____时至_____时 联系人_____电话_____ 公司名_____收费_____
晚:宴请名称_____人数_____ 时间_____时至_____时 联系人_____电话_____ 公司名_____收费_____	晚:宴请名称_____人数_____ 时间_____时至_____时 联系人_____电话_____ 公司名_____收费_____	晚:宴请名称_____人数_____ 时间_____时至_____时 联系人_____电话_____ 公司名_____收费_____

(四)宴会预订变更

宴会预订变更包括宴会预订的全部取消和部分变更。

1. 宴会预订的全部取消

由于某种原因,已经预订的宴会可能取消,如顾客要求取消预订,预订员应该做好如下工作。

(1)询问顾客取消预订的原因,尽可能排除不利因素,尽量挽回生意,若是大型宴会,应立即向经理报告。

(2)在预订控制表上做出调整,在宴会预订单上盖上"取消"印,并记下取消预订的日期和要求、取消人姓名以及接受取消宴会预订的员工姓名。

(3) 把宴会预订取消的信息通知有关部门。

(4) 若是重要宴会和大型宴会，应填写取消宴会预订报告，其格式如表5-4所示。

表5-4　取消宴会预订报告

至：总经理	由：宴会销售部
餐饮部	日期_____
销售部	
存档	
公司名称_____	档案_____
联系人_____	名称_____
宴会日期_____	业务类型_____
人数_____	选择的宾馆或酒店_____
引荐的途径与日期	

挽回生意之报告（简明扼要的步骤）
_____

失去生意的原因
_____

进一步采取的措施
_____

　　　　　　　　　　　　　　　　　　宴会/销售部经理签名

2. 宴会预订的部分变更

如果由于某种原因，宴会预订发生变动，应立即向有关部门发送宴会更改通知单，其格式如表5-5所示。

表5-5　宴会更改通知单

　　　　　　　　　　　　　　　　　　发送日期_____

宴请名称_____
日期_____
宴请活动计划单编号_____

部门：	更改内容：

　　　　　　　　　　　　　　　　　　由_____
　　　　　　　　　　　　　　　　　　宴会部经理签名

二、宴会设计

宴会设计,就是根据顾客的要求和承办酒店的物质和技术条件等因素,对宴会活动进行统筹规划,并拟出实施方案和细则的创作过程。宴会规模有大小之分,小型宴会设计相当简单,而大型宴会设计内容十分广泛,主要有场景设计、台面设计、菜单设计、服务设计等方面。[①]

(一)宴会场景设计

宴会场景设计,就是对宴会举办场地进行选择和利用,并对环境进行艺术加工和布置的创作。宴会场景设计的基本要求如下。

1. 满足顾客需要

我们所做的一切,都是为了顾客的满意,这是酒店服务的基本准则。所以,宴会的场景设计,必须把握顾客的需求。顾客的需求具有多样化、层次性、多变性、突发性等特点,宴会的场景设计,一是要注意满足大多数参宴者的需求;二是要抓住顾客的主导需求,不同的宴会、不同的举办者对宴会的主导需求也不尽相同;三是侧重迎合其中少数特殊人物的心理需求。一般情况下,当主宾的地位、身份、影响高于主人时,宴会设计要以主宾为主,反之亦然,会议宴请,宴会设计则要以会务组人员或大会主席为主;四是要注意应急方案,尤其是大型宴会,顾客对宴会的需求可能会出现某些变动,宴会场景设计要有先见之明,做到有备无患。

2. 突出宴会主题

所谓宴会主题,就是宴会主办者的设宴意图,如婚庆、祝寿、接风洗尘等。宴会场景的设计必须根据宴会主办者的设宴意图,设计准确的宴会主题。各种摆设、布置、点缀、灯光、色彩等场景均需围绕主题展开和衬托。

经典案例　　主题宴会台面设计

此款台面是宁海开元新世纪大酒店为知名企业西林集团总裁宴请美国华盛顿

---

① 邹益民,黄浏英.现代饭店餐饮管理艺术[M].广州:广东旅游出版社,2003.

投资商詹姆先生所设计的。

台面中间的造型是以一个五角星为依托,绿色为主色调的造型。五角星的创作灵感来自于宴请主人和顾客的生活经历,宴请的顾客詹姆先生曾是一名军人,因工作原因曾在中国军队工作过一段时间,对中国军队有一种特殊的情怀,而宴请主人也是退伍军人。五角星造型是中国军队标识的缩影,绿色是生命与未来的象征。

五角星内绿色的水蜡叶代表着长长久久,兰花是君子的象征,白色的芬得拉玫瑰代表着纯洁高贵的友谊,三者合一,象征着主人与顾客之间高贵、长久、君子般的深情厚谊。另外了解到,詹姆先生的故乡盛产樱桃,其本人对樱桃有一种特殊的厚爱,因此,在用芬得拉玫瑰制作了一个华盛顿州版图的同时,还用樱桃进行了点缀,且在餐前也特意为顾客准备了樱桃,以体现主人对顾客的细心与关怀。点点跳跃的烛光营造出温馨的氛围,以示主人对顾客的热情,彰显对世界和平的渴望与祈祷,朵朵黄色的蝴蝶兰点缀其中,犹如只只蝴蝶翩翩起舞,令人无限遐思。

酒店对台面的摆设方法也进行了创新,采用了中西合璧的方法。圆形的餐垫、餐盘以及餐盘盖处处体现着一种现代气息。具有曲线美的水晶杯在红葡萄酒的衬托下更显得晶莹剔透,绿色的苹果席位卡不但新颖更给人视觉上的美感。整个台面处处体现着细节的完美,没有昂贵的费用,没有华丽的场面,但却简约不简单,清新自然而又不失高贵典雅,淡淡君子之交却处处彰显温馨和谐。

(资料来源:由开元酒店集团提供。)

3. 科学选择场景

场景,主要是指宴会所在场地的自然环境和餐厅装饰环境。不同的用餐环境对宴会主题、进餐者心理具有不同的影响。良好的环境气氛,可以增强顾客在宴饮时的愉悦感受;反之,则会令顾客在宴饮时索然无味。场景选择的思路有两条:一是利用自然之美,让天地日月、湖光山色、海滩风光作为宴会背景,达到佳肴与美景融合,如"海滩宴"、"船宴"、"草坪酒会"等;二是根据宴会主题和宴会组织者的审美心理,选择相应风格的餐厅,并设计相应的装饰布置。

4. 优化宴会布局

宴会场地有大有小,桌数有多有少,宴请标准有高有低,宴会场景设计必须根据不同的情况,合理安排场地,科学设计宴会台型。宴会布局设计,必须注意以下几点。

1) 突出主桌

多桌宴会,要注意主桌的位置,一般情况下,主桌应设在面对大门、背靠装有壁画或加以特殊装饰布置的主体墙面的位置。若主体墙面不是面对大门,原则上主桌应以主体墙面为主。

2) 松紧适宜

要注意餐桌之间的距离,方便顾客进餐和窜位敬酒,便于

知识关联

宴会台型设计,应该根据不同宴会主题、规格、桌数及餐厅形状、大小等因素进行合理安排。

服务员穿行服务。

3）避免干扰

若在一厅之中有多场宴会,要用屏风或活动门相隔,若两家主办单位的宴会主题及消费标准不同,应设计不同的出入通道。若只能用同一通道进出,则应把标准高的宴会放在里面,并设计不同的跑菜路线,切忌让跑菜的从外面低标准的宴会参与者身边经过,以免出现不必要的尴尬。

5. 注意环境点缀

为了烘托主题,增加宴会场景的艺术氛围,宴会的场景设计必须注意对宴会场地进行适当的点缀和装饰。其方式主要有:一是在宴会厅内放置一些花木或盆景鲜花,使宴会厅有春意盎然、生机勃勃之感;二是在墙面或柱子上挂置一些字画,以增强宴会厅的文化艺术氛围,或起到画龙点睛、烘托宴会主题的作用,如龙凤呈祥、寿星图等;三是放置切合主题的古玩、雕刻制品及其他工艺品,使宴会厅具有高品位、高格调、民族性等特色;四是利用色彩与灯光来渲染宴会主题,创造宴会的意境。

（二）宴会台面设计

宴会台面设计,又称餐桌布置艺术,它是根据宴会主题,对宴会台面用品进行合理搭配、布置和装饰,以形成一个完美台面组合形式的艺术创造。宴会台面的设计,必须紧扣宴会主题,掌握宴会的规格档次,了解顾客的文化背景和风俗习惯,重在台面的美化造型,主要包括中餐宴会台面、西餐台面、冷餐酒会的台面,这里仅以中餐宴会台面的设计为例加以说明。

1. 台面中心造型设计

宴会台面的中心造型,不仅是宴会主题的体现,而且也是宴会规格档次的反映。中心造型设计,一般可采用以下 6 种方法。

1）花卉造型

花卉造型,即采用花瓶、花篮、花束、花盆、插花、盆景或花坛等装饰中央台面。花卉造型,一是要注意花卉的选择,考虑各民族的不同习惯,同时,注意花材的质量和色彩的搭配;二是要注意花卉的造型,要做到主题突出,错落有致,层次分明,丰富生动,整体协调,富有艺术感染力。

2）雕塑造型

雕塑造型,即采用果蔬雕、黄油雕、冰雕或用面塑等来装饰中央台面。雕塑造型要做到形象逼真,栩栩如生,立意明确,既可折射宴会的主题,营造一种特殊的气氛,给人以一种美的享受,又能充分展示厨师的高超技艺。

3）果品造型

果品造型,即将时令水果或部分干果衬以绿叶或其他装饰物来装饰中央台面。果品造型,既可装篮造型,也可切拼摆成"百花齐放"、"乘风破浪"等图案,既可观赏,也可食用。

4）彩碟造型

彩碟造型,即通过特定的餐具造型和特别制作的冷菜拼盘组合形成具有一定意义的图案来装饰中央台面。如"黄鹤归来",就是由八只形态各异的"黄鹤"与"黄鹤楼"构成,造型优美,形象逼真。

5) 鱼缸造型

鱼缸造型,即通过精致的鱼缸配以热带鱼或金鱼等来装饰中心台面,使宴会台面富有生机。

6) 镶图造型

镶图造型,即用不同颜色的小朵鲜花、纸花、五彩纸屑或有色米豆,在餐桌上镶拼各种图案或字样,用以渲染宴席气氛。如接待外宾的宴会,摆出"友谊"、"迎宾"等字样,以表示宾主之间的友好情谊。

当然,台面中心造型一般是以某一造型为主,适当配以其他造型综合而成,达成一种整体和谐之美。

2. 餐具设计

台面的装饰,除了台面中心造型外,还可利用餐具的精心配置,达到红花配绿叶的效果。用餐具装饰台面,一是既可以利用千姿百态的餐具来达到差异化,也可用系列化、标准化的餐具来达到整体美、统一美;二是器皿与菜点在色彩上要相互衬托,形成明暗反差、色彩对比;三是餐具的质地档次应与宴会的规格相适应;四是餐具的摆设应方便顾客进餐。

3. 织物设计

织物设计,主要是通过台布、口布、台裙、椅套等不同的颜色、形状和组合来达到衬托宴会台面的效果。

台布的装饰有时可用印花、刺绣和编织的各种花色台布,以特制的台面中心点缀来创造台面的主题。

口布,也叫餐巾,口布造型设计主要是对口布的颜色和花型的设计。其设计的总体原则,一是要根据台布和餐具及宴会的主题来选择口布的颜色;二是要根据宴会的性质、规模和时令季节等因素来选择花型;三是口布的花型必须注意顾客的身份、宗教信仰、风俗习惯及爱好,同时,应突出主位。

除了台布、口布的装饰外,还应注意椅套等其他饰物与之配套呼应。

(三)宴会菜单设计

宴会菜单的设计是一项融技术性、艺术性、创造性于一体的工作,其内容主要包括菜点设计、菜名设计和装帧设计。

1. 菜点设计

菜点设计是菜单设计的核心,宴会菜点的设计要点如下。

1) 了解顾客,投其所好

宴请菜点设计一定要了解主办单位或主人举办宴会的意图,掌握其喜好和菜点的价值观,并尽可能了解参加宴会人员的身份、国籍、民族、宗教信仰、饮食喜好和禁忌,从而使我们设计的菜点满足顾客的爱好和需要。当然,众口难调,宴会的菜点设计只能保证满足重点顾客和大多数顾客的要求。

2) 突出重点,尽显风格

宴会菜点的设计犹如绘画的构图,要分主次轻重,突出主题,把观赏者吸引到某一点上。宴会菜点的设计必须注意层次,突出主菜,创造使人回味的亮点,同时,任何艺术作品均需有自己的风格,宴会菜点的设计同样应显示各个地方、各个民族、各家酒店、各个厨师的风格,独树一帜,别具一格,使人一朝品食,终生难忘。

3) 合理搭配,富于变化

宴会菜点如同一曲美妙的乐章,由序曲到尾声,应富有节奏和旋律。宴会菜点的设计,一是应注意冷菜、热菜、点心、水果的合理搭配。造型别致、刀工精细的冷菜,就像乐章的"前奏曲",将赴宴者吸引入席,先声夺人;丰富多彩、气势宏大的热菜,就像乐章的"主题曲",引人入胜;小巧精致、淡雅自然的美点,就像乐章的"间奏",承上启下,相得益彰;色彩艳丽、造型巧妙、寓意深刻的水果拼盘,则像乐章的"尾声",使人流连忘返。二是应注意菜点原料、调味、形态、质感及烹调方法的合理搭配,使之丰富多彩,口味各异,回味无穷。三是应注意营养成分的合理搭配,达到合理营养,平衡膳食。

2. 菜名设计

"牡丹虽好,仍须绿叶扶",好的菜点需要有好的菜名。宴会菜名的设计,必须根据宴会的性质、主题采用寓意性的命名方法,使其命名典雅,主题鲜明,寓意深刻,富有诗意。如婚宴菜单中的花好月圆、鸳鸯戏水、双月争辉、鸟语花香、珠联璧合、龙凤呈祥等。

3. 装帧设计

菜单装帧主要体现在制作菜单的材料、形状、大小、款式及印刷和书写等方面。菜单的装帧设计应体现别致、新颖、适度的准则,如用工艺扇、工艺磁盘、微型石雕等制作的菜单,不仅起到菜单本身的作用,而且令人赏心悦目,成为可收藏之物。

(四) 宴会服务设计

任何宴会最终均是通过服务来完成的,服务是整个宴会中不可或缺的重要环节。宴会服务的设计主要是服务程序与标准、服务方式及席间活动的设计。

1. 服务规程设计

宴会服务规程设计,就是设计宴会服务的先后顺序及时间安排,并具体确定每一环节的服务要求。宴会服务程序可分为宴会前准备、迎宾服务、就餐服务和宴会收尾工作等四个基本环节。宴请性质、规模、档次不同,服务标准也不同,宴请活动的规格档次越高,规模越大,服务要求也越高。

2. 服务方式设计

宴会服务方式,既包括服务人员的站姿、走姿、手势动作,又包括上菜方式、菜肴介绍、服务的具体动作等。宴会服务方式的基本要求是优美得体、新颖别致、符合礼仪。选择怎样的服务方式,既要充分考虑宴会的性质和规格档次,又要精心考虑营造宴会的气氛。

3. 音乐活动设计

1) 音乐设计

音乐,以其独有的手段,表达思想感情,是宴会不可缺少的助兴工具。一桌丰盛的佳肴,若配上优雅舒适的环境和委婉动听的音乐,会使宴会锦上添花,给参加宴会的人带来美的享受。宴会音乐的选择,一是要与宴会的主题相符合,如生日宴中的《祝你生日快乐》、婚宴的《婚礼进行曲》等;二是要与宴会的进程相一致,如迎宾时的《迎宾曲》,开席时的《祝酒歌》、席间的《步步高》和送客时的《欢送进行曲》;三是要符合宴会参与者的欣赏水平,参与者既有地

域之差,也有职业之别,还有文化的不同;四是要与宴会的场景相协调,注意民族特色和地方特色。

2) 表演设计

要根据主办者的需要,设计一台文艺节目,既可以是乐队演奏,也可以是文艺表演或时装表演。表演设计,关键是要做到活泼、轻松、丰富多彩、连贯和谐,既有观赏性和娱乐性,同时又要注意舞台、灯光、音响的设计与控制。

3) 自娱自乐

宴会席间的娱乐活动,还可以根据主办者的要求,采用自娱自乐的方式,如卡拉OK、与宴者即兴表演和跳舞等。其设计关键是场地和灯光、音响、设备的布置与配套。

4. 突发事件处理预案

对宴会期间可能发生的突发事件进行预估,并完善针对突发事件的相关责任人及处理程序与方法,有必要时进行实地演练。

三、宴会实施

再好的方案若不落到实处,等于一纸空文,所以,宴会的组织实施是宴会的关键。其内容主要包括宴会前组织、宴会中控制和宴会后管理三个阶段的工作。

(一) 宴会前组织

1. 人员分工

人员分工,即根据宴会要求,对迎宾、看台、传菜、酒水及衣帽间、贵宾室等岗位进行明确分工,提出具体任务和要求,并将责任落实到每个人。宴会的人员分工,要根据每个人的特长来安排,以使所有人员达到最佳组合。在合理分工的基础上,应使每一岗位的服务人员做到"七知三晓",即知宴请规模、知宴会标准、知开餐时间、知菜单内容、知宾主情况、知主办地点、知宴请主题;知晓宾主风俗习惯、知晓特殊要求、知晓本店承办条件。

2. 宴会前检查

宴会前检查是宴会组织实施的重要环节,其工作主要有以下几个方面。

1) 餐桌检查

餐桌检查的内容主要有:餐桌摆放是否符合宴会主办单位的要求;摆台是否按本次宴会的规格要求完成;每桌应有的备用餐具及棉织品是否齐全;席次卡是否按规定放到指定的席位上;各桌的服务员是否已到位。

2) 卫生检查

卫生检查的内容主要有:个人卫生;餐具卫生;宴会厅环境卫生;食品菜点卫生。

3) 安全检查

安全检查的目的是为了宴会顺利进行,保证参加宴会顾客的安全,检查应注意以下问题:①宴会厅的各出入口有无障碍物,太平门标志是否清晰,洗手间的一切用品是否安全,如发现问题,应立即组织人力解决;②各种灭火器材是否按规定位置摆放,灭火器周围是否有障碍物,如有应及时清除,要求服务人员能够熟练使用灭火器材,严格执行"四防"制度;③宴会场地内的用具如桌椅是否牢固可靠,如发现破损餐桌应立即修补撤换,不稳或摇动的餐桌应加固垫好,椅子不稳的应立即更换;④地板有无水迹、油渍等,如新打地板蜡应立即磨光,以免使人滑到,查看地毯接缝处对接是否平整,如发现突出应及时处理;⑤宴会所需的酒精或固体燃料等易燃品,要有专人负责,检查放置易燃品的地方是否安全。

4) 设备检查

宴会厅使用的设备主要有电器设备、音响设备和空调设备等,要对这些设备进行认真、详细的检查,以免意外事故的发生,避免因设备故障破坏宴会气氛,影响酒店声誉。

3. 部门沟通

首先是与厨房的沟通协调,宴会管理人员必须事先做好与厨房的沟通,如冷菜的特色、热菜的上菜顺序、所用的餐具、菜点所附的调配料等;其次是与保安部门的沟通,确保参加宴会顾客的车辆进出、停放安全与人员的安全;最后是与工程、采供、财务等部门的沟通,确保各种宴会所需资源的及时供给。

(二) 宴会中控制

宴会成功与否,与宴会进行过程中的控制是否有效关系甚重,宴会中控制的重点有以下几点。

1. 控制宴会进程

宴会的现场指挥,必须熟知整个宴会的策划方案,掌握主人的讲话致辞、领导敬酒、席间表演等各个细节,以便及时安排递酒上菜等时间,同时,要掌握不同菜点的制作时间,做好厨房的协调工作,保证按顺序上菜并控制好上菜的间隔时间,防止过快或过慢,影响宴会气氛。此外,还须注意主宾席与其他席面的进展情况,适当调控两者的速度,保证整个宴会的进程顺利进行。

2. 督导宴会服务

整个宴会过程中,现场指挥要加强巡视,及时根据宴会的进展和场上的变化,调度人员,协调好各方面的关系,并纠正服务人员的行为,及时弥补服务中的不足,保证宴会服务达到规范的要求。

3. 处理突发事件

宴会进行中,经常会出现一些新的情况和问题,现场指挥必须当机立断,迅速处置,把顾客的要求在最短时间内解决,把不良影响降到最低。

(三) 宴会后管理

宴会结束后,要认真做好收尾工作,使每次宴会都有一个圆满的结局,做好宴会的收尾工作,应重点做好以下几个方面。

1. 结账工作

宴会后的结束工作是宴会收尾的重要工作之一,结账要做到准确、及时,如果发生差错,则会导致主办单位的不满,影响宴会厅的形象,也相应增加了宴会成本。因此,管理者要督导员工认真做好以下工作,以确保结账工作准确无误。

(1) 在宴会临近尾声时,宴会组织者应该让负责账务的服务员准备好宴会的账单。

(2) 根据预算领取的酒品饮料可能不够,也可能多余。如果不够,则应将临时领取的酒品饮料及时加入账单中,以免遗漏。如果多余,则应督促服务员及时将剩余的酒品饮料退回

发货部门,在结算时减去退回的酒品饮料费用。

(3) 各种费用在结算之前都要认真核对,不能缺项,不能算错金额。在宴会各种费用单据准备齐全后,宴会结束马上请宴会主办单位的经办人结账。

2. 征求意见

每举办一次大型宴会,对于宴会组织者、服务员和厨师而言,可以说是增加一次高水准服务的经历。宴会结束后,宴会组织者应主动征询主办单位对宴会的评价,如宴会场景设计、菜点质量、服务水平等。如果在宴会进行中发生了一些令人不愉快的事情,要主动向顾客道歉,求得顾客的谅解。如顾客对菜点的口味提出意见和建议时,应虚心接受,及时转告厨房,以防止下次宴会再次出现类似问题。一般来说,宴会结束后,要给宴会主办单位发一封征求意见和表示感谢的信件,感谢顾客在本次宴会厅主办宴请活动,并希望今后继续加强合作。

3. 整理餐厅

大型宴会结束后,应督促服务人员按照事先的分工,抓紧时间完成清洗餐具、整理餐厅的工作。负责清洗餐具的服务人员要做到爱护餐具,洗净擦净,分类摆放整齐,把餐具的破损率降到最低。负责整理宴会厅的服务人员要把宴会厅恢复原样,工作包括撤餐台、收餐椅、搞好餐厅场面卫生等。宴会组织者在各项膳后工作基本结束后要认真进行全面检查,最后关好门窗,关上电灯,切断电源。

(四)宴会资料管理

宴会资料管理,是指对已经举办的宴会的有关资料的收集、整理、存档以及再利用的一整套措施。有效的宴会资料管理,既可以为酒店开展公关、提高知名度提供翔实的资料,也可以为宴会设计提供原始的信息和素材,为宴会组织管理提供经验,还可以为新员工上岗培训提供生动、具体、真实的教材。

1. 宴会预订资料的管理

宴会预订无论是采用何种预订方式,都要留下记录或者填写宴会预订表。预订资料以其原样保存下来,有利于为宴会后某些纠纷的解决提供原始的依据。同时,对于宴会营销、宴会预订方式的改革,也提供了第一手参考资料。此外,还可以通过对过去预订资料的比较,分析老客户的预订特点和规律,掌握这些老顾客负责人、联系电话等的变化情况,实施有效的宴会预订。

2. 宴会设计资料管理

宴会设计资料主要包括宴会设计的目的、宴会设计的要求、宴会场景设计、宴会台面设计、宴会菜单设计、宴会程序设计等内容。一个好的宴会设计方案,不仅对当时宴会的成功举办起到十分重要的作用,而且对指导今后的宴会设计也具有十分重要的意义。尤其是宴会菜单资料,它往往融入了宴会设计师(包括其他有关人员)的辛勤劳动,体现了宴会设计师的智慧和水平,是最珍贵的档案资料。在今后对同一顾客的接待活动中,以往的宴会菜单更是具有重要的参考价值。

3. 宴会活动资料管理

宴会活动资料主要包括以下内容。

(1) 宴会举办过程中音乐曲目的安排与选用。

(2) 宴会活动的程序及其临时变更调整资料。

(3) 宴会现场偶发事件和应急处理的情况记录。

(4) 宴会主桌主人、主宾等顾客坐序及名单。

(5) 宴会活动拍摄的录像、照片资料。

(6) 宴会前、宴会中配套活动(如文艺演出节目、时装表演、国画、书法以及其他表演技巧)的主要资料。

(7) 宴会主要来宾及知名人士的有关资料。

(8) 现场观察到的VIP(贵宾)饮食爱好和兴趣资料。

(9) 顾客宴会后丢失物品及其结果资料。

(10) 账单资料。

对于这些宴会活动资料,宴会部或餐饮部应有专人负责收集和整理,并同其他宴会资料一起建案存档。

4. 宴会效果反馈资料管理

宴会效果反馈资料包括以下三个方面的内容。

(1) 顾客对宴会的表扬。这是鞭策和鼓励员工继续做好工作的动力,也是宴会的成功之处,需要发扬光大。

(2) 顾客对酒店善意提出的改进意见。提出这种意见的人,往往是见多识广的行家,或是酒店的老朋友、老顾客,对这类反馈意见酒店一定要仔细倾听、认真记载,如确认是合理可行的,要督促有关部门迅速予以落实和处理,并在适当时候由酒店经理亲自致信或出面表示感谢。

(3) 顾客的投诉。宴会顾客投诉的情形十分复杂,有合理投诉,也有不合理投诉;有书面投诉,也有口头投诉;有现场投诉,也有事后投诉;有质量方面的投诉,也有价格方面的投诉等。不论是哪种性质、哪种方式、哪种原因的投诉,酒店都要在处理之后,进行认真、仔细、如实的记载,作为重要的档案管理资料,为以后改进工作、教育新员工作参考之用。

有时一个好的建议,可以给酒店带来意想不到的经济效益;有时一个重要人物的表扬,可以给酒店带来良好的社会影响;有时一个关键人物的投诉,又足以使酒店名声扫地,经济效益滑坡。因此,酒店应该重视顾客的反馈意见,并将各种反馈意见收集存档,以便指导今后的工作。

5. 宴会总结资料管理

一场大型的宴会,花费了大量的人力、物力,经过众人的共同劳动,无论是成功还是失败,总有许多经验值得我们认真总结。宴会总结资料一般由主管或宴会部经理执笔完成,比较全面、具体、概括地总结了宴会活动的全过程,客观地分析宴会活动的得与失,对于今后的宴会设计具有重要的参考价值和借鉴意义。

经典案例　　杭州 G20 峰会欢迎晚宴

G20峰会国宴选址西子宾馆,一是因为它坐拥杭州西湖十景,背靠雷峰夕照,三面濒湖,湖岸线长达1560米,庭院广阔,面积约20万平方米,是一张杭州独有的城市名片;二是因为它是西湖名园之一,历史久远,人文深厚,毛主席曾27次莅临于此,被毛主席称为第二故乡,多次接待国内外重要领导人;三是因为它拥有一支经验丰富的国宾接待队伍,以"传承国宾礼遇,创造尊崇体验"为使命,秉承"主动、专业、周到、美好"的服务标准,服务周到,厨艺精湛,为来自全世界的贵宾们献上一幕国宾服务盛宴。

晚宴地点——漪园

G20峰会欢迎晚宴厅名曰"漪园",源于乾隆南巡时的御赐额题。漪园分为序厅、宴会厅、会见厅、贵宾厅、游船码头五部分,其建筑与西湖山水浑然一体,室外园林移步易景,室内观赏一窗一景,建筑的内部装饰选用东阳木雕、青田石雕、安吉竹艺、铜雕等浙江传统手工技艺,为世界呈现一派杭州元素、江南韵味的独特建筑风格。

晚宴主题——西湖盛宴

欢迎晚宴以"西湖盛宴"为主题,围绕"中国青山美丽,世界绿色未来"的设计理念,以"西湖元素"、"杭州特色"为载体,通过西湖梦的主题场景布置、西湖韵的餐具器皿展现、西湖情的礼宾用品展示、西湖味的杭州菜肴烹饪、西湖秀的服务展示,向世界来宾呈现一场历史与现实交汇的"西湖盛宴"。

晚宴台面——西湖梦

桌面如卷轴画卷般铺开,展现了一幅自然秀美的西湖画卷,将雷峰夕照、断桥残雪、三潭印月、宝石流霞、平湖秋月等西湖绝美景点搬上了餐桌,将中式园林造景手法和现代设计理念相结合,融入以东阳木雕国家非遗工艺制作的雷峰塔、集贤亭、九曲桥、西湖游船,以龙泉青瓷制作的三潭印月、断桥残雪,结合竹编、果蔬雕等浙江传统技艺元素,全景展现西湖美景。

晚宴餐具——西湖韵

晚宴餐具以西湖山水为核心设计元素,与主背景和主桌台面融为一体、相得益彰;在器型设计上,以西湖十景为原型创作设计,将三潭与葫芦的造型进行艺术融合,地域特色鲜明;花面设计上,以浙派水墨山水技法表现雷峰塔、保俶塔、苏堤等西湖景点,突出烟雨西湖的朦胧美感;适当以金边银线作为点缀,营造中国气韵。

晚宴味道——西湖味

G20国宴菜品是酒店行政总厨朱启金先生带领厨师团队寻遍国内和浙江省各地的食材,经过百余次烹制调整后的菜肴出品。具体菜肴包括黑粗粮现烤面包篮、西湖印月迎宾花盘、清汤松茸、松子鳜鱼、龙井虾仁、膏蟹酿香橙、东坡牛扒、四季蔬果、杭州名点汇、冰淇淋配各式水果。

晚宴服务——西湖秀

宴会开始,服务员身着西湖元素的晚宴特制服装款款而至,服装、餐具、台面花艺与宴会厅的真丝绸壁的"西湖全景图"融为一体。齐刷刷的揭盖、上菜、换毛巾、撤盘,历时一年的训练,服务在这里变得赏心悦目。

晚宴礼品——西湖情

欢迎晚宴礼宾用品紧扣"西湖盛宴"主题,以西湖山水为核心设计元素,综合运用丝绸、书法、木雕、竹雕、团扇等传统工艺,以最富浙江地域特色的文化和艺术瑰宝向世界来宾表达西湖青山绿水间的拳拳盛意。

(资料来源:由杭州西子宾馆提供。)

第三节 酒店餐饮酒吧产品管理

酒,在日常生活中应用广泛,它起着沟通、联络人与人之间感情的作用,同时也是社交的媒介之一。多年来,人们习惯了"无酒不成礼、无酒不成欢"。酒吧产品毫无疑问是酒店餐饮业务的重要组成部分。

一、酒吧环境营造

酒吧是专门为顾客提供酒水和饮用服务的场所,是为酒店创造高利润的服务部门。酒吧产品经营,首先必须注重酒吧环境氛围的营造。

(一)酒吧类型[①]

根据酒吧的销售方式、作用以及在酒店中的具体位置不同,可分为以下四种主要形式。

1. 立式酒吧

这是最常见、最典型、最具有代表性的酒吧。立式并不是指顾客必须站立饮酒或服务员必须站立服务,它只是一种传统称呼。立式酒吧的特点是以吧台和靠凳为中心,以桌椅、沙发围合形成面向吧台的整体布局,为顾客提供酒水服务。

2. 服务酒吧

服务酒吧是配合各餐厅菜点销售而设置的一种酒吧,以销售佐餐酒水和软饮料为主。这种酒吧混合饮料,即鸡尾酒的销售很少,一般也很少提供。服务酒吧的特点是吧台酒水员不直接面对顾客,顾客购买酒水是通过桌面服务员开票,再由桌面服务员到吧台将酒水提供给顾客。因此,其酒水销售以瓶装或原包装为主,酒吧布局以直线封闭型为主。

3. 宴会酒吧

宴会酒吧是专为宴会服务而设置的一种酒吧,它主要设在宴会厅的某一场所,其酒吧设施可以是活动结构(可以随时撤除或移动的),也可以是永久固定型设施。宴会酒吧根据其

---

① 该部分内容主要参考徐文燕编著的《餐饮管理》的相关内容编写。

营业形式与收款方式不同,还可以分为三种:一是现金酒吧,即参加宴会的顾客取用的酒水,需要随取随付钱,宴会主办单位或主办人不负担宴会酒水费用,这种形式一般适用于大型宴会;二是赞助酒吧,这种酒吧的顾客取用酒水饮料不用付钱,有时凭券取酒水,酒水费用由赞助者即举办单位承担;三是一次性结账酒吧,即顾客在宴会或招待会中,可随意取用酒水饮料,所有费用在宴会结束时由东道主即举办单位或举办人一次性结清。

4. 鸡尾酒吧

鸡尾酒吧又称鸡尾酒廊,通常设在酒店门厅或附近,例如酒店的大堂酒吧或休闲酒吧。鸡尾酒吧的特点是设计高雅,环境美观、舒适,一般鸡尾酒吧宽敞,大多有钢琴、竖琴或小乐队演奏,气氛安静,音乐节奏缓慢,顾客可以在此尽情享受。

酒吧种类还可以按照客源对象分为男士酒吧、女士酒吧、会员酒吧、公共酒吧等;按酒吧位置和重要程度划分为大堂酒吧、屋顶酒吧、中心酒吧等。

(二)吧台造型

吧台是酒吧必不可少的基本设施,具体形状多种多样,大体上可以分为三种类型。

1. 直线或曲线封闭形

这种酒吧柜台设计的特点是吧台呈长条形,两端与墙壁相连,吧台可以在酒吧的中间,也可以退缩进酒吧间的一面墙中。柜台可以是直线形,也可以略带曲线。柜台长度没有统一的标准,一般根据酒吧间的座位多少来确定。吧台服务人员的配备,原则上为3∶1,即每3米长度配1名酒吧的服务员。

直线或曲线封闭形吧台的优点是柜台面对酒吧,服务员站在吧台的任何位置都可以面对顾客,有利于对整个酒吧的监视和控制,便于销售酒水和提供优质服务。酒店的立式酒吧、各个餐厅的服务酒吧、部分鸡尾酒吧等大多采用这种柜台设计形式。

2. 圆形或者空方阵形

这种酒吧的柜台设计特点是吧台呈圆形或空方阵形,在酒吧间的中间或靠墙、靠边的某一部位。吧台四面凌空、亭亭玉立、造型别致,主要适合于大中型酒店的某些庭院、浴场、游泳池边等处酒吧使用。其好处是可以形成酒店庭院或环境的一种点缀、一道风景,增加美观效果。

3. 马蹄形或半圆形

这种酒吧柜台设计的特点是吧台呈马蹄形(U字形)或半圆形,从三个方向突出在酒吧间里。它与直线封闭形酒吧柜台设计的主要区别是,直线形吧台的酒水陈列均靠墙一线排列,而马蹄形或半圆形的酒水陈列可以相对集中布局,三面观看。因此,这种酒吧柜台设计更富于变化,可以增加装饰效果,往往在立式酒吧、鸡尾酒吧、宴会酒吧等中广泛运用。

(三)酒吧设计

酒吧设计应有自己的独特性,尤其是主酒吧的设计更要体现其风格,酒吧设计应注意以下要点。

(1)灯饰应新颖,灯光要柔和,选用造型优美和有独特性的壁灯与台灯。

(2)为了方便调酒师和服务员的工作及吸引顾客对吧台的注意力,吧台内外的局部面积的照明度应强一些。

（3）配备优质的音响设备，创造轻松气氛并注意隔音，采用软面家具、天花板吸音装置和地毯以降低工作区的音量。

（4）配备现代的空气调节设备，保持室内的标准温度和湿度并不断地排出室内的烟味和酒味，使室内空气清新。

（5）酒吧的面积应适应顾客的周转率，通常将空间面积或部分大块面积隔成小间，以矮小的植物或装饰物等进行分隔，使得酒吧安静雅致，各有特色。

（6）酒吧的家具要舒适，桌椅的设计既要有特色又要便于使用，并且应具备方便合并的功能以备为团体顾客服务。

（7）吧台设计既要有特色又要简单，以方便工作。吧台应具备在短时间内可配制出多种酒水的能力，可使调酒师在同一个地方完成几项相关的工作，如准备各种酒水、切配鸡尾酒的装饰水果等。除此之外，还应方便服务员取酒水、方便顾客饮用酒、方便对各种酒水的贮存与管理、易于酒杯与调酒用具的洗涤、消毒与贮存等。吧台内设计的关键是吧台的可用性，即吧台的工作区、服务区、洗涤区、贮存区等的设计。

二、酒水服务提供

（一）酒水分类

酒是一种用水果、谷物、花瓣、淀粉或其他有足够糖分或淀粉的植物经过发酵、蒸馏、陈酿等方法生产出含乙醇的饮料。凡是含有0.5%～75.5%食用酒精的可饮用的液体都可以称为酒。

1. 按酿造工艺分类

酒按其不同的酿造工艺大致可分为三大类，即发酵酒、蒸馏酒、配制酒。

（1）发酵酒，是指酿酒原料经过发酵后直接提取或用压榨法取得的酒浆。这种酒又被称为原汁发酵酒，如葡萄酒、啤酒、黄酒、米酒等。

（2）蒸馏酒，是将经过发酵的原料（发酵酒）加以蒸馏提纯，获得的含有较高度数酒精的液体，通常可经过一次、两次或多次蒸馏，取得高质量的酒液。

（3）配制酒（又称浸制酒），指用一种烈性酒作为基酒，再将其他不同的原料，如果汁、糖、香料及药材等经过加工后与基酒进行浸泡、混合、勾兑，使之成为种类、味道不同的新酒。

2. 按酒精含量分类

由于酿酒原料的不同，酿制的酒品其酒精含量即乙醇含量也不相同，大体可划分成高度酒、中度酒、低度酒三大类。

（1）高度酒，指乙醇含量在40%以上的烈性酒。由于其乙醇含量较高，故而酒液刺激性较强。

（2）中度酒，指乙醇含量在20%～40%的饮料酒。这类酒比较温和，酒液刺激性较小。

知识关联

"曲为酒骨"，曲是以谷物、豆类为原料，作为培养微生物的载体，在上面培养大量的霉菌、酵母菌，用曲酿酒同时起到酒化和糖化作用，酵母菌是重要的发酵微生物，能分解碳水化合物，产生酒精和二氧化碳等。

（3）低度酒，指乙醇含量在20％以下的饮料酒，这类酒刺激性较小。

3. 按酿酒原料分类

由于酿酒所用原料不同，因而酿制的酒也各不相同。按酒的特点，大体可分为白酒、黄酒、啤酒、果酒、汽酒、配制酒等六大类。

（1）白酒，是以含有丰富淀粉的植物为原料，经发酵、蒸馏而成的。白酒的度数较高，为35°～65°。

（2）黄酒，主要用糯米及黍米（谷）为原料，采用压榨法加工酿造，并以微生物菌类作为发酵菌。这类酒的度数为12°～18°。

（3）啤酒，是用麦芽经糖化后加入啤酒花，再用酵母菌发酵酿成的，度数在2°～4.5°不等。不同质量的啤酒，麦芽糖的含量不同，一般麦芽糖含量为11％～25％。

（4）果酒，是选用各种含糖量较高的水果为主要原料，经发酵、压榨酿制而成的，其度数多数为15°左右。

（5）汽酒，也是用水果（以葡萄为主要原料）经发酵、压榨酿制而成的。这种酒在装瓶时注入一定量的二氧化碳，使酒内充有气体，度数为11°左右。

（6）配制酒，是酒与酒或酒与非酒精原料进行混合而成的酒。配制酒是一个比较复杂的酒类，这是因为它的配制原料、配制方法是多种多样的，也正因为这些不同，所以其酒度也各不相同。

4. 按酒色、酒味、酒香分类

酿酒的方法和选料不同，酿制出的酒色、酒味、酒香也各不相同。

（1）酒色。用不同的酿造方法酿造出的酒的色泽不尽相同，有白色、红色、黄色、紫色、黑色、金色等。

（2）酒味。用不同的酿酒原料及不同的酿造工艺，酿造的酒液其味道各不相同，有醇厚，有柔和，有甜、绵、爽、净等。

（3）酒香。由于酿造过程中发酵的方法不同，酿造的酒的香型也不相同，有浓香型、清香型、酱香型、米香型、果香型、复香型等。

5. 按照人们的用餐分类

（1）餐前酒。在餐前饮用，可细分为味美思类、茴香类和苦味类。由于开胃酒多用草药、树皮、树根、茴香、龙胆、肉桂、金鸡纳露等对人体有益的成分，并以葡萄酒和蒸馏酒为基酒，因此，开胃酒饮用后能刺激人的胃口，使人增加食欲。

（2）佐餐酒。佐餐酒有白葡萄酒、红葡萄酒、玫瑰红葡萄酒、强化葡萄酒和香槟酒。葡萄酒是西餐配餐的主要酒类，它用新鲜的葡萄发酵制成，酒精含量较低，通常在8％～14％。由于葡萄酒含有丰富的维生素（特别是维生素B和维生素C），因此，饮用后可以帮助消化，促进内分泌，起到滋补强身的作用。强化葡萄酒是在葡萄酒制造过程中加入白兰地，使酒

知识关联

香槟是将未发酵完的白葡萄酒装入瓶中进行第一次发酵，使其在瓶中自然产生气体。香槟酒呈黄绿色，清亮透明，口味醇美，用餐时可以佐助任何食物。通常在宴会或庆典活动等较重要的场合饮用。

精浓度达到 17%~21%,主要有雪利酒、波特酒等。这类酒严格来说不能算是佐餐酒,可以归入葡萄酒类。香槟盛产于法国香槟区,且只有香槟区出产的汽酒才能冠以"香槟"称号,其他区域或国家生产的汽酒只能称之为葡萄汽酒。

(3)餐后酒。餐后酒是以葡萄酒作为基酒,加入食用酒精或白兰地以增加其酒精含量,再加入香料、果仁或药材等配制而成,餐后饮用能帮助消化。餐后甜酒大致可分为三种类型:植物类、食品类和果料类。著名的餐后甜酒有香草味酒、可可奶酒、加连露酒等。

(二)酒水质量

1. 白酒

(1)色。白酒应无色透明,质地纯净,无悬浮物及沉淀物,将白酒倒入杯中,杯壁上不能出现环状污物。如白酒发生浑浊现象,有时起因于病害,也有可能是受温度影响。处于低温下的白酒(0 ℃以下),常有絮状物产生,一旦温度上升,絮状物便自行消失。

(2)香。白酒有清香、浓香、酱香、米香四大典型类型,表现虽各不相同,但香气应该协调、突出,有个性风格,回香悠久舒适。可将酒倒入杯中闻嗅,按其香气的高低来确定其质量。

(3)味。白酒甘冽清晰,醇厚无异味,平和柔绵,无强烈刺激性。酒液失去应有的味道而变为有腥臭味、油脂味或霉味,原因可能是酿酒时水质不净、酒液被污染,或者是与挥发油气的物质共同储存,酒液中油脂氧化后发生油腻味,又或者是保管不妥,瓶塞发生霉变等。

2. 黄酒

(1)色。黄酒色泽应浅黄澄清,老酒陈酒应呈黄红色,透亮有光泽,无悬浮物,无沉淀物。

(2)香。浓郁芬芳,常带有曲香和药香,或者甜香、酸香,不刺鼻,香味协调。

(3)味。口感鲜美醇厚,甜甘者多见,平和柔绵,圆正滑润,无酸涩味。如酒液失去原有的浓郁醇厚味,气味酸臭,有腐烂时的刺鼻味,酸度超过 0.6%,不堪入口等,其原因可能是酒瓶、酒罐封口不牢,光线长期直接照射,储酒温度过高,开封后细菌侵入,感染其他霉变物质等。

3. 啤酒

(1)透明度。酒液透明有光泽,不得有悬浮物和沉淀物。如果储存温度低于 0 ℃时,酒液中出现絮状物,当温度上升后,絮状物会自行消失。如果啤酒长期在低温条件下储存,絮状物则会由白色变为褐色,温度上升后也不能完全消失,使啤酒发生病变。另外,啤酒与空气长时间接触,也会产生浑浊现象,浑浊的啤酒绝对不能出售给顾客。

(2)色泽。啤酒色泽的深浅度因品种而异,一般消费者喜欢浅色啤酒。

(3)泡沫。啤酒的泡沫以洁白细腻者为佳,并能持久挂杯(不低于 3 分钟)为好。

(4)香气和滋味。应具有显著的麦芽清香和酒花微苦而爽适的口感,不得有其他味道。如果啤酒变味成氧化味(老化味)、金属味、酸苦味等,原因是酒液的氧化和储存期过久,或酒液受到金属或细菌的污染。苦味不正主要是生产过程中原料、技术没有达到应有的标准所致。所有变成怪异滋味和气味的啤酒都不应再饮用。

4. 葡萄酒

(1) 色泽。红葡萄酒的酒液应是紫红色,白葡萄酒酒液呈淡黄色,不管是哪种颜色,酒液都应透明,有光泽,不浑浊。

(2) 香气。具有一般果香,更具有浓郁的醇香,不应有杂气。

(3) 滋味。应酸甜适度,纯净、醇厚、无过大的酒精味。若酒液表面结薄膜,酒味酸涩发苦,酒液发浑,原因是盛酒器皿不净,酒液长期与空气接触,或酒花菌在酒液表面繁殖,使酒精变成水和碳酸物质。如果酒液浑浊,触氧变色,红葡萄酒发棕褐色,白葡萄酒发黄色,有沉淀,原因是原料霉变或者过于成熟。

(三) 酒水饮用

1. 葡萄酒的饮用

红葡萄酒一般在16 ℃~18 ℃时饮用。干白葡萄酒、玫瑰红葡萄酒应该冷冻到8 ℃~12 ℃饮用,一般是在顾客点酒后,把酒放在冰水混合的冰桶中,冰镇数分钟就行,也可预先把酒放入冰柜1小时左右,再取出来饮用。香槟、起泡葡萄酒、甜白葡萄酒最好在6 ℃~8 ℃时饮用。这样的温度能降低气泡的散发速度,维持酒的新鲜感,便于持久保存酒中的果味和酒精,把酒放在冰水混合的冰桶中约25分钟即可。

2. 白兰地的饮用

比较讲究的白兰地饮用方法是净饮,用白兰地杯(224毫升的白兰地杯只倒入24毫升的酒),另外用水杯配一杯冰水,喝时用手掌握住白兰地杯壁,让手掌的温度经过酒杯传至白兰地中,使其香味挥发,边闻边喝,这样才能真正地享受饮用白兰地的奥妙。每喝完一小口白兰地,喝一口冰水,清新味觉能使下一口白兰地的味道更香醇。

英国人喝白兰地喜欢加水,中国人多喜欢加冰,对于陈年上佳的科涅克来说,加水、加冰是浪费了几十年的陈化时间,丢失了香甜浓醇的味道。白兰地也可以兑饮,如白兰地加可乐,用柯林杯,加半杯冰块,取28毫升的白兰地,168毫升的可乐,用吧匙搅拌即可。

3. 威士忌的饮用

威士忌的标准用量为40毫升/克,主要用平底杯具,也有专用的几种威士忌杯具,如饮用苏格兰威士忌常采用古典杯,据说,这种较宽大而不太深的平底杯更有利于苏格兰威士忌酒风格的表现。

威士忌用于餐前或餐后饮用,可净饮(不加任何其他材料),也可兑水饮用。所兑的水可以是清水、汽水或苏打水,但需加冰块。威士忌作为餐后酒时,一般是净饮。喝威士忌时,可不断轻轻摇动,以使酒香充分外溢。

4. 开胃酒的饮用

开胃酒常被用于调制鸡尾酒的原料,其饮用方法主要有以下三种。

知识关联

爱尔兰人喝威士忌通常是净饮,他们认为加入其他材料兑饮是罪过。其实,爱尔兰威士忌风靡世界的饮法是与咖啡兑饮,称为爱尔兰咖啡。威士忌开瓶后,需马上封闭,采用竖立方式放置,在室温下保存。

(1) 净饮。先将3粒冰块放入调酒杯中,倒入42毫升的开胃酒,用吧匙搅拌30秒,用滤冰器过滤冰块,将酒滤入鸡尾酒杯中,加一片柠檬。

(2) 加冰饮用。在平底杯中加半杯冰块,倒入42毫升的开胃酒,用吧匙搅拌10秒,加一片柠檬。

(3) 混合饮用。开胃酒可以与果汁、汽水等兑和饮用,如金巴利酒加苏打水,在柯林杯中加半杯冰块,倒入42毫升的金巴利酒,加入168毫升的苏打水,用吧匙搅拌5秒钟。又比如金巴利酒加橙汁,在平底杯中加半杯冰块,倒入42毫升的金巴利酒,加入112毫升的橙汁,用吧匙搅拌5秒钟。其他开胃酒,如味美思等也可照此方法混合。

(四) 酒水服务[①]

1. 酒水服务的含义

酒水服务是酒水经营的重要环节,顾客到酒吧或餐厅不仅用餐,还需要享受酒水服务。酒水服务是酒水服务员帮助顾客购买和饮用酒水的全过程,该过程从餐厅或酒吧预订开始,包括引座、写酒单、开瓶、斟酒、结账等,直至顾客离开餐厅或酒吧。广义的酒水服务还包括一系列有关酒水服务的设施、酒具、酒水。

酒水服务是一种仪式,这种仪式通过酒水服务中各项程序和方法显示出来。酒水服务质量与酒水质量一起构成酒水产品质量。酒水服务必须与酒水种类、顾客饮用习惯、酒具、饮用温度、开瓶方法、倒酒方法联系在一起。优秀的酒水服务应提高服务价值,给顾客留下深刻和良好的印象。

2. 酒水服务的种类

(1) 餐桌服务,是传统的酒水服务形式,顾客坐在餐桌旁,等待服务员到餐桌写酒单、斟酒水。这种服务方式适合于一般酒吧和餐厅。在餐桌酒水服务中,服务员常从顾客右侧斟倒酒水,从顾客右侧撤掉酒具。根据国际服务礼仪,先为女士斟倒酒水,再为男士斟倒。按照逆时针方向为每一位顾客服务。而中餐酒水服务,应先为主宾斟倒酒水,然后按照顺时针方向为每位顾客服务。

(2) 吧台服务,是调酒师根据顾客需求,将斟倒好的酒水放在吧台上、顾客的面前。在吧台前饮酒的顾客常为散客,或1~2人就座。由于吧台饮酒容易接近其他顾客,便于交流和沟通,因此吧台服务多用于酒吧或传统西餐厅。在传统的西餐厅,欧美人在进入正式餐厅前,常在餐厅前边的小酒吧饮用餐前酒,等待其他同桌人,待全部用餐人到达餐厅后,一起进餐厅入座。

(3) 自助服务,在鸡尾酒会、自助餐厅和冷餐会的酒水经营中,酒水服务常采用自助式。服务员在餐厅摆设好临时吧台,在吧台斟倒好酒水,顾客到吧台自己选用酒水。

(4) 流动服务,在鸡尾酒会经营中,根据顾客需要,服务员采用流动式酒水服务。流动式酒水服务要设立临时吧台,服务员在临时吧台斟倒好各种酒水,然后将它们放在托盘上,送至顾客面前。参加鸡尾酒会的顾客常是站立饮酒,吃些小食品。鸡尾酒会通常在1小时内结束。

---

① 该部分内容主要参考徐文燕编著的《餐饮管理》的相关内容编写。

3. 酒水服务的要点

酒吧服务员在整个服务过程中要特别注意服务技巧、服务态度、礼节礼貌等的现场发挥,切实提高服务质量。为此,还须做到以下几点。

(1) 准确操作。配料、调酒、倒酒应在顾客看到的情况下进行,目的是使顾客欣赏服务技巧,同时也使顾客放心。服务员使用的饮料原料用量应正确无误,操作符合卫生要求。

(2) 不打扰顾客。调好的饮料端送给顾客以后,应立即退离吧台或离开,不要让顾客发觉服务人员在听他们对话(除非顾客直接与你交谈),更不可随便插话。

(3) 尊重顾客。任何时候都不准对顾客有不耐烦的语言、表情或动作,不要催促顾客点酒、饮酒,不能让顾客感到你在取笑他喝得太多或太少。如果顾客已经喝醉,应用文明礼貌的方式拒绝供应饮料。认真对待、礼貌处理顾客对饮料服务的意见或投诉,并应立即设法补救或重调。

(4) 特殊服务。除了掌握饮料的标准配方和调制方法外,还应注意顾客的习惯和爱好,如有特殊要求,应遵照顾客的意见调制。

知识活页　　酒水斟倒注意要点

(1) 斟酒时,瓶口不可搭在酒杯上,相距2厘米为宜,以防止将杯口碰破或将酒杯碰倒,但也不要将瓶拿得过高,以免酒水溅出杯外。

(2) 服务员要将酒缓缓倒入杯中,当斟至酒量适度时停一下,并旋转瓶身,抬起瓶口,使最后一滴酒随着瓶身的转动均匀地分布在瓶口边沿,这样,便可避免酒水滴洒在台布或顾客身上,也可以在每斟一杯后,即用左手所持的餐巾把残留在瓶口的酒液擦掉。

(3) 斟酒时,要随时注意瓶内酒量的变化情况,以适当的倾斜度控制酒液流出的速度。瓶内酒量越少,则流速越快,酒流速过快容易冲出杯外。

(4) 斟啤酒时,因为泡沫较多,容易沿着杯壁溢出杯外,所以斟啤酒速度要慢些,也可分再次斟或使啤酒沿着杯内壁流入杯内。

(5) 由于操作不慎而将酒杯碰翻时,应向顾客表示歉意,并立即将酒杯扶起,检查有无破损;如有破损,要立即更换新的;如无破损,要迅速用一块干净餐巾铺在酒迹上,然后将酒杯放回原处,重新斟酒。

(6) 要随时观察每位顾客酒水的饮用情况,当顾客杯中酒水少于1/3时,就应该征询顾客意见,及时斟酒。

(7) 凡需使用冰桶的酒,从冰桶中取出后,应以一块服务巾包住瓶身,以免瓶外水滴弄脏台布或顾客衣物,使用酒篮的红葡萄酒的瓶颈下应垫一块布巾或餐巾纸。

(8) 在宴会上,主宾通常都要讲话(祝酒词、答谢词等),讲话结束时,双方都要举杯祝酒。因此,在讲话前,服务员要将酒水斟齐,以免祝酒时杯中无酒。

(9) 讲话结束时,负责主桌的服务员要将讲话者的酒水送上供祝酒之用。有时,讲话者要走下台向各桌顾客敬酒,这时要有服务员托着酒瓶跟在讲话者身后,随时准备为其添酒。

(10)主宾讲话时,服务员要停止一切操作,站在适当的位置(一般站在工作台两侧)。因此,每位服务员都应事先了解宾主的讲话时间,以便在讲话开始时能将服务操作停下来。

三、酒水标准控制

由于酒水成本较高,又容易出现损耗,所以在管理中一定要坚持标准化管理,控制成本消耗。酒水销售中的标准化管理主要包括以下几个方面。

(一)标准定额

标准定额分为标准销售定额和标准成本定额。标准销售定额是指一个服务员一天应该完成的酒水销售额;标准成本定额是指每销售100元酒水应该支出的成本额,即成本率。这两种定额都以平均数为基础制定,坚持合理的标准定额管理既能调动员工的积极性,又能控制成本消耗。

(二)标准酒单

标准酒单应根据酒吧的档次、客源构成、顾客档次高低、顾客消费习惯等因素来确定。选择好酒水的种类和品牌,确定酒水价格。标准酒单一旦确定后,酒水的采购、准备、销售、服务等工作就都要围绕标准酒单进行,不得随意更改。

(三)标准配方

标准配方是指鸡尾酒调制的配方。酒吧里销售的每一款鸡尾酒都有它的标准配方,调酒师在调制酒水时一定要严格按照配方所规定的酒水种类和用量进行调制,不能随意增减酒水用量,这样既能保证鸡尾酒的口味和品质,又能维护供求双方的利益。

(四)标准基酒

基酒是构成鸡尾酒的主体,决定着鸡尾酒的酒品特色。可以作为基酒的主要有白兰地、威士忌、金酒、朗姆酒、伏特加、龙舌兰、白酒、葡萄酒、香槟等。酒吧里用作基酒的酒品一般都是质量较好,但价格较为便宜的流行品牌,这种酒被称酒吧特备酒。

(五)标准价格

整瓶销售酒水或拆零销售酒水的价格,是通过每瓶或每份酒水成本和标准毛利率来确定的。如有些酒吧所有的鸡尾酒售价都是58元,这个价格是通过鸡尾酒的平均成本水平和鸡尾酒的标准毛利率来确定的。酒水的价格一经确定,就应保持相对稳定,以形成价格的标准化管理。

(六)标准量度

酒吧酒水量度一般有三种形式或系统,即量杯量度、酒瓶计量表量度以及电子酒水配出系统。

1. 量杯量度

用量杯量取调制酒水所需的基酒是最经济,也是较精确的一种控制方法,成功的关键是

每酒必量。这种方法最大的优点是顾客乐意接受,因为这是传统的方法。但比较熟练的酒吧服务员则不喜欢这种方法,认为会影响配酒速度,而且即使他们不用量杯倒酒也同样精确。但事实上,同一服务员在不用量杯的情况下,配制的酒水往往不可能完全一样,更不必说不同服务员之间的差异了。其实,只要服务员习惯使用量杯,其速度与不用量杯时相差无几。不用量杯,不仅酒店的酒水得不到应有的控制,而且顾客也得不到质量相同的产品。

2. 酒瓶计量表量度

由于酒店很难使酒吧服务员做到每酒必量,于是就有人发明了酒瓶计量表。这是一种可以固定在酒瓶上,其流量可以调节、锁固并能自动记录总流量的装置,也就是说,每一次的倒出量可以预先调节固定,而且每倒出一次,计量表会自动记录。使用这种装置,原料用量得到严格控制,而且每次倒出量完全相同,使酒水质量得到保证。只要每天开吧时和结算时分别记录表上读数,两者之差,便是这种酒当天的消耗量。

这种装置的主要缺点是倒酒速度慢,而且倘若倒出量定为每次 1 盎司,那么当配制酒水需要 1.5 盎司时,就会带来很多麻烦。其次是由于酒吧中用酒较多,大量安装这种设备,费用往往较高。因此,一般只有在酒水成本太高且极难控制时,才使用这种装置。

3. 电子酒水配出系统

电子酒水配出系统是目前较为先进的酒吧设施,它可以与收款机联接,自身也可以有微电脑或数据处理系统。使用这种系统,酒水贮藏室可以设在离酒吧几十米的地方,服务员只要按动配出器上的按键,便可得到所需的规定数量的酒或配料,由于省时省力、量度精确、控制严密,很受服务员欢迎。但由于这种设备价格昂贵,而且联入系统的基酒和配料的数量受到限制,一般只能把最常用的基酒和酒水联入,因此免不了还得用其他方法量取一般的基酒和配料,这也许是这种系统最主要的缺点。

本章小结

(1) 餐饮常规产品是酒店满足顾客日常需要的必备产品,也是酒店餐饮收入的基本组成部分。常规产品主要包含自助早餐产品、零点餐饮产品和团体餐饮产品。各类餐饮产品均有不同的特点与管理要求,需要分类管理,有的放矢。

(2) 宴会是酒店餐饮经营最重要的业务。宴会预订是宴会组织管理的第一步,必须把握宴会的预订信息、预订确认和预订变更这三个基本环节。宴会设计是宴会能否成功的重中之重,必须根据顾客的要求和承办酒店的物质和技术条件等因素,对宴会活动的场景、台面、菜单、服务等方面进行统筹规划,并拟出实施方案和细则。宴会的组织实施是宴会的关键,其内容主要包括宴会前组织、宴会中控制和宴会后管理三个阶段的工作。

(3) 酒吧是满足顾客休闲、社交等需要的主要产品,也是体现酒店档次的重要服务设施。酒店酒吧产品管理,既要注重酒吧的环境氛围,又要注意提高专业的酒水服务,还要注意有效控制酒水的销售。

第五章 酒店餐饮产品管理实务

核心关键词

自助早餐	breakfast buffet
零点餐饮	a la carte
团体餐饮	group catering
宴会产品	banquet product
酒吧产品	beverage product

思考与练习

1. 自助早餐的服务水平控制需要注意哪些要点？
2. 零点餐饮产品该如何把握顾客心理？
3. 团体餐饮产品需要遵循哪些原则？
4. 宴会有何特点？有哪些不同的分类？
5. 做好宴会预订，关键要抓好哪些基本环节？
6. 宴会台面设计关键要把握哪些要素？
7. 一份理想的宴会菜单有哪些关键要素？
8. 酒吧的环境布置应注意哪些要点？
9. 做好酒水服务，关键要抓好哪些基本环节？
10. 酒水销售控制应把握哪些要素？

案例分析

今天，张翔的心情是既激动兴奋，又有一点忐忑不安。事情的起因是今天早上营销总监李婧给他提供的一个重要信息。

事情的经过是这样的：

昨天，李总监去拜访一位酒店一直在努力争取的重要潜在客户徐总经理。该客户是本市一家进出口公司的总经理，每年有众多的国内外客户到他的公司，以往该公司都是将客户安排在本市另外的一家五星级酒店，各种宴请也大多安排在那里。昨天，李总监从与徐总的交谈中了解到，三个月后的16日是他母亲80岁寿诞，他准备为老母亲举办一个寿宴，参加宴会的顾客人数为60位。起初，他打算在原来的那家酒店为她母亲祝寿，但是，由于那家酒店人员变动等原因，导致他的一个重要接待活动出现较大失误，他有点担心再出差错。同时，他也听到在海蓝大酒店用过餐的朋友

说,海蓝大酒店自从去年底调整了餐饮部领导班子以后,无论是环境、菜肴还是服务,都有了很大的改变。所以,当昨天李总监拜访他,并希望给海蓝大酒店一些服务的机会时,他就把为母亲祝寿的事情说了出来。他表示只要母亲高兴,参加宴会的顾客满意,费用不是问题,只要酒店提供收费标准即可。他要求酒店先提供一个寿宴接待方案,只要他觉得满意就签订宴会预订合同。

问题讨论:
1. 为了做好这次宴会的设计与接待工作,张翔还需要进一步了解哪些信息?
2. 针对徐总经理的要求及进一步收集的相关信息,张翔应制定一个怎样的寿宴活动方案?
3. 根据上述情况,假如你是张翔,还会给酒店总经理提供一些什么建议?

第六章

酒店餐饮服务品质管理

学习导引

俗话说:"金杯银杯,不如顾客口碑。"酒店餐饮产品要赢得顾客的真正认可,关键在于服务品质。所以,加强餐饮服务品质管理,对培养顾客忠诚度、提高餐饮经营效益至关重要。酒店餐饮服务品质是指酒店餐饮服务活动所能达到规定效果和满足顾客需求的特征和特性的总和。那么酒店餐饮服务品质管理主要应把握哪些关键环节?每一个环节应抓住哪几个关键节点?每个关键节点的管理又有哪些基本要求与方法?这就是本章需要回答的基本问题。

学习重点

通过本章学习,你应该重点掌握:
1. 餐饮服务规范组成部分及设计的基本原则;
2. 餐饮服务现场控制的对象、内容与关键点;
3. 餐饮服务品质评价的依据、方法与持续改进的思路与方法。

第一节 餐饮服务规范设计

酒店餐饮服务品质管理是一个系统的管理,其应遵循PDCA循环(质量环)管理的基本思想,构建餐饮服务品质的管理体系。据此,餐饮服务品质管理的首要环节是在调查研究的基础上建立餐饮服务规范。餐饮服务基本规范主要包括服务品质规范、服务提供规范以及服务控制规范。

一、餐饮服务品质规范

餐饮服务品质规范,即餐饮服务所要达到的水准和要求,也就是通常所说的餐饮服务品质标准,反映的是餐饮服务的结果质量标准。餐饮服务标准既是服务设计的结果,也是编制服务提供规范和评价服务品质的依据。基本方法是把需要顾客评价的服务特征与特性形成定量或定性的质量指标或要求。酒店餐饮服务品质规范设计,必须遵循以下三项基本原则。

PDCA循环又被称为戴明环,是由美国质量管理专家戴明首先使用。

(一)符合原则

符合原则,就是酒店餐饮服务品质标准设计必须坚守底线思维,符合法律、标准与企业的基本要求。

1. 国家法规

酒店餐饮服务品质规范必须达到国家各类法规的基本要求,比如消防管理、食品卫生、消费者权益保护等法规。

2. 行业标准

酒店餐饮服务品质规范设计,必须以国际、国内的有关行业标准为基本依据。所谓行业标准,就是对重复性事物和概念所作的统一规定,它以科学、技术和实践经验的成果为基础,经有关方面协商一致,由主管机构批准,以特定的形式发布,作为共同遵守的准则和依据。根据标准的适用领域和有效范围,我国把标准分为三级:一是国家级标准,它是由国家标准化主管机构批准、发布的,是全国统一的标准;二是专业(部)标准,它是由专业标准的主管机构或专业标准化组织批准、发布的,是某个专业范围内统一的标准;三是企业(地方)标准,它是由企事业单位或其他上级有关机构批准发布的标准,目前,地方标准属于企业标准一级。除了上述我国的三级标准外,还有国际标准和区域标准。国际标准是由国际标准化组织通过的标准。区域标准是指世界上某一地区标准化组织通过的标准。目前,我国酒店比较通行的标准主要有三个:一是酒店的等级评定标准;二是ISO9000标准;三是绿色酒店标准。

知识活页 米其林餐厅

米其林餐厅指南,是《米其林红色宝典》中收录的各地美食、餐厅的介绍。1900年米其林轮胎的创办人出版了一本供旅客在旅途中选择餐厅的指南《米其林红色宝典》,内容为旅游的行程规划、景点推荐、道路导引等。《米其林红色宝典》(又称《米其林指南》)每年对餐馆评定星级。

收录在《米其林红色宝典》上的餐馆,至少先要获得到一副刀叉的标记,这种标记是《指南》对餐馆的基础品评标准,从最高的5副到1副不等,主要表明餐馆的舒适度。米其林星级是由一批经过筛选的"美食密探"进行评判的,他们被称作"监察员"。"监察员"每去一家餐厅或酒店进行评判,都需要隐瞒身份悄悄潜入住宿和品评。他们需要参考的评分项目包括餐厅的食物(60%)、用餐环境(20%)、服务(10%)和酒的搭配(10%)。

米其林餐厅评分系统共有三个等级。

1颗星:值得停车一尝的好餐厅(这样的叙述当然是因为米其林是做轮胎的)。

2颗星:一流的厨艺,提供极佳的食物和美酒搭配,值得绕道前往,但花费不低。

3颗星:完美而登峰造极的厨艺,值得专程前往,可以享用手艺超绝的美食、精选的上佳佐餐酒、零缺点的服务和极雅致的用餐环境,但是要花一大笔钱。

截至2012年,《米其林红色宝典》收录的星级餐厅共有2241家,其中,三星餐厅106家。2016年,《米其林红色宝典》上海篇正式发布,共有18家中外餐厅成功摘得一星,4家中餐厅及3家西餐厅被授予二星餐厅荣誉,1家餐厅成为三星中餐厅。

(资料来源:http://mt.sohu.com/20160923/n469033191.shtml.)

3. 企业目标

餐饮服务品质标准必须服从于酒店的整体管理目标,任何酒店为了在激烈的竞争中脱颖而出,均会确定独特的品牌形象及相应的标准。餐饮服务品质标准必须与之适应,成为酒店品牌形象的主要载体。

(二)有效原则

有效原则,就是餐饮品质规范设计须注重效果与效率的有机结合,既满足顾客的需求,又保证酒店取得理想效益,实现顾客价值与企业价值的有机统一。

1. 注重顾客导向

顾客导向,是指酒店的战略决策、日常运营管理及经营评估等都以认知、创造和实现顾客价值为基本出发点。在餐饮服务品质规范设计中,必须研究酒店餐饮目标顾客的需求,以确定科学的餐饮服务结构和标准。顾客需求结构一般包括四个方面的内容:一是功能需求,如酒店餐饮产品能解决顾客"饿"的实际问题,只要吃饱就满足了顾客的功能需求;二是形式需求,指顾客对酒店餐饮产品的外观、构成、名称、方式等方面的需求;三是价格需求,是顾客对酒店提供的餐饮产品合理收费的需求以及在一定价格波动空间内获得定价选择权的需求;四是外延需求,指顾客希望获得的附加利益和服务的需求,外延需求的核心是心理需求,达到精神上的满足。

2. 注重品质特性

酒店餐饮产品要满足顾客需求,必须具有以下品质特性。

(1)功能性,即酒店提供的餐饮产品为能够满足顾客基本需求所具备的作用和效能的特性,这是酒店餐饮服务品质的最基本特性。

(2)经济性,即顾客为得到一定的餐饮服务所需要支付的费用是否合理。这里所说的费用是指在接受服务的全过程中所需的费用,即服务周期费用。经济性是相对于所得到的服务品质而言的,即经济性是与功能性、安全性、及时性、舒适性等密切相关的。经济性关系到与同类产品的竞争力,即在其他品质特性相同的情况下,顾客选择酒店的主要决定因素。

(3) 安全性,即酒店保证餐饮服务过程中顾客的生命不受危害,健康和精神不受到伤害,货物不受到损失。安全性也包括物质和精神两个方面,这是酒店餐饮服务品质的底线,绝对不可突破,否则后果一定严重。

(4) 时间性,即酒店餐饮服务工作在时间上能否满足顾客的需求,包含及时、准时和省时三个方面。

(5) 舒适性,在此主要是指酒店的用餐环境、餐饮设施、设备、用品等物质条件给顾客带来的一种享受。舒适性,主要来自顾客的感知,即通过视觉、听觉、嗅觉、味觉与肤觉,感知客观事物,由此产生的一种生理与心理反应。这往往也是顾客评价酒店餐饮档次高低的一个直观要素。

(6) 愉悦性,主要是指酒店餐饮服务过程中为满足精神需求的质量特性。被服务者期望得到一个自由、亲切、受尊重、友好、自然和谅解的气氛,有一个和谐的人际关系。这是酒店餐饮服务品质的重中之重。

3. 注重服务成本

任何餐饮产品的提供均需要酒店有一定的付出,关键在于是否适度。适度,就是指根据目标客源的等级要求,即付费标准,以合理的成本,为目标客源提供满意的具有适度质量的酒店餐饮产品,以实现酒店餐饮经营长期利润最大化的目标。适应强调要投顾客需求类型之好,适度强调要投顾客需求等级之好,这两者都是在使顾客满意的基础上,为实现酒店餐饮经营长期利润最大化的目标服务。

知识关联

通过网络学习途径,进一步掌握价值工程理论的基本原理、方法与应用。

为此,餐饮服务品质规范设计必须注重价值工程,即以产品功能分析为核心,以提高产品的价值为目的,力求以最低寿命周期成本实现产品使用所要求的必要功能。餐饮服务品质规范设计,必须清楚顾客的关键需求以及满足顾客各种需求的成本,科学制定各类服务需要达到的最低标准、较高标准与极致标准。

(三) 准确原则

准确原则,就是酒店餐饮服务品质标准能全面反映酒店餐饮品质水平,并可以客观考量与评价。因此,一方面须注重餐饮服务品质标准的全面性,另一方面餐饮服务品质标准要做到定性和定量相结合,尽可能使用量化标准,对不能定量的标准则要用清晰、准确的文字来表达。酒店餐饮服务品质标准必须在以下三个方面提出相应的标准。

1. 设施质量

设施设备,是酒店餐饮业务存在的必要条件,也是酒店餐饮劳务活动的依托,更是酒店餐饮接待能力的反映。设施质量标准主要包括设施的配套与完好程度、设施的功能布局的合理程度与酒店的装修质量所营造的餐厅氛围。

2. 产品质量

产品质量即实物产品质量,是满足顾客物质消费需要的直接体现,是酒店餐饮服务品质的重要内容。餐饮实物产品质量主要包括酒店菜点、餐具、用具等方面的质量。

3. 服务水平

服务水平,即软件服务水平,主要是由酒店服务人员态度和行为所表现出来的服务状态和水准,主要包括以下六个方面。

(1) 服务项目,即为满足顾客的需要而规定的服务范围和数目。酒店餐饮服务项目的多少,一方面反映服务的档次,另一方面直接关系到顾客的方便程度。

(2) 服务态度,即酒店餐饮员工在对客服务中表现出来的主观意向和心理状态,直接决定顾客的心理感受。

(3) 服务方式,即餐饮服务活动和行为的表现形式,如站立方式、递送物品的方式、斟酒、派菜的方式等,它在一定程度上反映了服务的规格。

(4) 服务时间,即在什么时候提供服务,包括营业时间(如餐厅营业时间)和某一单项服务行为提供的时机(如出菜时间),其在一定程度上反映了酒店餐饮服务的适应性和准确性。

(5) 服务效率,即餐饮酒店员工在对客服务过程中对时间概念和工作节奏的把握。

(6) 服务技能,即酒店餐饮员工在对客服务过程中所表现出来的技巧和能力。由于酒店服务提供与顾客消费的同一性特点,员工的服务技能就直接构成服务品质的要素。

二、餐饮服务提供规范

餐饮服务提供规范,是提供餐饮服务的内容、方式、方法、程序等方面的规定,是实现餐饮服务品质规范的具体措施。

(一) 明确性

明确性,即对于餐饮服务提供规范的边界、内容等加以清晰界定,餐饮服务提供规范必须在以下方面加以明确规定。

(1) 清楚地规定提供服务的过程,包括规定必须的工作阶段,规定每个工作阶段中的活动,规定各个工作阶段(活动)的接口,规定各个工作阶段(活动)的责任。

(2) 清楚地规定每一项服务各个工作阶段(活动)的提供特性,包括顾客可经常观察到的和那些顾客不能经常观察到的但又直接影响服务业绩的特性。

(3) 规定每一项服务提供特性的验收标准,验收标准应能够评价服务提供特性的基本特征,并可采取相应的方法做可重复的评价和记录,确保服务的可追溯性要求。

(4) 明确资源的要求和配置,包括实现服务规范所需的设备、设施,明确人员的技能和配置要求,明确对提供产品和服务的承包方的要求。

(二) 先进性

先进性,就是餐饮服务提供规范要遵循餐饮服务规律,实事求是,优化组合,以指导员工创造理想的服务效益。在此,须特别注重以下三个方面。

1. 客观性

因地制宜,就是餐饮服务提供规范设计,要充分注重酒店自身的客观实际,一般来说,需考虑以下三个基本要素。

(1) 酒店特征,这里主要是指酒店的所在区域、类型、等级、规模等有形要素。不同的酒店特征,既反映了不同的服务品质要求与顾客的不同期望,也反映了酒店所拥有不同的服务资源与客观基础。

(2)客源结构,包括年龄、性别、家庭、民族、区域等,酒店需要分析自身主要的客源特征来设计酒店餐饮服务提供规范。

(3)管理条件,这里主要指酒店管理目标、管理模式、员工队伍素质等主客观因素。

2. 经济性

经济性,这里是指餐饮服务提供建立在优化基础上,以实现服务效率的最大化。在此,泰勒科学管理理论中的作业管理研究值得酒店借鉴。泰勒认为只有用科学化、标准化的管理替代传统的经验管理,才是实现最高工作效率的手段。在此基础上,他提出了如何制定科学工作方法的思路。他认为采用科学的方法能够对工人的操作方法、使用的工具、劳动和休息的时间进行合理搭配,同时,对机器安排和作业环境等进行改进,消除各种不合理的因素,把最好的因素结合起来,从而形成一种标准的作业条件。① 餐饮服务提供规范设计,必须在以下三个方面加以优化。

知识关联

弗雷德里克·泰勒(Frederick Taylor, 1856—1915)美国著名管理学家、经济学家,被后世称为"科学管理之父",其代表作为《科学管理原理》。

(1)劳动工具,即选择得心应手的劳动工具,以降低员工的劳动强度,提高工作效率。

(2)服务程序,即选择合适的时间、恰当的时机,以合理的顺序,提供恰到好处的餐饮服务。

(3)操作方法,即选择简单、快捷、有效的方法,提高服务的效果与效率。

3. 合理性

餐饮服务提供规范是员工服务的基本指南,必须注重标准化与个性化的有机统一。对于针对顾客共性需求的基本服务,必须加以严格规定,而对于顾客个性与即时性的特殊需求,必须在"顾客至上"的前提下,给一些员工提供灵活服务的空间。

(三)体验性

酒店餐饮服务必须注重体验性,即给顾客以独特、美好的用餐经历与记忆,酒店餐饮服务提供规范须注重以下特征。

(1)独特性。既然是体验,就要令顾客印象深刻,难以忘怀。这就要求酒店在体验化的餐饮服务创新设计中,有效结合特色主题来突出餐饮产品的独特性,以及与市场同类产品的差异性。

(2)情感性。体验活动是满足个人心灵与情感需要的一种活动。所以,作为体验消费,顾客在注重酒店餐饮产品功能价值的同时,更加注重情感的愉悦和满足,偏好那些与自我心理需求产生共鸣的酒店感性产品与活动。

(3)参与性。为了追求体验,顾客不再仅仅是被动地接受服务,而是在接受服务的同时

---

① 弗雷德里克·泰勒.科学管理原理[M].马风才,译.北京:机械工业出版社,2013.

要求更多地参与到餐饮服务的设计与活动之中。

三、餐饮服务控制规范

如果说餐饮服务品质规范规定了做什么,餐饮服务提供规范规定了怎么做,那么餐饮服务控制规范则主要检查有没有做到,是否有效地达到了餐饮服务标准,即规定评价和控制餐饮服务及餐饮服务提供特性的程序。餐饮服务控制规范应能有效地控制每一服务过程,以确保服务始终满足服务规范和顾客的需要。

（一）全员性

餐饮服务品质控制首先必须确定谁控制的问题,即控制主体。为了保证餐饮服务品质不同层面的标准都能得到落实,就必须坚持全员性原则,并确立不同层次的控制主体的职责。

1. 高层领导的重点控制

高层领导,即对餐饮经营负有决策、组织、领导之责的管理者,如酒店正副总经理、餐饮总监等。酒店餐饮重要项目、重要接待、重要活动对酒店餐饮的声誉、形象和未来经营状况产生重大影响,高层领导要亲自参与设计、策划,亲自检查、监督运行情况,不能有半点闪失。

2. 各级管理者日常控制

餐饮各部门管理者按管理职责进行现场控制,保证各项服务活动按计划、按标准有效实施。

3. 全体员工的自我控制

员工自我控制,这里主要是指员工的积极主动意识与零缺陷管理的工作作风。员工是餐饮品质控制的最重要主体,因为所有服务都是靠员工做出来的,而不是靠检查出来的。为此,所有员工必须确立第一次就把工作做好的理念,注重自我激励、自我规范、自我检查,把各种失误尽可能降低为零。

知识关联

零缺陷管理思想是由菲利浦·克劳士比(Philip Crosby,1926—2001)创立的,他被称为"品质大师中的大师"、"零缺陷之父"、"一代质量宗师"。

（二）全覆盖

餐饮品质控制规范应该覆盖餐饮服务品质控制的基本范畴,主要包括以下几个方面。

（1）关键活动的识别与控制。明确每个服务过程中对服务有重要影响的关键活动,规定对关键活动的控制方法(往往包括过程业绩的测量和控制)。

（2）质量特性的评价与控制。明确需重点控制的质量特性(服务特性和服务提供特性),规定对质量特性的测量和控制方法。

（3）明确与质量控制活动有关的责任。对所选出的特性规定评价的方法。

（4）建立在规定界限内影响或控制特性的手段。如实现质量控制规范所需的设备、设施,对人员的技能和配置要求等。

（三）全过程

餐饮服务品质控制，必须体现在服务品质管理的全过程。

1. 事前控制

事前控制，一方面体现在对餐饮服务活动目标和资源投入的筹划，以保证餐饮服务活动的方向正确，各种资源要素的投放合理；另一方面体现在餐饮服务准备工作的控制，保证各种资源配置到位，各项准备工作就绪。

2. 事中控制

事中控制，主要体现在服务提供过程的控制，主要是管理者在现场对正在进行的活动给予指挥、指导与检查，以保证活动按规定的目标、程度和方法进行。

3. 事后控制

事后控制，主要是根据事先确定的餐饮服务品质标准与实际工作绩效进行比较、分析和评价。

第二节　餐饮服务现场控制

服务现场管理，就是餐饮管理人员通过深入现场，有效运用各种管理职能，以保证餐饮服务活动的顺利进行，并达到理想的服务效果。加强现场管理，餐饮管理人员才能真正感受质量、对质量进行有效的控制，才能及时解决各种质量问题，才能不断研究服务、改进服务。

一、餐饮服务对象控制

餐饮服务对象，即用餐的顾客。对于酒店而言，要加强对餐饮服务品质的控制，应从重视顾客感知开始。顾客感知管理应围绕"使顾客拥有好心情"为中心，并注重以下三个基本点。

（一）关注对客交流

酒店服务的特点是人对人、面对面，服务活动实际上是一种人际沟通的活动。因此，餐饮管理人员现场管理的首要任务是与顾客交流，使顾客有受尊重、受关照的感觉。

1. 热情问候顾客

作为初次来酒店用餐的顾客，一般对新的环境有一种陌生感，有些单身顾客甚至会有一种孤独感，此时他一般最需要餐厅员工的亲切问候与关心；而作为餐厅的常客，尽管他们没有陌生感，但希望有一种家的温暖感觉，同样需要问候与关注。所以，餐厅管理人员在服务现场必须给予每位顾客以足够的热情与尊重，问候他们，记住他们，让他们体会到酒店的独特情怀。

2. 欣赏赞美顾客

任何人都希望自己被理解，任何人都希望能得到他人的赞美，来餐厅用餐的顾客更是如此。所以，餐厅管理者一定要懂得欣赏顾客，赞美顾客。为此，餐厅管理者必须用心去观察顾客，善于从顾客的外形体貌、衣着打扮、语言表情、气质风度、处事为人等方面，发现顾客身上的闪光点,给顾客以恰到好处、恰如其分的赞美。

3. 征询顾客意见

众所周知,来酒店餐厅用餐的顾客既有共性需求,又有个性需求。共性需求餐厅管理者容易掌握,而个性需求则往往需要通过与顾客的交流才能洞察。所以,餐厅管理者必须注意主动询问,察言观色,了解顾客的特殊需要,适时提供针对性的个性化服务,帮助顾客解决一些特殊困难。

(二)关注重点服务

分清主次,抓住重点,这是管理的基本技巧之一。管理人员在开餐过程中,同样必须关注重点服务。一般来说,餐厅管理人员需要特别关注的重点服务顾客有以下几种。

(1)重要顾客。餐厅管理人员必须通过参与服务、现场指挥,保证接待的规格与水平。

(2)挑剔、难以侍候的顾客。服务人员要么缺乏服务这些顾客的经验而导致顾客不满,要么惧怕或厌恶这些顾客而不愿接待或冷落顾客而导致顾客投诉。所以,餐厅管理人员必须关注这些顾客,并帮助指导服务人员做好各项接待工作。

(3)曾经对餐厅的菜点和服务投诉过的顾客,或在用餐前在酒店遇到过不愉快的顾客。因为此时的餐饮服务对顾客的情绪以及其对酒店的印象至关重要,所以,餐厅管理人员必须要提供特别精心、细心的服务,以化解顾客心中的疙瘩。

(4)消费低的顾客。这类顾客可能是由于身体不适,可能是因为赶时间,也可能是因为囊中羞涩或有节俭的习惯,无论何种原因,都是需要特殊关照的,绝不能使顾客有受冷落、受怠慢之感。

(5)独自一人进餐的顾客。这类顾客因无交谈的对象,等待过程中会有一种孤独无聊之感,所以,餐厅管理人员必须注意和这类顾客加强交流。

(6)临近营业结束来用餐的顾客或超过营业时间进餐的顾客。因为此时,服务员大都已到了或快到下班时间,大都身心疲惫,容易急躁,所以,餐厅管理人员必须特别注意控制,保证最后一桌顾客乘兴而来,满意而归。

(三)关注顾客投诉

投诉,是顾客对酒店提供的设施、设备、项目及员工的服务等各方面表示不满而提出的批评、抱怨或申诉。服务现场管理的目的在于防微杜渐,尽可能避免出现投诉,或者是亡羊补牢,把坏事转变为好事。

1. 主动寻找

由于酒店和顾客的各种主客观原因,顾客对餐饮环境、菜点、服务、价格等产生不满意的现象是难以避免的。但顾客对待不满意的态度是不同的,有些会告诉酒店,有些则不会主动告诉酒店。有些可能会再来,有些则不会再来。所以,顾客若有不满意,投诉并不可怕,可怕的是顾客不投诉。因为顾客不投诉并不等于顾客都满意,他在酒店不说,并不意味着他在酒店外面不说。所以,餐饮管理人员必须具有"寻找"顾客投诉的意识,随时注意顾客的表情和情绪,主动征求顾客的意见,及时把顾客的不满情绪消灭在萌芽状态。

2. 注重差异

顾客投诉的原因、内容千差万别,顾客心理、服务缺陷都存在差异性。此外,顾客投诉处

理也会占用酒店服务资源,而不同顾客的价值对酒店效益的贡献也不尽相同。因此,酒店应针对具体情况,对投诉实行差异管理。

1)顾客心理差异

从顾客心理来看投诉,可以将投诉分为三类:一是挑剔型顾客的意见投诉,二是理智型顾客的索赔投诉,三是宣泄型顾客的抱怨投诉。所以,酒店在受理并处理投诉的过程中,必须关注顾客的心理差异,掌握顾客的投诉动机,采用不同的处理策略。

2)服务缺陷差异

酒店的服务系统是一个复杂的、综合的系统,服务缺陷的产生会涉及众多的服务环节和影响因素,顾客投诉的内容也因此有所不同。酒店应在仔细甄别投诉内容差异的基础上,针对具体情况,采用不同的处理对策。

3)顾客价值差异

任何一个酒店的资源和能力是有限的,要想完全满足所有投诉顾客的需求既不现实,也不经济。因此,酒店应在保证公平的基础上,重点保证高价值顾客的投诉万无一失。

3. 讲究技巧

对于顾客的投诉,则应给予足够的重视并注意处理的技巧。

1)选择合适的地点

顾客投诉是不会考虑场合的,有些顾客投诉时,情绪激动,大声嚷嚷,面对这样的顾客,最好请他到较为僻静的地方,坐下来,慢慢说,以免影响其他顾客的消费,避免造成不良影响。

2)耐心倾听,弄清事实

不管什么样的顾客向你投诉,都应该全身心地倾听顾客的陈述,以判断事情的原委与顾客投诉的目的。倾听过程中,不要随便打断顾客的讲话,即使顾客的投诉有误解或错误,也不要急于解释。在听取顾客陈述时,应认真做好记录,这是采集信息的需要,也可借此表示对顾客反映问题的重视。顾客为配合你的记录,自然会放慢语速,情绪也会因此平静下来,这对处理问题是有利的。

3)表示同情和歉意,感谢顾客的批评指教

无论顾客投诉什么样的问题,接受投诉的人都应当表现出对顾客问题的关心,表达对顾客遭遇的同情。态度要冷静、诚恳,讲话要亲切、柔和,冷漠的态度是最让顾客反感的。而对顾客表示同情,可以减少顾客的敌意,缩短双方的距离,改善现场的气氛,让顾客觉得你并没有否认他所投诉的事实。如果顾客投诉的是服务员的态度、服务效率、设备等方面的问题,应立即向顾客表示歉意,此类问题大多不必待调查清楚事实后再处理,不妨立即承认顾客投诉的事实,并迅速做出处理的决定。在大多数场合下,这种负责任的态度会博得顾客的好感,顾客也不会提出过分的要求,事情就会妥善得到解决。某些需要赔偿的问题,道歉则要十分慎重,因为道歉往往意味着承认错误,准备承担责任,有可能产生负面的结果。

4)根据投诉事实与动机,提出解决方案

顾客投诉主要有三种动机:一是求发泄;二是求尊重;三是求补偿。前两种顾客的投诉相对比较容易处理,而第三种相对复杂。总的来说,如果酒店确有责任,酒店应给予顾客补偿。补偿的办法应该由处理投诉的酒店管理者根据事实与酒店的制度提出,最好能提出两到三种方案,让顾客选择,以便让顾客感到自己掌握着决策权。注意一般不要请顾客先提出解决办法,这会让处理变得被动。

5) 检查落实,记录存档

处理顾客投诉并要取得良好的效果,其最主要的一环便是落实、监督、检查已经采取的纠正措施。要确保各项改进措施真正落实,并使酒店的服务水准达到最佳状态。可能的话,与顾客联系,询问顾客对投诉处理的满意度。最后,必须把投诉处理的全过程写成报告,存档备用。

经典案例　让不满意顾客转化为惊喜的顾客

一天中午,酒店常务副总经理邹先生正按自己的工作习惯在酒店营业场所巡视,当来到提供以杭帮菜为主的中餐零点餐厅时,听到三位顾客正在用方言评价已经上的一道热菜——龙井虾仁,说不够有味,作为杭州名菜,没有想象中的好,不像他们重庆的菜有劲。邹副总想,尽管顾客没有投诉,但肯定会影响顾客情绪及对酒店服务的满意度。顾客之所以会认为食之少味,可能是因为自己习惯的口味。想到这里,邹副总立即找到了看台服务员,了解他们的点菜情况,并请服务员转告厨师,将其中两个菜肴适当加重一点口味。然后,邹副总来到这桌顾客的旁边做了自我介绍,然后说,听口音这三位顾客好像是来自重庆的朋友,得到肯定的回答后,邹副总说自己到过重庆市,重庆是一个好地方,然后简洁地从人杰地灵、美食小吃等方面加以赞美。此时,三位顾客的脸上开始洋溢着一种喜悦。见时机成熟,邹副总开始进入正题,说:"真不好意思,都怪我们服务不周,没有考虑到你们重庆朋友的口味,也没有给你们介绍我们杭州菜的一些特点,才让你们感到有此遗憾。"顾客想不到酒店领导如此重视,反倒觉得有点不好意思起来。正在此时,他们点的东坡肉上桌了。邹副总简单介绍了这个菜的来历及口味特点,然后又简单介绍了杭州菜的基本特点及他们点的其他几个菜的口味特点,并不忘夸奖他们很会点菜,说他们点的几个菜是许多名流与美食家钟爱的。最后,邹副总又免费给他们提供了一份水果。结果,邹副总的行为让这三位顾客非常感动,说这是来到浙江出差三天吃得最满意的一餐,并表示以后来浙江出差一定还住这个酒店,而且还会推荐他们的朋友入住这家酒店。

(案例来源:由邹益民根据自己的工作经历撰写。)

二、餐饮服务主体控制

餐饮服务的主体是员工,与顾客接触的高交互性决定了酒店员工每天都要面临情绪劳动的挑战,进而影响其对工作的倦怠感及工作满意度。所以,餐饮员工管理的重心是工作状态的管理,应围绕"使员工处于最佳工作状态"为中心,尽可能使员工处于正确、高效、愉快的

工作状态,并注重以下四个基本点。

(一) 有效指挥

指挥就是管理者借助指令等手段,促使下属机构和人员履行自己的职责,实现既定工作目标的领导行为。

1. 正确指挥

餐饮管理者应让员工去做正确的事,并准确下达各种指令。餐饮管理人员应注意工作的预见性,要根据客情预报及餐饮业务规律和本餐厅的营业情况,合理安排班次和上班的人员,力求避免闲时无事干,忙时疲劳战的状况。同时,要注意各尽所能,优化群体结构,根据每个员工的业务水平、身体状况等因素,合理分配任务。为了做到分工明确,职责清楚,责任到人,餐饮服务一般采用分岗分区域负责制。但是,开餐过程中,顾客的分布及抵达时间往往不以我们的意志为转移。所以,必然会出现忙闲不均的状况,这就需要餐厅管理者现场调度,进行第二次、第三次分工,以保证接待服务品质。另外,顾客的用餐有高峰和低谷,当用餐高潮过后,餐厅管理人员应适时安排部分员工休息,以节约劳动力。

2. 有序指挥

餐饮管理者须遵循组织管理的等级链原则,依次发布命令、指挥业务。要注意避免多头指挥、越级指挥的现象。

3. 清晰指挥

餐饮管理者的指挥性质、形式必须恰当,内容必须明确具体,让下属易于执行。根据对下属的制约程度,指令大体可分为:①命令,即下属必须无条件服从的指令,一般适用于职责清楚、任务明确、可控性大、时间性强的工作;②要求,即下属必须执行,但可商量执行条件和相关细节的指令,一般适用于情况不是十分清楚、任务相对复杂、牵涉面较广的工作;③建议,即下属可执行也可不执行,但必须反馈的指令,一般适用于不在管理者的职权范围,又觉得要下属去做的工作,或者是自己有一定想法,希望下属去思考的问题。

(二) 正确督导

为了让员工高效工作,餐饮管理者必须对员工进行正确的督导。

1. 业务指导

由于任务的难度、员工的经验等原因,下属难免会出现不知道怎样做或者方法不当等问题,此时就需要餐饮管理者给予员工以技术上的指导,让员工知道并掌握正确的方法。

2. 提供帮助

由于人性的弱点和知识、经验、能力、情绪等原因,下属在工作中难免会出现这样和那样的问题。餐饮管理者应通过现场走动,主动寻找下属在工作环境、条件等方面的问题与困难,及时帮助员工解决各种难题。

3. 纠正偏差

在餐饮服务过程中,难免会因为各种主客观原因导致计划与现实、工作要求与实际执行出现偏差。这就要求餐饮管理者必须加强检查督导,及时发现问题,纠正各种偏差。当然,在员工面对顾客服务时,餐饮管理者要注意不露声色地弥补员工的不足与过错。

（三）及时激励

员工情绪对于其工作质量至关重要,餐饮管理者现场管理的重要使命就是帮助员工保持正常的情绪状态,使其愉快地工作。

1. 感情交流

人是有思想、有感情的高级动物,餐饮管理者在服务现场要注意态度,注重与下属的思想交流,增加情感投资,让员工有倍受重视的感受。

2. 适度授权

授权是指餐饮管理者根据工作的需要,授予下属一定的职权,使下属在其所承担的职责范围内有权处理问题、做出决定,以提高服务工作的绩效。授权体现了管理者对员工的一种信任,而信任能极大地满足员工内心的成功欲望,因信任而自信无比、灵感迸发、积极性骤增。当然,管理者授权应该适度,要因人而异,因事而异,因时而异,并注重授控结合,达到授权目的。

3. 及时认可

任何人都有得到他人认可的强烈欲望,所以当一个人在工作中有所发明、有所成绩时,总希望有人赏识,有人分享。因此,餐饮管理者必须要善于发现下属的闪光点,并及时给予认可与鼓励。

三、餐饮有形产品控制

餐饮有形产品控制,这里所指的是有形设施与实物产品的控制,如场地设计、设施设备、菜点出品等方面的控制,适合进行标准化控制,其应围绕达到产品标准为中心,并注重五个基本点,即通过自己的"五官"（眼、耳、鼻、舌、身）去感知产品质量。

（一）明确控制标准

餐饮有形产品要求做到:凡是顾客看到的,都应该是美观的;凡是顾客闻到的,都应该是清新的;凡是顾客听到的,都应该是悦耳的;凡是顾客吃到的,都应该是可口的;凡是顾客触到的,都应该是舒适的。

（二）做好物资准备

开餐前,餐厅管理人员应根据当天的营业预测开好领料单,督促指导有关人员准备好开餐过程中的物资用品,如酒水饮料、摆台及翻台用品等,并需对其规格、质量等方面进行检查,做到万无一失。

（三）做好餐前检查

开餐前,餐厅管理人员必须对开餐前的准备工作进行全面检查。主要有:一是设施设备的完好状况;二是餐车、托盘、点菜单、开瓶器、台布、口布、餐巾纸、刀叉、火柴、牙签、烟灰缸等用品、工具的数量和质量;三是餐台布置规范;四是各种装饰陈列规格;五是卫生质量标准;六是安全可靠程度。

（四）控制产品标准

控制产品标准,就是要通过各种管理措施和手段确保酒店设备、设施、菜肴、客用品等达

到安全、卫生、可靠的标准。如对出菜速度与出品质量的控制,开餐期间,餐饮管理人员要及时同厨房保持联络,掌握好各餐桌的出菜速度,既不能太慢而让顾客久等,又不能太快而出现压台,顾客来不及用的情况而影响菜点质量,同时,还必须加强菜肴质量的检查控制。又比如对顾客用餐环境与范围的控制,餐饮管理人员必须检查餐厅的整洁情况和空调等设施设备的运行情况,还必须时刻注意并及时处理如顾客不小心摔倒、醉酒、碰翻酒具等突发事件,有效控制餐厅的气氛。

第三节 餐饮服务品质评价

按照PDCA循环管理思想,餐饮服务品质管理必须注重餐饮服务品质评价,目的在于识别和积极寻求餐饮服务品质的改进机会,以实现餐饮服务品质的持续改进。

一、餐饮服务品质调查

要准确评价餐饮服务品质,首先必须多层次、全方位地收集顾客的意见,以把握酒店餐饮服务品质状况。

(一)现场征询

现场征询,就是在服务现场通过和顾客的直接接触了解顾客的需求和意见。现场征询是了解顾客并满足需求最方便、最经济、最有价值的方法。餐饮服务现场的征询,应体现在服务的各个环节,贯穿于服务的全过程,并做到人人参与。如在迎宾时应征询顾客对餐位布局安排的意见;在点菜时应问问顾客对菜点口味的喜好及对菜单设计的意见;在服务中应观察顾客的表情,倾听顾客对菜点的评价;在结账送客时,则可通过询问或者提供书面的顾客意见书,积极诚恳地征求顾客对用餐环境、菜点质量、餐饮服务及价格的意见。

(二)问卷调查

问卷调查,就是酒店将设计好的调查问卷通过当面交给被调查者或者邮政、电子邮箱、微信等渠道寄发给被调查者,并按约定的时间收回的一种调查方法。餐饮部门可以单独设计餐饮服务品质问卷开展调查,也可以包含在酒店的顾客满意度调查中。

1. 问卷结构

问卷,又称调查表,是指调查者根据调查目的与需求,设计出由一系列问题、备选答案及说明等组成的向被调查者收集资料的一种工具。一般而言,一份完整的调查问卷包括标题、问卷说明、调查问题(问卷的主体部分)、被调查者的基本情况、编码、备注等内容。

(1)问卷标题,即明确说明调查的主题,让被调查者对主要问题有一个大致的了解,并能较准确、客观地回答有关问题,如餐饮质量调查表、餐饮需求调查表等。

(2)问卷说明,即向被调查者说明调查的目的和意图,引起被调查者的兴趣和重视。

(3)调查问题,通常以一系列问题的形式提供给被调查者,包括调查的问题和回答方式等内容。

(4)被调查者的基本情况,可分为个人和单位。如果是个人,则一般包括性别、年龄、文化程度、职务职称、个人和家庭收入等。如果是单位,则包括行业类别、经营项目、餐饮消费支出、主要宴请客户等。

(5) 编码,即为了便于计算机汇总、分类、排序、分析而设置的计算机编码。

(6) 备注,即其他有关补充说明。

2. 问题类型

问题是问卷的核心,必须根据调查的目的及其具体情况选择不同类型的问题。

(1) 事实性问题,即要求被调查者根据自己和周围发生的情况进行回答,如"您通常午餐都吃快餐吗?"

(2) 观点性问题,即关于被调查的态度、喜好、意见等问题,如"您是否喜欢本餐厅推出的家常菜?"

(3) 评价性问题,即要求被调查者根据问卷所给出的评价尺度对餐饮产品做出评价,如"您觉得本餐厅的价格如何(很贵、比较贵、适中、便宜)?"

(4) 动机性问题,即要求被调查者回答产生某种行为的原因和动机,如"您为什么选择来本餐厅用餐?"

(5) 行为性问题,即要了解被调查者的行为特征,如"您是否习惯于分菜服务"?

3. 问卷题型

问卷可采用的题型主要有以下几种。

(1) 是非题。是非题也称二项式问题,主要适用于互相排斥的两项选一的问题以及一些事实性问题。例如:

您喜欢喝本餐厅自酿的啤酒吗? 喜欢□ 不喜欢□

您是否第一次来本餐厅用餐? 是□ 否□

(2) 选择题。它对所提出的问题往往有两个以上的答案,被调查者可以在几个限定的答案中任选一个或多个答案。例如:

您在选择餐厅用餐时,主要考虑下面哪几个因素?

用餐环境□ 停车场地□ 餐厅特色□

菜点味道□ 出菜速度□ 卫生情况□

服务态度□ 餐饮价格□ 有无熟人□

(3) 排序题。在列出的各项选择中,根据自己的喜好和判断,排出先后顺序,例如:

在下列因素中,您选择餐厅时考虑的先后顺序是

用餐环境□ 停车场地□ 餐厅特色□

菜点味道□ 出菜速度□ 卫生情况□

服务态度□ 餐饮价格□ 有无熟人□

(4) 评价题。要求被调查者表示某个问题的态度和认识程度。例如:

您觉得本餐厅的温度

偏热□ 偏冷□ 适中□

(5) 开放题。不提供任何备选答案,让被调查者根据提问自由回答,以获得较为广泛的信息资料。例如:

您认为本餐厅应在哪些方面加以改进?

4. 问卷设计的注意事项

餐饮问卷的设计,要注意以下几点:一是问卷的问题要与调查的目的紧密相关;二是问题应简单易懂,问题的排列应先易后难;三是问题的设计应使被调查者能够回答且愿意回答,不要设计被调查者不了解、难以回忆、技术专业性太强的问题,尽量避免设计私人生活或窘迫性的问题;四是设计的问题要有明确的界限,避免使用模棱两可的词,如也许、有时、偶尔等;五是问题应保持中性,不能暗示出调查人员的观点和见解;六是问题的数量要适中,不宜占用被调查者太多的时间。

(三)访问调查

访问调查,就是通过拜访顾客,进行面对面的交谈,了解收集餐饮有关信息的方法。餐饮管理人员一般应有计划地对一些常客和重要顾客进行登门拜访,征求他们的意见,以了解本酒店的餐饮服务品质状况,掌握他们的消费需求和消费倾向,并了解酒店餐饮市场的发展趋势。当然,根据移动互联网时代的特点,酒店也可根据顾客的偏好,运用新媒体手段进行访问调查。

二、餐饮服务品质分析

餐饮服务品质分析可以按照以下的服务质量差距模型法、ABC 分析法和因果分析法进行。

(一)服务质量差距模型法

服务质量差距模型(service quality model),也称为 5GAP 模型,是 20 世纪 80 年代中期到 20 世纪 90 年代初,美国营销学家帕拉休拉曼(A. Parasuraman)、赞瑟姆(Valarie A. Zeithamal)和贝利(Leonard L. Berry)等人提出的(见图 6-1)。5GAP 模型是专门用来分析质量问题的根源的。顾客差距即顾客期望与顾客感知的服务之间的差距,它是差距模型的核心。服务质量是服务质量差距的函数,测量企业内部存在的各种差距是有效地测量服务质量的手段,差距越大,顾客对企业的服务质量就越不满意,因此,差距分析可以作为复杂的服务过程控制的起点,为改善服务质量提供依据。

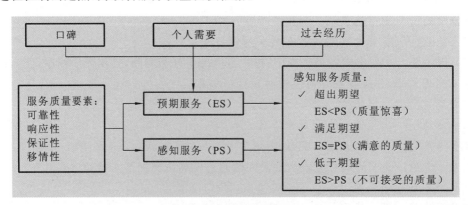

图 6-1 服务质量差距模型

差距 1:顾客对服务的期望与管理人员对这些期望的认识之间的差距。产生这种差距的主要原因有酒店设计服务产品时没有进行充分的市场调研和需求分析,或进行市场调研和需求分析时得到的信息不准确,一线员工了解顾客的需求和愿望,但由于管理系统的障碍,这些信息没被及时地传递给管理层。

差距2:管理人员对顾客期望的认识与服务质量规范之间的差距,或者说管理者没有建立一个能满足顾客期望的服务质量目标并将这些目标转换成切实可行的标准。这一差距造成的原因有酒店没有明确的质量目标,服务质量管理的计划性差,计划实施与管理不力,使计划流于形式。

差距3:服务质量规范同服务提供之间的差距,即员工未能按照酒店服务质量标准和操作规范提供服务。引起这一差距的原因大体上可以归为三类:一是服务质量标准、操作规范不切实际,可操作性差;二是酒店设备设施、技术支持系统不能达到服务规范的要求;三是管理、监督、激励系统不力。

差距4:服务提供与外部沟通之间的差距,也可称为许诺和守诺之间的差距。产生这差距的原因有酒店对外宣传促销活动与内部经营管理、服务质量控制脱节,对外宣传促销时不客观或过分许诺,酒店高层管理者对市场营销活动没有进行严格控制和管理。

差距5:顾客的期望与实际感受之间的差距,它是以上四种差距导致的必然结果,与上述四种差距的大小和方向直接相关。

（二）ABC分析法

ABC分析法(activity based classification)由意大利经济学家弗雷多·帕累托首创,因此又称帕累托分析法、主次因素分析法。它是根据事物在技术或经济方面的主要特征,进行分类排队,分清重点和一般,从而有区别地确定管理方式的一种分析方法。由于它把被分析的对象分成A、B、C三类,所以又称为ABC分析法。它以关键是少数、次要是多数为基本思想,通过对质量各方面的分析,以质量问题的个数和发生问题的频率为两个相关的标志进行定量分析。ABC分析法的步骤如下。

知识关联

弗雷多·帕累托(1848—1923年),经典精英理论的创始人,社会系统论的代表人。

(1)确定分析对象,如原始记录中的服务员工作记录、顾客意见记录、质量检查记录、顾客投诉记录等如实反映质量问题的数据。

(2)将收集到的质量问题进行信息分类、统计,制作服务品质问题统计表(见表6-1),并在表上计算出比率和累计比率。

表6-1 服务品质问题统计表

质量问题	问题数量/个	比率/(%)	累计比率/(%)
菜肴质量	130	65	65
服务态度	36	18	83
外语水平	20	10	93
娱乐设施	8	4	97
其他	6	3	100
合计	200	100	100

(3)根据统计表绘制排列图。左侧纵坐标表示问题数量,右侧纵坐标表示累计比率(见图 6-2)。

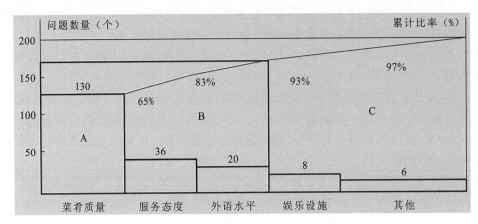

图 6-2 排列图

(4)将分析结果总结出的问题按出现次数和重要性进行排序,优先采取措施解决出现次数最多且最主要的问题。排列图上累计比率在 0%～70% 的因素为 A 类问题,即主要因素;在 70%～90% 的因素为 B 类因素,即次要因素;在 90%～100% 的因素为 C 类因素,即一般因素。

运用 ABC 分析法进行质量分析有利于管理者找出主要问题,但在运用过程中应注意以下几点:一是 A 类问题所包含的具体质量问题不宜过多,1～3 项最好,否则无法突出重点;二是划分问题的类别也不宜过多,对不重要的问题可单独归为一类。

(三)因果分析法

因果分析法是餐饮质量分析常用的方法。使用这一方法,先找出那些影响餐饮产品质量较大的原因,再从大原因中找出中原因,从中原因中找出小原因,直至找出具体解决问题的方法,运用因果分析法分析餐饮产品质量时,应采用民主方法,规范听取餐饮部门一线员工的意见,记录和整理大家的意见。在餐饮经营中,产生质量问题的主要原因来自 6 个方面:人员、设备、环境、技术、原料和服务。每一个方面可细化为中原因和小原因,如图 6-3 所示,通过逐步分析,可发现具体质量问题的原因并采取适当的改进措施。

三、餐饮服务品质改进

餐饮服务品质的反馈评价的目的在于发现酒店餐饮服务的亮点,找到餐饮服务品质与管理的不足及原因,而依据 PDCA 循环管理的思想,必须让新一轮的管理循环在原有基础上有所进步,有所发展。因此,酒店餐饮品质管理必须建立持续改进的管理机制。

(一)服务信息系统

过去打仗强调"兵马未动粮草先行",现代战争则必须奉行"兵马未动信息先行"。现代管理也是如此,信息直接关系到管理的成败,尤其在大数据时代,更是如此。酒店餐饮品质的持续改进,必须强化信息管理系统。信息管理是指在整个管理过程中,人们收集、加工和

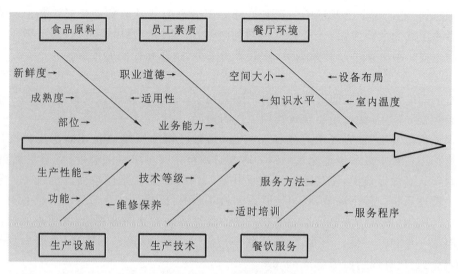

图 6-3 因果分析法

输入、输出的信息的总称。在移动互联网时代,大数据为酒店服务信息系统构建奠定了非常坚实的技术基础。酒店餐饮服务信息系统必须注重以下三个基本要求。

1. 全面

信息必须全面,否则就难以做出正确的决策,餐饮服务品质的信息主要包括以下三个方面的信息。

1)顾客信息

顾客信息主要有两个方面:一是顾客消费观念、消费方式、消费习惯的变化趋势;二是酒店顾客的身份信息、需求信息、贡献信息和价值信息等。

2)运行信息

酒店餐饮服务在提供过程中,会涉及整个管理系统和服务流程的运行,包括服务人员、服务部门、服务设施、服务模式、服务环境等多个方面,还包括各种突发事件、顾客意见、现场管理等方面的内容。这些方面的服务运行信息必须及时记录、科学管理,以便形成酒店企业的知识财富。良好的酒店餐饮服务运行信息管理最终有助于提高酒店餐饮服务品质和顾客满意度,从而赢得更多的忠诚顾客,实现酒店企业的经营目标。

3)服务档案

按照接待流程可分为服务前、服务过程中和服务后的餐饮服务信息档案三种;按照内容可分为常客档案、重大餐饮服务活动档案、优质服务典型案例档案、投诉及服务事故档案、服务设备档案。此外,酒店还应特别关注行业动态及国内外同行业的餐饮服务管理的先进经验等。

2. 及时

所谓及时就是信息管理系统要灵敏、迅速地发现和提供餐饮管理活动所需要的信息。这里包括两个方面:一方面,要及时发现和收集信息。现代社会的信息纷繁复杂,瞬息万变,有些信息稍纵即逝,无法追忆。因此,信息的管理必须最迅速、最敏捷地反映出工作的进程和动态,并适时地记录下已发生的情况和问题。另一方面要及时传递信息。信息只有传输到需要者手中才能发挥作用,并且具有强烈的时效性。因此,要以最迅速、最有效的手段将有用的信息提供给餐饮部门有关人员,使其成为决策、指挥和控制的依据。

3. 准确

只有准确的信息,才能使决策者做出正确的判断。失真以至错误的信息,不但不能对管理工作起到指导作用,相反还会导致管理工作的失误。

为保证信息准确,首先要求原始信息可靠,只有可靠的原始信息才能加工出准确的信息。信息工作者在收集和整理原始材料的时候必须坚持实事求是的态度,克服主观随意性,对原始材料认真加以核实,使其能够准确反映实际情况。其次是保持信息的统一性和唯一性。一个管理系统的各个环节,既相互联系又相互制约,反映这些环节活动的信息有着严密的相关性。所以,系统中许多信息能够在不同的管理活动中共同享用,这就要求系统内的信息应具有统一性和唯一性。因此,在加工整理信息时,要注意信息的统一,也要做到计量单位相同,以免在信息使用时造成混乱现象。

(二) 服务预警管理

服务预警,是指酒店通过对一定时间段、一定服务区域内的餐饮服务活动的监测、诊断分析工作,并对餐饮服务活动的规律性加以总结提炼,从而提前对餐饮服务活动可能出现的问题做出相应的防范与应对。

1. 建立预警组织

餐饮服务预警管理是整个酒店服务预警的一个重要组成部分。为了有序开展服务预警工作,酒店应成立一个专门的组织,如服务质量研究会,该组织人员组成除了酒店分管领导、职能管理者外,还应有各部门具有丰富实践经验的一线业务或管理人员。然后,每月应定期集会,分析研究服务质量问题。餐饮部门则应该建立相应的研究小组,开展相应活动,并具体落实相关工作。

2. 分析寻找规律

预警机构应全面收集服务品质的各方面信息,如将顾客意见表、大堂经理日志、顾客信件、各部门早会纪录、服务失误记载、顾客投诉档案等途径反映出来的服务质量问题录入电脑,重点记录酒店大型主题服务活动如节庆活动、大型会议等的服务档案。然后,预警组织应对服务质量问题进行分析,着重分析某些倾向性问题的发展趋势与有规律的特点。据此研究相应的防范与应对措施,即服务品质具体问题管理预案。比如在多场婚宴同时举行时最容易出现哪些问题,如何防范与应对,又比如在餐厅营业时间即将结束时最容易出现哪些问题,如何预防与控制,还比如在换季时最容易出现哪些问题,如何防范与控制等。

3. 发布预警信息

服务品质具体问题管理预案制定后,应该选择合适的时机加以发布。一般可以采取两种形式:一是每月定期发布,主要基于当月的服务质量情况和倾向性问题的发展趋势基本上已经明朗,并与各部门安排下月的工作计划时间基本吻合,有利于各部门工作计划的制订;二是灵活发布,主要基于具体任务与特别需要加以确定。

4. 督导与实施

预警机构的服务品质预报发出后,各部门应依此采取相应行动。服务预警机构还应与各部门深入探讨防范的具体措施,奖励先进,鞭策后进,确保预报的落实。

(三)服务促进机制

要保证餐饮服务品质持续改进,须通过一定的活动,构成积极的促进机制。

1. 服务创新活动

1)服务设施创新

餐饮服务设施是酒店向顾客提供餐饮服务时依托的各项物质设施和设备的综合。从创新的角度来看,酒店餐饮服务设施也可称作服务景观,是影响顾客对酒店餐饮服务品质的第一印象的重要因素。酒店餐饮服务设施创新,需要紧随时代步伐适时更新,遵守风格统一、布局合理、配置先进和注重特色的原则。

2)服务产品创新

酒店应向服务市场推出新产品,满足顾客对餐饮新产品的需求。酒店餐饮服务产品创新的内容可以是局部的,也可以是整体的。酒店餐饮服务产品的创新包括全新产品、改进产品、引进产品和联合产品四种形式。酒店餐饮服务产品创新活动应遵循市场导向,兼顾主题性、特色性、参与性、文化性和经济可行性的原则。

3)服务方式创新

通过服务理念和服务规范的创新,采用新的服务方式引导、吸引和满足更多顾客对酒店餐饮服务产品的需求。酒店应不断创新服务方式,以利于提高餐饮服务品质,增强自身的竞争力。酒店餐饮服务方式创新应遵循注重服务细节、紧跟顾客需求、与社会发展阶段与水平相匹配的原则。

2. 服务主题活动

1)主题选择

酒店餐饮服务主题活动的选择,必须以顾客满意为中心,以顾客的需求为出发点,以提高餐饮服务品质为基本目标。活动主题的选择范围可以从三个方面考虑:一是构成酒店餐饮服务品质的基本要素或重要问题;二是酒店餐饮服务品质中存在的薄弱环节;三是结合消费时尚、酒店餐饮服务的发展趋势,创造新的服务或消费理念。餐饮服务品质主题活动可以相应地分为保证餐饮服务标准的主题活动、查找餐饮服务细节质量问题的主题活动和提高餐饮服务品质的主题活动三大类。

2)方案设计

酒店餐饮服务主题活动必须形成科学的方案,做到有目标、有步骤、有措施,做到整体性和系统性。主题活动的时间安排要恰当,不宜太短。一般主题活动可以分为几个阶段,每一个阶段都有所侧重或逐步深入。需要强调的是,酒店餐饮服务主题活动只有调动全员参与的积极性才能达到活动目标。

3)组织实施

酒店餐饮服务主题活动的组织工作必须严密扎实,做到组织到位、宣传到位、措施到位。每次质量管理主题活动结束后,总结评估及表彰非常重要,对主题活动中涌现出的先进事迹要予以表彰和奖励,激励员工参与活动的热情。同时,可以通过问卷调查、观察、工作分析、员工座谈、宾客意见等多种渠道对主题活动中的每个要素进行评估。通过评估,可以发现存

在的不足,并把相应的内容,纳入下一个活动,以形成一个品质管理的良性循环系统。

3. 服务承诺活动

服务承诺也称服务保证,是指在餐饮服务产品销售前,以口头或书面的形式,公布餐饮服务品质或效果的标准,并对顾客加以利益上的保证和担保。服务承诺是酒店餐饮服务品质、员工素质的体现,是使顾客形成对酒店服务品质期望的重要组成要素,也是酒店餐饮营销的一种手段。因此,须做到以下三点。

1) 有效性

有效性,即服务承诺须以顾客价值为导向,以酒店利益为目标,以国家法规、标准为依据,具有客观现实基础与积极意义,并对顾客与酒店双方均是有利的。

2) 明确性

明确性,即服务承诺应当表达简洁明确、通俗易懂,易于理解和沟通,顾客与酒店双方均可客观准确地加以考量。同时,承诺应该是无条件的,在援用和赔付过程中没有太多约束和阻力。

3) 适度性

适度性,即服务承诺应当处在酒店的承受能力之中,酒店有兑现承诺的现实能力,避免过高承诺或过低承诺。过高承诺是指酒店在承诺时不顾兑现承诺的能力,承诺的成本超过利润,使得服务承诺服务无法实现;过低承诺是指酒店在承诺时过分强调风险意识,不愿付出补偿成本,结果造成服务承诺根本不能引起顾客的兴趣,对酒店形象反而起到负面的影响。

本章小结

(1) 餐饮服务品质规范,即餐饮服务所要达到的水准和要求,也就是通常所说的餐饮服务品质标准,反映的是餐饮服务的结果质量标准。基本方法是把需顾客评价的服务特征与特性形成定量或定性的质量指标或要求。餐饮服务提供规范规定提供服务的方法和手段,反映的是服务过程的质量标准,是实现餐饮服务品质规范的具体措施。餐饮服务控制规范则主要检查"有没有做到"所提供的餐饮服务,是否有效地达到了餐饮服务标准,即规定评价和控制餐饮服务及餐饮服务提供特性的程序。

(2) 服务现场管理是保证餐饮服务品质的关键环节。餐饮管理人员通过深入现场,有效运用各种管理职能,以保证餐饮服务活动的顺利进行,并达到理想的服务效果。餐饮服务现场管理,主要应做好餐饮服务对象的控制、餐饮服务主体的控制和餐饮有形产品的控制。

(3) 餐饮服务品质评价包含征询、问卷调查和访问调查,可运用服务品质差距模型法、ABC分析法和因果分析法进行评价分析,需要依据PDCA循环管理的思想建立起持续改进的管理机制,包括服务信息系统、服务预警管理和服务促进机制。

第六章 酒店餐饮服务品质管理

核心关键词

餐饮服务规范　　　　quality specification of food and beverage service
餐饮服务现场控制　　on-site control for food and beverage service
餐饮服务品质评价　　quality assessment for food and beverage service
餐饮服务品质改进　　quality advancement for food and beverage service

思考与练习

1. 餐饮服务规范设计应遵循哪些原则？
2. 如何有效进行餐饮服务对象的控制？
3. 如何正确激励餐饮服务主体？
4. 如何根据自己的"五官"进行有效的餐饮有形产品控制？
5. 餐饮服务品质调查可以运用哪些方法？
6. 如何根据 ABC 分析法进行餐饮服务品质评价？
7. 如何理解"顾客不投诉比投诉更可怕"这一观点？
8. 当发现员工在现场面对顾客的服务操作不到位，甚至错误时，酒店餐饮管理人员应怎么办？

案例分析

今天，海蓝大酒店召开了半年度经营管理总结分析会。会上，财务部作了上半年度财务报告，人力资源部作了员工满意度调查的报告，市场部作了顾客满意度调查报告。从报告数据来看，餐饮部比去年同期有了不同程度的提升。不过，与本地同行标杆酒店相比，在顾客满意度方面，尽管存在一定的不可比性，但是从数据与顾客的反馈来看，还是有一定差距。调查报告显示，餐饮服务品质存在的问题主要表现在服务的个性化、服务的稳定性、服务的创造性等方面。最后，总经理作了总结发言，他首先充分肯定了各部门在上半年度取得的成绩，尤其表扬了餐饮部这半年的蜕变。随后，他对下半年度酒店的工作计划落实进行了部署。在谈到服务品质管理时，他特别强调"服务品质是酒店经营的生命线"，为此他还讲了一个他的朋友在本地某酒店用餐的经历。说是某日晚上，他的朋友与三位顾客来到那家酒店用餐，点菜时，连点的两个菜都因原料缺货无法满足，顾客开玩笑说："我们想吃的你们都没有，那你说有什么？"结果，在服务员介绍后，顾客点了菜。当一斤贝壳类菜肴上桌时，顾客一看就说

分量明显不足,服务员说这是不可能的。这时,顾客要求称一斤生的作比较,结果,熟的一盘明显少于生的。原来厨房加工时,发现有几颗坏的,就弃之不用,加工完毕又拣出了几片空壳,故出现上述情况。顾客大为不满,表示以后再也不会去那家酒店消费。总经理希望各部门就服务品质问题进一步寻找差距,分析存在问题的原因,采取针对性措施,以实现新的突破。

问题讨论:

1. 你如何理解总经理强调的"服务品质是酒店经营的生命线"这一观点?
2. 你认为导致顾客不满的原因是什么?从这个顾客不满的案例中,我们可以得到哪些启示?
3. 根据总经理的指示,在服务品质管理方面,张翔下一步应进行哪些工作?

第七章

酒店餐饮营销策略管理

学习导引

俗话说:"深藏闺中人不知。"酒香不怕巷子深的年代已经过去了,酒店餐饮产品只有通过营销活动才能实现其价值。餐饮营销是指在市场调研基础上的适应市场、占领市场与创造市场的业务活动。那么,酒店餐饮究竟应通过怎样的方式与手段来推销自己的产品?怎样让酒店的餐饮促销活动与众不同,吸引顾客注意力?怎样让酒店餐饮形成良好的口碑,并让顾客理解、认同并产生喜爱?这就是本章试图想要回答与解决的问题。

学习重点

通过本章学习,你应该重点掌握:
1. 酒店餐饮广告促销、营业推广、人员促销等常规推销策略的选择、策划与评估要点;
2. 酒店餐饮专项活动的策划、实施方法及实际操作要点;
3. 酒店餐饮口碑营销的基本要素、方式与工作重心。

第一节 餐饮常规推销策略

餐饮促销策略,就是酒店餐饮在广告宣传、营业推广、专项活动等方面的谋划与方略,目的在于扩大酒店餐饮的影响力,促进酒店餐饮的销售。酒店应在不同的时间、不同的场合,根据不同的购买对象,采取不同的促销策略。

一、广告促销策略

餐饮经营要"出人头地",必须善于利用广告的独特效果,"一鸣惊人",以促进餐饮产品的销售。

（一）广告媒介选择

餐饮广告须通过媒介实现，酒店餐饮可利用的媒介主要可分为以下几种。

1. 传统媒介

传统媒介，指的是通过某种机械装置定期向社会公众发布信息或提供教育娱乐的交流活动的媒介，包括以下几类。

1）电视

选择电视作为广告载体，传播速度快，覆盖面广，表现手段丰富多彩，可将声像、文字、色彩、动感并用，是感染力很强的一种广告形式。但此种方法成本昂贵，制作起来费工费时，同时，还受时间、播放频道、储存等因素的限制和影响，信息只能被动地单向沟通。

2）电台

电台是适于对本地或者周边地区的消费群体进行广告宣传，其特点是成本较低、效率较高、大众性强。一般可以通过热线点播、邀请嘉宾对话、点歌台等形式，来刺激听众参与，从而增强广告效果。但是这种方式同样也存在不少缺陷，如传播手段受技术的限制，不具备资料性、可视性，表现手法单一，接受被动等。

3）报纸杂志

这类载体适于做美食节、特别活动、小包价等餐饮广告，也可以登载一些优惠券，让读者剪下来凭券享受餐饮优惠服务。此种方法具有资料性的优点，成本也较低，但是形象性差、传播速度慢、广告范围也较小。

4）邮寄品

邮寄品通过邮政部门，将酒店餐厅商业性的信件、宣传小册子、餐厅新闻稿件、明信片等直接邮寄给顾客的广告形式。它比较适合于一些特殊餐饮活动、新产品的推出、新餐厅的开张，以及吸引本地的一些大公司、企事业单位、常驻酒店机构以及老客户的活动。这种方式较为灵活，竞争较少，给人感觉亲切，也便于衡量工作绩效，但是费用较高，且费时费工。

2. 新媒介

新媒介，即以数字信息技术为基础，以互动传播为特点，具有创新形态的媒介。

1）网络

酒店利用一些受众密集或有特征的网站摆放商业信息，并设置链接到某目的网页。网络广告利用数字技术制作，只要被链接的主页被网络使用者点击，就必然会看到广告，这是任何传统广告无法比拟的。酒店可以利用网络刊登广告，进行产品促销。这种广告方式具有传播范围广、覆盖面大、信息发布及时等特点。

2）移动电话

包括数字杂志、数字报纸、数字广播、手机短信、移动电视、网络、桌面视窗、数字电视、数字电影、触摸媒体、手机网络等。

3. 自媒介

自媒介，即私人化、平民化、普泛化、自主化的传播者，以现代化、电子化的手段，向不特定的大多数或者特定的单个人传递规范性及非规范性信息的媒介。

1) 内部宣传品

在酒店自己制作餐饮宣传品,例如可以印制一些精美的定期餐饮活动宣传册,介绍本周或本月的各种餐饮娱乐活动;特制一些可让顾客带走以作留念的"迷你菜单";各种图文并茂、小巧玲珑的"周末香槟午餐"、"儿童套餐"的介绍等,将它们放置于餐厅的电梯旁、门口,或者前厅服务台等处,供顾客取阅;店内餐厅放置各种有关食品节、甜品、酒水、最新菜点等信息的帐篷式台卡等。

2) 酒店网站

网站可提供菜品介绍、会员招募、网络调研、顾客网络体验、网络订餐等内容。酒店餐饮网站是综合性的网络营销工具,网站以顾客为核心,处处围绕顾客需求进行设计,体现酒店餐饮的服务特性和顾客导向性。例如,顾客可以在网站中实现宴会预订、宴会需求表达等。

3) 博客、微博

在酒店餐饮网站进行注册,然后发表宣传广告型文章,介绍餐饮产品、服务情况,以引起潜在顾客的注意。这类广告促销的方式有利于推销产品、树立正面形象、提升企业与产品知名度,与网络潜在的客户建立一种新的沟通方式,从而赢得市场,获得更多的利润。

4) 微信

微信营销是网络经济时代企业营销模式的一种,是伴随着微信的火热而兴起的一种网络营销方式。微信不存在距离的限制,顾客注册微信后,可与周围同样注册的"朋友"形成一种联系,订阅自己所需的信息,商家通过提供顾客需要的信息,推广自己的产品,从而实现点对点的营销。微信营销主要体现在以安卓系统、苹果系统的手机或者平板电脑中的移动客户端进行的区域定位营销,商家通过微信公众平台,结合微信会员管理系统展示商家微官网、微会员、微推送、微支付、微活动,已经形成了一种主流的线上线下微信互动营销方式。

(二) 餐饮广告策划[①]

美国学者经过大量的研究发现,尽管现代社会充斥着形形色色的广告,但人们往往不会有意留意每一个广告,实际上也不可能明确地看到或听到每一个广告,顾客对广告的注意率是相当低的。所以,为了使餐饮广告引起顾客的注意,激发其购买兴趣,就需要有一个独特的广告创意。创意就是通过有关人员的精心构思,运用艺术手段,把掌握的材料组合,创造成一个能表现广告主题思想,且具有实际操作性的艺术创作过程。

1. 广告策划原则

1) 主题

精彩创意强调,一则广告作品的成功,贵在以"精"取胜,而不是以"全"取胜,它主张通过单纯的品质构建一则广告作品的主题。餐饮广告创意必须具有鲜明而突出的主题,能鲜明地表达酒店餐饮的个性。众所周知,任何一家酒店的餐饮,都可以发现一些与众不同之处。有的酒店在制作餐饮广告时,往往将焦点问题放在如何在有限的广告作品内(如有限的篇幅或有限的收视时间内),将本酒店所拥有的与众不同,尽可能完整地、全面地展现在目标受众之前。在这种意愿的主导下,一则有限的广告作品堆砌了一大堆文字或图片,反而会造成事

[①] 黄浏英.餐饮营销广告策划[M].沈阳:辽宁科学技术出版社,2000.

与愿违的结果。

2）新奇

餐饮广告创意必须具有独特的表现方式和诉求突破口，通过一些出人意料、惊人的方式来表现餐饮或产品的优势，以此刺激消费。

3）有情

餐饮广告的真正效果就是社会公众在接触广告的瞬间发出赞叹，并在赞叹之余产生联想。所以，餐饮广告要取得良好的效果，必须能拨动顾客的心弦，其关键在于能否以情感人，形成美好意境。在感性消费的今天，顾客更需要在这种消费意境的引导下，进入一种特定的消费氛围，获得良好的消费感觉。

4）严谨

餐饮广告必须观点正确，论述有据，布局严谨，构思严密，搭配合理。

5）通俗

广告是一种面对大众的信息传播活动，因此，广告创意要通俗易懂，使顾客容易理解。但是，通俗不是肤浅，而是深入浅出、形象生动。

2. 广告策划意境

意境是广告的核心，在广告创意中，为了形成良好的意境，应通过语言、画面、声响等手段，从时机、环境和方法三个方面设计出富有情节性、艺术性的作品。

1）语言意境

语言意境即借助人们对语言的联想规律，创造出具有美好、正面、积极导向意义的广告作品，产生美好的意境。但凡具有一定文化功底的人，面对不同的文字、词语、标语或口号，都会产生不同的联想，更有甚者会进入一种"想入非非"的境界。可见，语言在创造意境方面功不可没。著名的酒店管理先驱里兹先生提出的一句广告语是："里兹酒店，酒店中的国王，国王们的酒店！"这句广告语就能引起人们对里兹酒店的想象，奢侈豪华的店堂布置，高级舒适的设施设备，细致周到的服务，不知不觉之中就进入一个国王们的世界！在广告创意的过程中，为了形成语言意境，我们要善于选择富有诗意的语言，因为这样的语言本身就有其自然的意境，但是，这些语言又应该是朴实、自然、简约的。朴实是方便人人都能产生联想，自然是为了保证"顺着思路"获得相应的意境，简约是方便受众阅读。

2）画面意境

以直观、生动、形象的画面，作用于受众的视觉器官，引发人们进入某种行为、生活意境，这就是一个成功的广告作品。人们在接触不同的画面时，同样会徜徉在画面所形成的意境中。在广告创意中，为了形成画面意境，我们要善于选择有代表性的画面，并且在画面上应留有余地，激发人们去想象。比如皇冠假日酒店在推销四川美食时，在杂志上除配有山水画外，还创作"空山灵雨缀斜阳，忆四川；今嗜珍馐叙酒情，在眉山"诗句，把四川美食引入诗意般境界。

3）声响意境

以逼真的声响刺激受众的听觉器官，引导受众进入某种生活意境。声响意境一般多用于电视广播广告作品中。在餐饮作品中，可模拟一些餐饮消费上独有的声音来增添现场感，如干杯的声音、开酒的声音、起锅的声音等。

4）情节意境

根据受众的心理活动规律，设计有情节性的剧情，展示某种理想化的社会活动，引导公众产生参与该情景的欲望。如一些酒店在设计春节餐饮广告时，通过"母亲在厨房操劳"和"厨师在厨房操劳"的两幅画面的对比，设计一种情节情境，提出"在这特殊的日子里，让我们的母亲好好休息！"在广告创意中，为了形成良好的情节意境，应善于从时机、环境和方法三个方面设计出富有情节性、艺术性的活动表现，否则，流于一般的情节无法激发意境的产生。

3．广告策划过程

餐饮媒介策划一般需要经过以下三个环节。

1）信息处理

策划创意来源于基础资料，策划人员应多角度、多渠道地收集各类相关信息，并对信息进行细致的筛选、分析、组织，经过"咀嚼"，得出最终的分析结果，尤其是要找出酒店的餐饮产品或服务最能吸引公众的地方，即找准广告的诉求点，为决策服务。信息处理的一般过程包括过滤、鉴别、分析、综合等，这个过程也就是对信息做"去粗取精、去伪存真、由此及彼、由内到外"的工作。

2）立意构思

在"咀嚼"信息的基础上，策划人员应对各类有效信息进行多方组合，确定广告的主题和关键词，并在此基础上寻找表现主题的各种手段。在立意构思阶段，策划人员可集合群体的智慧进行互相启发，常用的方法是头脑风暴法。

3）求证抉择

当构思获得初步满意后，策划人员应在小范围内征求广告受众的意见和建议，并通过科学的分析和对比，对所得构思进行检验和求证。在此基础上继续修改，直至形成满意的构思。

（三）餐饮广告评估

1．广告评估方式

对广告效果进行评估不意味着一定要在广告活动结束之后才进行，根据评估的不同时间，广告效果评价方式可分为以下三种。

1）事前评估

事前评估指在广告尚未正式推向受众之前，为了检测广告创意结果而进行的评估。目的是通过评估，测试广告表现的效果，及时寻找失误，以调整原有的广告方案。

2）事中评估

事中评估指在广告活动进行了一段时间，但还没有结束时开展的效果评估。目的是验证本次广告活动的效果，对广告进行必要的修正和补充。

3）事后评估

事后评估指在整个广告活动全部结束之后进行的效果评价。目的是通过本次广告活动效果的评估，总结经验教训，作为今后广告活动的借鉴和参考。

2．广告评估指标

对广告传播效果的评估活动，就是在广告作品接触顾客之后，酒店以广告在顾客中引起

的各种心理效应的大小作为判断标准,从广告的传播效果和销售促进效果两方面入手,进行广告评价活动。餐饮广告传播效果评估指标主要包括以下五个方面。

(1) 注意度,指该广告发布后,曾经留心注意过该广告的人数占总体顾客数的比例。衡量是否被注意的标准是当一则广告出现时,被调查者能否说出以前是否见过或听过,能有所反应的,则表明注意过,反之则表明未曾有过注意。

(2) 知名度,指该广告发布后,知道有这么一个产品的人数占顾客总人数的比例。

(3) 理解度,指该广告发布后,对产品有所了解的人占总体顾客数的比例。

(4) 记忆度,指广告发布之后,能对广告的一些主要信息有所记忆的人占总体广告接受者的比例。

(5) 好感率,指广告发布后,对广告内容持肯定态度的人占顾客总人数的比例。

3. 广告评估方法

餐饮广告销售效果的评估是对广告经济效益的测定,它以广告发布以后占有率等的改变情况作为评估广告效果的依据。测定销售效果的最简单的办法就是对照广告推出前后餐饮的营业额和利润率的变化,但是由于餐饮的营业额受多种因素的影响,在比较时,应注意考虑这些因素对当期营业展开作用的大小。测定销售效果的方法很多,最简洁的是对照各类营业报表,套用如下公式,评估广告的经济效果。

$$每元广告费收益 = \frac{本期营业额 - 上期营业额}{本期广告支出}$$

$$销售增长率 = \frac{广告实施后的营业额 - 广告实施前的营业额}{广告实施前的营业额} \times 100\%$$

$$广告增销率 = \frac{销售增长率}{广告费增长率} \times 100\%$$

二、营业推广策略

营业推广,是指刺激市场的快速或激烈的反应所采取的鼓励达成交易的促销措施。主要包括针对顾客的推广、中间商的推广和酒店员工的推广,这里仅对顾客推广加以阐述。餐厅的优惠促销主要有以下几种形式。

(一) 优惠型促销策略

优惠促销,是为鼓励顾客反复光顾和在营业的淡季时间购买、消费餐饮产品和服务而采取的一系列折扣办法。优惠型促销策略,包括折扣策略、赠送策略和团购策略。

1. 折扣策略

折扣是针对顾客求廉心理而设计的促销策略,实质就是"加量不加价",顾客购买一定数量的产品时,可按事先公开的规则,获得酒店赠送的同类或其他产品。

(1) 时段折扣。可以在餐饮销售的淡季和非营业高峰期间,实行半价优惠和买一送一等优惠促销活动,以吸引更多的顾客,进而增加销售额。

(2) 团购折扣。酒店可以给予团购顾客一定的优惠。

(3) 套餐折扣。当经过仔细设计将若干种菜肴组合成一种套餐时,餐厅可以按较低价格出售,即以一定的折扣价格吸引新顾客,增加整体收入。

2. 赠送策略

(1) 赠券。赠券的使用在餐饮业极为普遍,尤其在营业淡季更多地采取这种方法。赠券通常以免费或以较低的价格向顾客销售产品,它常与其他促销方式结合运用,例如发中奖奖品、给予折扣等。

(2) 试用样品。酒店开发出新的餐饮产品和服务时,可将样品送给某些顾客品尝,以了解他们是否喜欢这种产品。当新产品和服务得到顾客的认可以后,餐厅再将其列入菜单。

(3) 额外赠品。餐厅在以正常价格供应食品饮料给顾客后,另外再赠送一些其他小礼品。赠品不仅对儿童有吸引力,即使成人也乐意接受。酒店赠送的礼品应根据顾客用餐目的、用餐时间和不同节假日,有选择地赠送以便满足顾客的不同需求。赠品的包装要精致,赠送礼品的种类、内容和颜色等方面与赠送对象的年龄、职业、餐饮习俗及用餐目的相协调。

3. 团购策略

网络团购作为一种便捷的购物模式已成为顾客的一种新的消费方式,同时也成为众多企业的营销方式。团购,就是认识的或者不认识的顾客联合起来,来加大与商家谈判的能力,以求得最优价格的一种购物方式。酒店可以利用团购网站,推出酒店需要推销的餐饮产品,以扩大影响,增加销售。

(二) 体验型促销策略

这是针对顾客追求文化品位和精神享受的心理体验而设计的促销活动。

1. 展示型促销

展示型促销,即通过营造一种独特的餐饮消费氛围,以刺激顾客餐饮消费欲望、促进顾客消费行为,提高餐饮消费水平的策略。

1) 环境刺激

酒店通过制造一种比较浓厚的营业气氛,以影响顾客的餐饮行为。比如,酒店在电梯内或大堂等地,设置餐饮告示牌或橱窗,招贴诸如菜肴特选、特别套餐、节日菜单和新增项目等信息,或刊登特色菜肴、餐厅的照片等。又比如餐厅通过食物推车进行现场销售,如酒水、冷菜、甜品、水果等,从而营造出适应其经营方式和产品特色的气氛和情调,充分满足顾客进餐时的精神享受的需求。

2) 现场加工

在就餐现场加工制作那些具有一定表演性质的烹饪操作,尤其各类特色点心(如刀削面的刀工)的制作,以刺激顾客的消费欲望。

3) 透明厨房

展示厨房也是现代餐厅经常使用的环境促销方法。餐厅一改传统"前"厅"后"厨的经营模式,将生产加工现场完全展示在顾客面前,以透明的加工、生产过程迎接顾客的监督和检查,增加其信任和满意程度。在餐饮消费中,常听顾客评价"酒店厨房不看不知道,一看吓一跳",许多顾客都本着"眼不见为净"的阿Q消费心理谨慎消费。而透明式的经营做法以过硬的卫生形象取得顾客的真正信任和支持。

4) 电视点炒

顾客点菜后,其中的主菜或部分菜点的烹制过程通过电视进行实况转播,让顾客观看厨师的整个工作过程。具体做法有三种：一是点菜法，顾客点好菜之后，将要点炒的菜由专门的灶台制作，并将这制作全过程通过电视转播到餐厅，让顾客欣赏厨师技艺的同时监督整个烹饪过程；二是点厨法，即顾客若需要观赏某一厨师的特别技艺，可采用类似"点唱"的做法进行"点厨"，观赏厨师技艺的同时也可学习他们的一技之长；三是顾客参与法，若顾客本身有良好的烹饪技艺又想一展所长，可上点炒台一露身手，通过电视转播到餐厅，增加同来的亲朋好友的餐饮情趣。

2. 竞赛型促销

竞赛型促销，即针对顾客好胜好强的心理而设计的、诱导顾客参与酒店某一产品或酒店形象有关的竞赛活动。其典型的活动方式有生活趣味竞赛、技能操作竞赛、娱乐竞赛、体育竞赛、相关知识竞赛等。

3. 抽奖型促销

抽奖型促销，即针对顾客侥幸心理而设计的、主要是通过中奖概率来吸引顾客的活动。抽奖类活动的基本准则是抽奖不是针对部分有特殊才华的顾客而举行的，而是针对所有的顾客举行的，奖品的获得不是依靠竞技而是依靠个人的运气。

（三）忠诚型促销策略

忠诚型促销策略，即为围绕顾客忠诚而采用的、为常客提供一系列附加值的关爱措施。

1. 升级奖励

升级奖励，即针对经常消费的顾客采用服务与折扣优惠升级的促销策略，以提高顾客的转移成本。比如高规格的接待礼仪、贵宾专属服务、高折扣、免收服务费、赠送创新菜肴、水果拼盘等。

2. 积分奖励

积分奖励是一种用于奖励餐厅常客，提高顾客忠诚度的优惠促销方法，即餐饮按照顾客消费额的大小计算顾客的分数，顾客每次在餐厅消费后获得的分数可以累加，形成顾客的总积分数。接着餐厅根据顾客的积分多少，制定和实施不同档次的奖励计划，例如给予免费客房、免费消费、兑换餐饮产品等。

3. 联合促销

联合促销，是指酒店与其他企业基于相互利益的考虑，以某种形式与运作手段共同为自己的顾客提供多种利益的促销手段。例如，餐厅与葡萄酒生产商合作，举办葡萄酒节，促销期间，餐厅不但供应优惠的葡萄酒，而且菜肴价格打折销售，从而提供给顾客更多的优惠。又比如会员共享机制，即两家单位各自的会员在两家企业均可享受一样的礼遇与优惠。

（四）场景化促销策略

随着社会发展，我国的人口结构发生了变化，"80后"、"90后"成为主要的消费群体。作为在互联网时代成长起来的一代人，他们的消费习惯与消费行为都与互联网密不可分。[①]基于移动互联网的场景化营销模式应运而生。所谓场景化促销，就是围绕网民输入信息、搜索信息、获得信息的行为路径和上网场景，构建以"兴趣引导＋海量曝光＋入口营销"为线索的

---

① 蔡余杰，纪海. 场景营销[M]. 北京：当代世界出版社，2016.

网络营销新模式。

1. 场景基本维度

场景,是指在某一时间和地点,由一定的人物和人物活动所组成的生活画面。场景可以分为两种:一是虚拟场景,如电影、戏剧作品中的各种场面,由人物活动与背景等构成;二是真实场景,即生活中发生的某个现实活动情景。场景化营销,至少应考虑以下四个维度的场景化。

1) 场景化产品

这个设计不仅仅是包装的设计,而是包括产品规划在内的设计。具体包括两部分:一是产品的场景化表现,包括产品场景化命名、产品概念的场景化、产品包装场景化等;二是产品规划,通过对整个消费市场的洞察,要对酒店餐饮产品进行上市节奏的规划,包括产品细分、产品的价值定位(如高端产品、中端产品等)。

2) 场景化沟通

这是完成产品和顾客见面的一个过程,需要通过中间环节的场景化建设来完成。主要包括:①终端媒体化建设,通过产品和终端的有机结合,从而形成产品在终端的强势表现,让顾客能够一眼看到你;②规划线上和线下的销售渠道,形成互动,全面覆盖你的目标消费群体。在场景化沟通的这个环节,要根据企业的实际情况和竞争状况,并对不同类型的渠道进行场景化建设,并让这些渠道具有相互支持或者相互呼应的能力。

3) 场景化交易

通过设定合适的价格体系,完成顾客和产品间的价值认同,从而完成物超所值的消费体验。在这一过程中,顾客会通过产品的品牌表现和价格所呈现的价值两个方面去比较产品间的不同,从而做出选择。

4) 场景化消费

顾客购买产品之后,只是完成了从产品到商品的一个过渡,并没有完成最终的消费体验,我们需要向顾客传递消费体验,并促使顾客能够通过体验产品而产生认同,从而让顾客的参与感最大化。

2. 场景营销核心要素

塑造场景化必须同时具备四个核心要素。

(1) 体验。体验作为商业逻辑的首要原则,将大范围、多维度重塑和改造场景。

(2) 链接。基于移动互联网技术和智能终端所形成的动态链接重构,让场景能够形成一种多元的碎片化。

(3) 社群。社群感、亚文化形成内容的可复制,造成大规模传播和顾客卷入感。

(4) 数据。大数据成为量化驱动场景营销的底层引擎和枢纽元素。

3. 场景营销成功关键

1) 洞察顾客

这是通过对顾客生活中的需求场景的研究,从而挖掘打动顾客的"触点",实质是通过场景洞察顾客的消费心理。酒店餐饮顾客的消费主要受四个方面因素的影响:一是消费观念,这来自他们多年形成的价值观,无论是追求实惠,还是追求品质,这些观念决定了他们选择的范围。二是消费态度,这是由收入水平决定的。一般情况下,高收入的家庭在消费时倾向

于高价值的产品或服务,而低收入的家庭则相反。三是品牌认知,被购买的品牌的影响力和这些品牌所传达的品牌价值对不同的人群具有不同的影响。四是朋友圈,这是顾客购买过程中形成信任感的最佳路径,周围朋友认可的品牌,他们基本上会通过分享而最终形成共识。因此,酒店应积极运用神经营销学的基本思想,以准确洞察顾客的消费心理与消费习惯。同时,基于大数据和移动互联网的数据营销是未来的主力发展方向。随着互联网技术的发展,每个顾客的消费行为和特征都会被记录,形成大数据,为场景营销提供支撑。

2)激发顾客情感

场景营销本质上是一种体验营销,让一切都具有体验感,让顾客感到愉悦,产生黏性,形成口碑。菲利普·科特勒说过,营销是创造和满足需求。场景营销就是构建一个情景触发顾客的需求并满足他。这个需求可能是刚性需求,也可能是柔性需求。场景可能是现实场景,也可能是虚拟场景,或者是混合场景。总之,这些场景可能是顾客的痛点,也可能是顾客的兴奋点,或者是痒点,无论是哪种情况,如果顾客和某个场景所呈现的特征产生共鸣,则顾客的购买就成为可能。

神经营销学是指运用神经学方法来确定消费者选择背后的推动力。运用核磁共振造影,研究者画出被测试者的脑部图,来揭示他们是如何对特别的广告或者物品产生反应的。

3)创造真实瞬间

随着以网络为代表的虚拟世界的日益强大,顾客对于真实的渴求也与日俱增。所以,场景构建要以顾客为主体,在特定时间、地点,为顾客创造特定的生活场景,尽可能客观自然,不落斧凿痕迹,让顾客感到亲切真实。

4)实施精准推送

场景营销必须根据顾客习惯,在合适的时机,以合适的方式,推送合适的场景,以达到满足顾客欲望、响应顾客需求、创造顾客价值的促销效果。

三、人员促销策略

人员促销,即酒店员工采用口头表达形式,劝说顾客购买酒店餐饮产品。酒店人员推销可分为专业销售人员的外部促销和酒店服务员服务现场的内部促销。以下仅对专业销售人员的促销加以阐述。在顾客主权的市场经济时代,酒店专业销售人员必须通过有效的方式在业务、需求等方面与顾客建立联系,形成一种互助、互求、互需的关系,把顾客与企业联系在一起,减少顾客的流失,以此来提高顾客的忠诚度,赢得长期而稳定的市场。

(一)接近顾客技巧

酒店专业销售人员接近顾客的技巧主要体现在以下三个方面。

1. 接近准备

酒店专业销售人员在正式与客户接触前,需要做许多准备工作,有所准备才能取得良好的效果。专业销售人员应在温习酒店业务相关知识的基础上,做好顾客资格鉴定、购买行为习惯了解两项工作。顾客的资格鉴定主要是通过购买需求、能力、数量、决策权等来判断对象是否是酒店的潜在顾客,特别是在团队顾客的接近准备中,其决策者往往是酒店餐饮产品购买成功的关键;购买行为习惯的了解,可帮助酒店专业销售人员有针对性地向顾客推销酒店餐饮产品,提高成交率。

2. 约见技巧

对顾客进行预先约见具有省时省力的特点,酒店专业销售人员通过做好充分准备,能使促销计划顺利进行。为达到这一目标,必须认真研究约见顾客的技巧。当用电话约见时,推销人员必须预先设计好开场白,谈话简洁、语调平稳、用词贴切。信函约见,专业销售人员在展示酒店餐饮产品特色、约定具体电话联系时间的同时,应尽量以私人的口吻写给目标顾客,使内容充满人情味。他人介绍时,专业销售人员应注重委托人的选用。

3. 接近方法

酒店专业销售人员接近顾客的方法主要有:一是利益接近法,即用酒店所能提供给对方的价值,如优惠券、赠券等来激发其兴趣,进而转入业务洽谈;二是产品接近法,以利用酒店餐饮产品特色引起顾客的注意,从而顺利进入促销面谈;三是赞美接近法,酒店专业销售人员迎合顾客受称赞的心理,成功地接近顾客;四是送礼接近法,通过赠送小礼品,引起顾客的兴趣与好感,来接近顾客。

(二)展示洽谈技巧

展示洽谈是指酒店推销人员运用各种方式、方法和手段,将酒店餐饮产品呈现给顾客,并说服其购买的过程,是专业销售人员传递酒店信息的过程。在介绍和展示产品时,酒店专业销售人员一方面要以生动的方式展示酒店餐饮产品的特色、功能、使用价值和利益等信息,另一方面要用各种方法说服顾客购买产品。

1. 展示方法

展示是指在促销过程中向顾客介绍酒店餐饮产品的过程,也是促销过程的中心部分,其目的是向顾客表达能够带给顾客的好处,证明能够满足顾客的利益需求。酒店专业销售人员在将产品的对客利益理解清楚的基础上,应灵活应用体验示范法、写画示范法。当谈话地点在酒店时,专业销售人员即可以使用体验示范法,让顾客参观餐厅、品尝食物,使顾客亲身感受酒店餐饮产品的特色与优势。当谈话地点在酒店范围之外时,因酒店餐饮产品的不可携带性,专业销售人员可使用写画示范法,把酒店的宣传资料,如照片、宣传册、价目单等,接待数据以及认证书复印材料等,展示给顾客,以引起顾客对酒店餐饮产品的兴趣与肯定。

2. 报价技巧

价格关系到酒店和顾客双方的利益,是相对较敏感的话题。酒店专业销售人员在报价时,一定要选择成熟的时机、准确的价位,以及容易被顾客接受的表达方式。酒店人员促销过程中常见的报价方式有:①自高向低,这有利于提高酒店收入,但会给顾客带来一定的压力,常用于上门顾客;②自低向高,这一方式相对安全,是淡季常见的报价方式;③分列式,该方式是根据酒店服务项目的性质来分别报价;④综合式,主要针对有多项服务需求的顾客,采用包价方式。

3. 洽谈技巧

缺乏想象力的推销员在和顾客见面后,往往急于进入推销状态,他们会迫不及待地向顾客介绍自己的产品。科学的促销,需要酒店专业销售人员通过好的开场白、恰当的提问方式等,迅速将顾客的注意力吸引到促销的酒店餐饮产品上来。同时,酒店专业销售人员应做好听众,通过倾听了解顾客的心理活动,发现其兴趣所在,从而确认顾客的真正需求,以此不断调整促销计划,突出促销要点。

（三）业务成交技巧

业务成交是顾客同意并接受酒店专业销售人员的推销建议,并商定具体购买酒店餐饮产品的阶段。酒店专业销售人员要通过排除成交障碍,利用相关的业务成交技巧,达成交易。

1. 排除成交障碍

首先,排除顾客异议障碍。若发现顾客欲言又止,酒店专业销售人员应主动少说话,请对方充分发表意见,以自由问答的方式真诚地与顾客交换意见。对于一时难以纠正的偏见,可将话题转移,对恶意的反对意见,可以"装聋扮哑"。其次,排除顾客价格障碍。当顾客认为价格偏高时,应充分介绍和展示产品、服务的特色和价值,使客户感到"一分钱一分货",而对低价,应介绍定价低的原因,让顾客感到物美价廉。最后,排除习惯势力障碍。实事求是地介绍顾客不熟悉的产品,并将其与他们已熟悉的产品相比较,让客户乐于接受新的酒店餐饮产品。

2. 促进业务成交

在最终达成交易阶段,酒店专业销售人员仍有许多工作要做。由于酒店餐饮产品的无形性,顾客在购买时必然存在一定的疑虑、怀疑、胆怯的心理。因此,酒店专业销售人员必须密切关注顾客的心理状态,来判断成交迹象,捕捉成交时机,主要有：顾客的语言信号,如"太好了！"、"他们也一定会喜欢"；顾客的行为信号,如顾客频频点头、特别告诉你号码；顾客的神情信号,如顾客态度更加友好、紧锁的双眉分开等。同时,在促销成交时,周围的环境对成交与否很重要,竞争对手的顾客争夺,顾客朋友不经意地否定,都可能改变顾客的购买决策,使促销工作前功尽弃。

3. 做好售后服务

这是确保客户满意,获得重复购买,建立长期合作关系的必要环节。成交后应立即着手准备好有关履约的交货时间、购买条款和其他具体工作。推销人员在接到订单后,要制定售后工作访问日程表,以确保有关安装、指导、技术培训和维修等售后服务工作得到妥善安排。

第二节　餐饮专项活动促销

餐饮专项活动是指酒店根据业务发展、季节变化、市场竞争、顾客消费需求变化等实际需要而策划组织的,将餐饮服务与娱乐、文化、观赏等结合起来的餐饮营销活动。

一、餐饮专项活动策划

（一）活动策划准则

餐饮专项活动在丰富现代餐饮文化、拓展餐饮客源、造就酒店声势等方面具有举足轻重的地位。为保证专项活动事半功倍,首先必须确立活动策划的基本准则。

1. 实效性

实效性,即专项促销活动必须真实有效,实现顾客、酒店与社会的共赢。

(1) 合法性。酒店所选择的专项促销活动必须在无条件遵循法律法规、政策规范的基础上,严格遵守职业道德和行业竞争规范,不能中伤竞争对手。

(2) 真实性。酒店在策划各类专项活动时,应从酒店自身的资源条件出发,实事求是,诚信经营,不能以"假大空"式的宣传模式摆噱头,造声势,误导顾客做出各种错误判断。比如冠名为"美国西部美食节"的活动,既无与美食节主题相匹配的真材实料,又无突出美国西部餐饮文化的卖场衬托,有的仅仅是几张海报、几顶牛仔帽、几种变了样的美国菜点。

(3) 有效性。酒店专项促销活动必须给酒店带来一定的改变,如知名度的提升、市场地位的提高、购买频率增加等。

2. 文化性

在餐饮顾客告别口味消费,步入品位消费的今天,酒店应策划各类颇具文化含量的专项活动,以增加餐饮产品的文化品位。文化性准则要求酒店在餐饮专项活动的安排、卖场布置、宣传策略、市场开发等方面充分发挥文化的魅力,集视觉文化、听觉文化、味觉文化、嗅觉文化、心理文化于一体,利用文化进行包装、宣传,并组织策划各类文化型的讲座、游艺活动,实现以文化拓市场、以文化创品牌的目的。

3. 适度性

适度性,即酒店应确定科学的办节次数和合理的办节规模。任何事情均须适度,不可一味贪大求全,否则容易耗费过多精力和财力。一般来讲,酒店在一年中可确定几次规模较大、影响较深的专项活动作为其中的"精品",在餐饮市场上推波助澜,此外可辅以一些规模较小、时间较短的美食节活动。如以某一相对集中的客源作为促销重点,设计某类针对性的产品和服务,以较少的投入吸引这类相对狭小的客源。

4. 独特性

专项促销活动的生命力源于其与众不同的大胆创意,而流于平庸的专项活动往往浪费酒店资源,得不到应有的效果。为此,餐饮专项促销活动必须突出以下三点。

(1) 专。专项促销活动顾名思义应该强调专注与专一,注重某个主题的聚焦,不可面面俱到。

(2) 特。专项活动必须有自己的个性,有与众不同的卖点。

(3) 新。专项促销活动必须有新意,能给顾客耳目一新的感觉,比如新奇的概念、新颖的方式等。

5. 联合性

种种迹象表明,跨界合作已成为一种基本态势。酒店在餐饮专项活动的组织和策划上也可主动向有关单位或部门"借力",以实现办节的规模效应。

(1) 与酒店其他部门合作,策划内容丰富、不限于美食的"大蛋糕"。因为就现代的饮食观念而言,吃这种消费活动往往和顾客的住、行、娱、购、游等消费需求紧密结合在一起。因此,酒店在餐饮专项活动的策划上不应简单地就吃论吃。

（2）与酒店社会各界合作，如以民间小吃为主题的美食节，可邀请当地的民间艺人、民间文化研究者等专业人士，借"外脑的智慧"增加美食节的文化深度。比如在各地民俗节庆旅游屡出高招的今天，酒店可配合当地政府部门举办的民俗节庆活动举办各类美食节，作为各类民俗节庆活动的子项目。

（3）与其他企业合作，策划各方共赢的专项促销活动，比如与儿童食品、用品供应商共同合作举办儿童专项促销活动，有多方相关利益群体参加的圣诞节专项促销活动等。

经典案例　　北京希尔顿酒店的"环游世界80天"主题餐饮活动

《环游世界80天》是法国著名作家凡尔纳在1872年的小说作品，它讲述了一位英国人与其朋友打赌，说他能在80天内环游世界及他后来在80天的旅途中发生的一系列离奇古怪的趣闻乐事。北京希尔顿酒店得益于小说主人公丰富的想象力，构思了一个"环游世界80天"的餐饮主题营销活动。从4月9日至6月27日，一个充满幻想、令人兴奋的世界七个国家和地区的美食之旅在希尔顿酒店各餐厅依次隆重推出，途经中国香港、日本、中国内地、荷兰、阿根廷、澳大利亚，最后到达美国。每一站都选用当地美食制成菜单，餐厅特别装饰，体现当地风俗习惯，给客人以深刻体验。用餐结束后，客人还可以抽奖，使每位参与的客人都有赢得一个由英国皇家航空公司和美国西北航空公司赞助的真正的环游世界之旅的机会。由于这个餐饮主题的活动设计、组织细致，餐厅环境和美食产品都与每一站的地方美食配合紧密，品质优良，所以很受商务客人的欢迎。酒店设计的七个站点和对应的餐厅参见表7-1。

表7-1　希尔顿酒店环游世界站点表

站　　次	国家或地区	时　　间	餐厅名称
第1站	中国香港	4月9日—4月23日	隋园中餐厅
第2站	日本	4月9日—4月30日	日餐厅
第3站	中国内地	5月3日—5月30日	隋园中餐厅
第4站	荷兰	5月7日—5月15日	连天阁咖啡厅
第5站	阿根廷	5月22日—5月30日	路易斯安娜餐厅
第6站	澳大利亚	6月4日—6月13日	连天阁咖啡厅
第7站	美国	6月17日—6月27日	路易斯安娜餐厅

（资料来源：方辉.餐饮企业营销模式与活动策划[M].广州：广东经济出版社，2016.）

（二）活动策划理念

理念支配行为，思路决定出路，餐饮专项活动策划必须有正确的策划理念。

1. 顾客思维

顾客思维,就是在专项活动各个环节中都要以顾客为中心去考虑问题,由顾客——产品最根本诉求和愿景的提供者——决定产品的导向。从传统的产品思维进化到顾客思维,需要注意以下三个方面。

(1) 痛点思维,即专项活动策划应着眼于顾客在餐饮消费时抱怨的、不满的、让人感到痛苦的接触点。问题即商机,只有能帮助顾客解决问题的专项促销活动,才能赢得顾客的认同与厚爱。

(2) 卖点思维,即餐饮专项促销活动必须有自己独特的价值主张,给顾客需要的利益。尤其在设计美食节专项活动时,要结合地域与节庆特点,例如与本地知名中医馆共同推出冬季养生美食节,或与某著名婚恋机构合作推出情人节派对等。

(3) 尖叫思维,即餐饮专项促销活动应致力于为顾客创造惊喜。要达到这一目标,餐饮专项活动策划必须注重细节,追求完美,创造极致。特别是在进行忠诚型促销策略时,更需要通过超越顾客预期的亮点,来感动酒店餐饮目标顾客。

2. 粉丝思维

粉丝思维,就是餐饮创新酒店的策划必须注重吸引粉丝、巩固粉丝。移动互联网时代,粉丝不仅能提升餐饮产品销量,还能为餐饮品牌带来正向口碑传播,并在餐饮品牌出现负面评价甚至是危机公关时,在第一时间捍卫品牌。以粉丝思维开展餐饮专项活动,需要注意从以下三个方面充分满足顾客。

(1) 尊重感,即在餐饮专项促销活动中应着眼于凸显酒店目标粉丝的尊贵感。

(2) 参与感,即在餐饮专项促销活动中应注重与粉丝的良性互动,让粉丝有兴趣参与,并能从中获得快乐。

(3) 成就感,即在餐饮专项促销活动中要立足于让自身酒店粉丝拥有一种自豪感。

3. 品牌思维

品牌思维,即在餐饮专项促销活动策划时,必须致力于餐饮品牌的塑造,实现餐饮品牌溢价。品牌溢价的关键在于提高品牌的顾客价值,顾客愿意为名牌产品支付额外费用,产品功能价值固然重要,但起决定作用的还是产品的心理价值,即信任价值、情感价值与身份价值。所以,创造理想品牌溢价的关键是创造品牌崇拜,即建立在顾客将品牌视作自己拥有的某些特权(话语权、建议权等)的基础上,对品牌的忠诚有如宗教信徒般,并且有意区别其他品牌的消费群体。因此,酒店应该特别注重以下几点。

(1) 传播品牌价值观,即在餐饮专项促销活动策划中,应特别注重聚焦并传播酒店餐饮品牌所推崇的基本理念与独特主张。

(2) 塑造神秘感,即应为专项促销活动注入超出常规、激发想象的神奇与神秘元素,以增强顾客的内心探求欲望和对超越者奋斗过程的敬意。

(3) 传播品牌故事,即通过讲述顾客最期望听到的故事,增进与密切目标受众的情感交流,进而实现酒店餐饮品牌与目标受众的心灵共鸣。

(三) 活动策划内容

1. 时机选择

专项促销活动既然不是一种日常的促销活动,而是特定时间的促销活动,那么就必须思考在何时举行专项促销活动。

1) 节假日期间

节假日是人们愿意庆祝和娱乐的时光,是酒店举办美食专项活动的大好时机。在节日开展专项活动或其他餐饮推销,需要将餐厅装饰起来,烘托出节日气氛,并且餐饮管理人员要结合各地区民族风俗的节日传统组织推销活动,使活动多姿多彩,进而使顾客感到新鲜和欢愉。

2) 销售淡季

专项活动可以作为调节餐饮需求的一种手段,餐厅可在餐饮销售淡季策划举办各种美食节活动,增加客源流量和提高座位周转率。

3) 特定季节

餐厅可以在不同的季节进行多种多样的季节性专项活动,这种专项活动的推销可根据顾客在不同季节的就餐习惯和在不同季节上市的新鲜原料来计划,较常见的季节性美食节正是推销时令菜的好时候。

2. 主题选择

专项活动主题是所有活动所要表达的中心思想,它决定了专项活动对市场的吸引力。在具体确定专项活动主题的过程中,餐饮管理人员应当注意以下几个方面。

1) 主题要符合酒店自身的条件

举办专项活动是对整个酒店,尤其是酒店餐饮部门的考验,同时它对酒店的组织、管理、服务、生产、协调和创新能力等提出了较高的要求。因此,酒店应当选择与自身规模、档次和服务管理水平相当的专项活动主题,从而保证专项活动的顺利进行。盲目地随波逐流会导致专项活动的失败,非但不能实现举办专项活动的本来目的,而且会使酒店遭受财务和形象等方面的损失。

2) 主题要与酒店和餐厅的形象一致

营销活动的进行是为了树立和强化酒店餐饮品牌形象,增加无形资产,进而增加销售收入。而作为促销手段的专项活动是酒店餐饮营销活动的重要内容,因此,专项活动的举办应当与酒店已经形成或者正在形成的形象一致,谨慎的选择美食节主题。例如,在五星级酒店举办"家常菜美食节"可能就显得不是很适宜,而冠以"私房菜美食节"可能比较适宜。反之,在三星级酒店举办"法国大餐美食节",可能也难以激发顾客的兴趣。

3) 主题应当符合并满足市场需求

所有专项活动都是围绕主题而展开的,为了使专项活动内容赢得顾客的认同和参与,主题首先应当迎合顾客的要求。只有在适当的主题的指引下,酒店才能开发出满足顾客需要的专项活动餐饮产品、服务以及各种活动。因此,餐饮管理人员应重视市场调查,深入了解顾客的需求,选择相应的主题。

4) 主题对顾客要有冲击力

专项活动的主题必须表现强烈鲜明的独特个性,且必须精明易懂,并能给顾客留下深刻的印象。

3. 活动方案

这是活动策划的重点部分,根据分析部分的研究结果,阐明专项活动的主要内容、活动进程具体安排、具体实施细节、经费预算、主要参与者、效果预测工作、投资估算与经济效益分析等。如广告推销策划中,要详细说明广告促销策略的内容、特定的目标市场,详细列出媒体选用情况及所需费用、每次刊播的价格,最好能制成表格,列出调研、设计、制作等费用,并说明广告促销活动预计可达到的目标。

二、餐饮专项活动实施

餐饮专项活动策划要卓有成效,必须借助以下策略达到有效的组织实施。

(一) 有效沟通,达成共识

在实际工作中,往往活动策划者与活动的执行者可能分属不同的部门,或者是不同的人。所以,活动策划方案要付诸实施,首先必须做好策划部门与执行部门的有效沟通,并达成对活动方案实施的基本共识。

1. 精准传达

为了避免在活动实施过程中的"误解"而出现"走样"或不到位的情况,策划部门除了在策划过程中要与执行部门保持密切的沟通外,更要在执行前将活动方案的策划背景、目标、内容、实施步骤、结果衡量、实施中应特别注意的重难点等准确无误地传达给执行部门,使执行部门深刻领会策划部门的真正意图与活动方案的精神实质。

2. 深刻领会

执行部门在了解了策划的意图与方案后,应进一步梳理方案的执行要点,并可考虑采用图像思考法对方案的执行进行认真思考,即利用人类图像思考的能力,将策划方案执行的情景和进程事先在头脑中像电影放映机一样播放一遍,以加深对活动方案的理解,并预测可能会出现的问题及执行效果。

3. 针对培训

活动策划方案实施,可能会涉及一些新的理念、新的知识、新的方法、新的技术,这就要求执行部门必须对相关人员进行针对性的培训,使他们能在执行过程中得心应手。

(二) 整合资源,有备无患

俗话说,兵马未动,粮草先行,专项活动实施必然需要各种资源,必须提前组织整合。

1. 物资整合

餐饮专项活动设计完成后,需要有专门人员负责餐饮专项活动菜肴生产所需的各种原材料的筹措和准备,既要保证生产所需的各种原料和辅料准备充足,又要确保各种调料、盛器、用品及时到位。若需要从外地订购特殊原材料,也必须提前订购,或约请相关协作单位购置,保证活动开始后的使用。

2. 设备整合

相关生产设备的调剂是资源准备的重要一环,在不影响正常经营的前提下,提前调剂好生产设备,确保生产所需,若需要添加特殊设备,也需提前做好采购计划。由于餐饮专项活动短暂性的特点,因此,设备的准备尽量以调剂、租赁或套用为主,以免造成设备在活动后的闲置和浪费。

3. 人员整合

餐饮专项活动的组织可能是作为日常经营的补充,在原有产品基础上增加经营品种,也可能是在不影响正常经营的前提下增加新的经营项目。如果依靠本酒店的技术力量举办餐饮专项活动,还要通盘考虑厨房人员和服务人员,确保足够的人手来维持餐饮专项活动的运行。如果餐饮专项活动需要借助外来力量协助,那需要提前和相关的协作单位沟通,联系相关生产和服务人员提前准备,免得仓促上阵,影响餐饮专项活动效果。

(三)宣传推广,有的放矢

餐饮专项活动能否成功,能否起到扩大知名度的作用,活动前的宣传推广至关重要。

1. 精心设计

餐饮专项活动的广告宣传包括对外宣传和对内宣传两个方面,即既要吸引店外顾客,也要吸引店内的住店顾客。餐饮专项活动宣传资料除菜单、酒水单外,更重要的是场地布置和对外宣传所需要的各种 pop(pop of purchase)广告(购买总广告)单。宣传资料要求设计精美,能够体现活动的主题,能够引起顾客的关注,印刷质量要符合酒店的档次。另外,在活动现场使用的引导指示标牌、宣传招贴画、食品包装盒(袋)等都必须认真设计准备。

2. 凸显卖点

宣传推广能否成功,重中之重是能否凸显专项活动的卖点,并引起顾客的关注。我们策划一个活动,总是需要基于活动的一个卖点去吸引顾客。一般来说,活动的卖点往往也是产品的卖点,毕竟举办专项活动的最终目的,是为了让酒店独特的餐饮产品被更多的顾客熟知或者加强顾客与产品的黏性。所以,专项活动的宣传推广,应聚焦策划方案设定的活动主题与概念,围绕餐饮产品的关键要素,通过目标顾客喜爱的途径与方式,充分展示活动的卖点,以占领目标顾客的心智。

3. 寻找关键人

要想引爆餐饮专项活动,就必须找到能对我们的活动传播起决定性作用的核心顾客。传统营销将信息传递给核心顾客的方法往往是通过媒体渠道的投放,但这种方法往往只能让关键人接收到信息,很难让他们将信息进行裂变。所以要想驱动关键人为酒店服务,酒店需要做的不仅仅是让他们被动地接收信息,而是应该主动地接触他们,促成他们的体验,然后分享他们的体验。

(四)精心组织,恰到好处

专项活动实施,必然牵涉多个部门、多个环节,必须注重组织协调,确保环环扣紧,步步到位。

1. 精心布置

餐饮专项活动必须有气势、有氛围,卖场布置应特别注意。独特的卖场不仅可以突出活动的文化内涵,突出餐饮专项活动的主题,而且能调动顾客前往餐厅就餐的积极性,塑造酒店和餐厅的新形象。因此,管理人员必须按专项活动方案设定的要求,精心布置活动卖场,满足开展特定形式餐饮活动的需要。

2. 各方协调

专项活动期间,餐饮部门既要做好与酒店内营销、管家、采供、保安、工程、财务等部门的协调,又要做好与外部供应商、中间商、劳务服务等单位的合作,还要做好与政府消防、卫生防疫、食品监管等部门的联络与配合。

3. 现场控制

活动现场控制,关键是要做好顾客组织、出品控制、服务提供与安全保证等方面的管理工作,确保井然有序,品质优良,安全无事故,达到预期目标。

三、餐饮专项活动实例

酒店餐饮的专项活动大体可以分为美食节促销活动、节假日促销活动、特定顾客促销活动。

(一)美食节促销活动

美食节促销活动是酒店在日常的餐饮经营活动之外的一种餐饮产品和服务销售活动,是酒店在短时间内为促进餐饮销售而采取的一项营销措施。

1. 美食节特点

美食节有别于酒店组织的常规餐饮产品,它是酒店一日三餐正常餐饮销售以外的特殊经营活动,其特点主要有以下几个。

1) 时间集中

任何一项美食节活动,无论规模是小是大,其持续时间总有一定限度,一般不超过一个月。从性质上而言,时间过长的美食节就已转变成为餐厅一种固定的产品而不能称之为美食节。

2) 形式多样

由于受经营条件、厨师力量、主体客源的消费品位等因素的影响,酒店在确定常规餐饮经营内容、方式时往往有一定的局限性。而酒店的美食节,则可以在不同的时期,选择不同主题、不同活动方式、不同活动地点、不同菜肴品种、不同就餐环境以及不同组织方法。

3) 影响深远

为了扩大影响,酒店一方面通过独特、新颖的组织方式和鲜活、大胆的卖场布置吸引顾客的关注;另一方面则借助于一定规模的广告宣传,加强美食节的宣传。因此,与酒店一般的常规餐饮产品相比,美食节往往会给顾客留下深刻的印象并成为行业关注的焦点之一。

4) 组织复杂

美食节活动是酒店在相对集中的时间段内推出的一种主题鲜明的特色产品,它往往需要众多的环节,如美食节的策划、美食节的准备、美食节的组织管理、美食节后的总结等工作。这些工作往往涉及餐饮、营销、公关、管家、采供、工程等不同的部门,需要管理人员、服务人员、技术人员等的通力合作。因此,在组织管理上呈现较明显的严谨性和复杂性。

2. 美食节策划

为了保证美食节的成功,酒店须对美食节活动进行周密的策划。

1) 主题选择

美食节主题选择必须坚持顾客、市场导向,基本思路主要可以分为以下几类:一是以外国菜肴为主题,例如法国美食节、意大利美食节、阿拉伯美食节、泰国风味美食节等;二是以

我国著名菜系为主题,例如川菜美食节、粤菜美食节、淮扬菜美食节等;三是以节日为主题,例如以我国的春节、元宵节、端午节和中秋节以及国外的圣诞节、感恩节、情人节为主题而推出的美食节;四是以某种食品或食品原料为主题,例如海鲜菜肴美食节、野菜美食节、海南椰子美食节、全鸭席美食节等;五是以某种烹饪方式为主题,例如系列火锅美食节、系列砂锅美食节、系列串烧美食节等;六是以古代菜点为主题,例如扬州红楼宴美食节、秦淮仿明美食节、随园菜美食节等。

2）美食节计划

美食节活动计划的内容应当视具体情况而定,一般来说,应包括举办目的、日期、装饰布置、菜单及酒水单的设计、宣传广告促销、员工培训、费用预算等内容。

3）菜单设计与制作

美食节菜单应突出其纪念价值和欣赏价值。菜单品种应根据美食节的主题而定,并应充分考虑厨师力量以及各种食品原料的可获得性,同时,应考虑菜肴等的合理搭配。

经典案例　日式料理美食节活动策划方案

一、活动目的

日本的饮食文化受到其自然环境、传统文化和社会发展等各方面的影响,具有其独特性。日本料理讲究形与色,极工盛器,配合食物,造型美轮美奂,每一款菜点犹如中国的工笔画,细致入密,更有留白;好像一件精巧的艺术品,让人久看不厌,迟迟不忍动口。通过举办日本料理美食节,达到以下目的。

(1) 扩大酒店自助餐的品牌影响力,体现酒店格调与档次。

(2) 推陈出新,给新老顾客"常变常新"的感觉,巩固已有顾客群,并吸引新的顾客。

二、活动时间、地点

(1) 活动时间:2016年5月27日—6月18日。

(2) 活动地点:酒店二楼普罗旺斯西餐厅。

三、人员安排

聘请日本烹饪大师、上海市餐饮烹饪行业协会日本料理专业委员会副秘书长金井三郎先生主理。金井三郎先生是个地道的日本人,他深谙茶怀石与会席料理之精髓。从厨48年以来,他始终坚持着日本料理最传统与最正宗的做法。他坚信只有最纯正的味道,才是对饕客味蕾的最好馈赠。

四、活动宣传

(1) 活动前对菜肴出品和场地氛围布置进行拍摄,前期通过微信网络平台发布宣传。

(2) 酒店显示屏与活动开始当天全天候播放美食节相关信息画面(与其他销售画面轮播)。

(3) 媒体宣传:活动进行首日,接待萧山电台、萧山日报、杭州杂志、浙江在线等多家媒体到店观摩。

五、场地布置

（1）西餐厅二楼楼梯口迎宾服务员着和服施礼迎接顾客。

（2）楼梯口迎宾对面大号花盆栽植仿真樱花树。

（3）各个档口挂起日本和食文化灯笼。

（4）波菲炉空隙之间放置日本木偶摆件以及上方悬挂日本风铃。

（5）二楼楼梯口左拐原报刊架位置设置展台集中体现日本文化元素（插花、茶道、和扇、和伞等）。

（6）日本料理档口师傅配备日式厨衣。

（7）针对美食节推出的日式菜肴制作相应的日风新菜牌。

六、前期准备

（1）布置物品采购，5月22日前完成。

（2）美食节期间西餐厅点位布置，5月26日前完成。

（3）前期宣传工作，5月26日前完成装扮效果和菜肴出品拍摄工作并通过微信等网络宣传平台发出。

七、布置费用

布置费用初步预算为4000元左右，部分饰品可网购清单另附，其他饰品需要现场采购。

（资料来源：由杭州雷迪森铂丽大饭店提供。）

3. 美食节实施

美食节的实施，与专项活动实施环节基本相同，尤其须特别注重以下三个环节的控制。

1）试制菜肴

美食节，顾名思义美食是核心。无论是利用酒店自身的厨师还是聘请协作单位的厨师负责美食节活动的菜肴生产，都必须在活动开始前对即将推出的新菜进行试菜。一方面是为了让菜肴产品适合和满足市场的需要，所以试菜时可以聘请一些专家或顾客代表参加，听取他们的意见反馈，在新菜肴推出之前做最后的改良，使专项活动推出的菜肴产品更加接近顾客的需要；另一方面通过试菜可以进一步明确各种菜肴的生产规格和要求，给菜肴产品的质量明确一个标准，并起到培训厨师和服务员的作用。

2）场地布置

美食节活动大部分是在酒店内部举行的，但有时也可根据需要在草坪、花园、游泳池、广场等地点来举办，场地的布置不但要有利于塑造美食节的主题，而且要满足开展特定形式餐饮活动的需要。同时，为了使进入的顾客能轻易地识别举办美食节的具体地点，一般餐厅入口处应设置反映美食节主题的模拟景观、实物展台等。重点推荐的主打餐饮产品和服务以及菜单、酒水单等也可以实物的形式陈列在入口的展台上，它既起到了装饰作用，又能增加顾客对美食节产品和服务的认识，引导顾客消费。此外，还必须注意气氛的渲染，如彩灯、灯箱和外墙壁挂等设置。

3）营业控制

美食节期间，业务繁忙，餐饮管理人员应注重四个控制：一是原材料数量、质量、价格方面的控制；二是菜点制作数量、品种、质量的控制；三是对客服务的控制；四是顾客、酒店、员工安全的控制。

（二）节假日促销活动

岁末年初，圣诞节、元旦、春节、情人节、端午节、中秋节、劳动节、国庆节等节假日里，酒店餐饮销售进入了黄金时期，成为顾客集中消费的最佳时机。根据节假日的风格特色，酒店餐饮部门应尽量营造欢乐的节日气氛。

1. 根据客源市场构成不同，进行产品整合

节假日期间，家庭用餐、亲朋好友聚会是这一阶段的主要客源构成。餐饮产品就应以满足这类顾客的需求为主，菜品方面要求口味清淡、老少皆宜、菜量偏多、价格适中，并适时推出各种档次的宴会用餐，此间穿插特色菜、招牌菜、新派菜等，使顾客能够全面了解厨师水平，促进餐饮品牌形象的树立和推广。

2. 根据节假日特点不同，突出气氛差异

从假日特点看，春节、五一、十一这三个长假也有不同特点。春节是传统的喜庆节日，五一、十一则是休闲假日。在经营时要抓住这个特点。春节经营就要突出喜庆气氛，以抽奖、赠品等方式增加就餐的娱乐性，五一、十一则要突出休闲气氛，从菜品、宴席的调整创新以及着力推广饮食文化服务来增加休闲性，以此来吸引顾客消费。

3. 根据中西方文化不同，形成鲜明主题

由于节假日的性质和背景不同，中西方文化的特色差异也必须在专项活动中显现出来，如餐厅布置、餐台设计、菜单印刷、背景音乐和灯光、活动内容等都要有所差异。例如，在圣诞节期间，要开展圣诞树装饰、圣诞老人发放礼物、儿童唱诗班表演等各项活动；在元旦和春节，以大红灯笼悬挂、"福"字倒贴、凌晨钟表倒计时、发放利市红包等活动为主；在情人节，则是以玫瑰花、巧克力、烛光晚餐、小提琴伴奏等方式作为营销的主要表现形式。

经典案例　　××酒店七夕情人节促销活动方案

一、活动背景

七夕情人节已率先吊起了商家和顾客的胃口，只靠打价格战、搞单纯的优惠酬宾等这些促销策略已很难打动顾客的心，要想脱颖而出，就得另辟蹊径。××酒店本次拟组织一场温馨浪漫的派对活动，打造××酒店"最浪漫的爱情餐厅"这一宣传主题。

二、活动主题

"穿越七夕夜，遇见更美的你！"

三、活动时间

××月××日—××月××日。

四、活动定位

本次活动为一次影响力广、吸引人数多、具有话题性和文化性的七夕促销活动,主要针对20岁至40岁的中高端顾客群体。

五、活动形式

(1)××月××日—××月××日,消费达_____元即可获赠_____元优惠券,以直接让利的促销形式拉长酒店热销周期。

(2)××月××日七夕夜晚,利用主题活动引爆全场,扩大酒店知名度。

六、活动内容

(1)以七夕当天主题活动为主线、前期返券让利促销为辅助,举行为期3天的"穿越七夕夜,遇见更美的你!"主题促销活动。××月××日七夕当天,举办"还好遇见你"单身交友派对及"浪漫回味"情侣交友派对,凡活动当天交友成功者均可享受餐饮5折优惠。

(2)只要身边有伴侣,均可参加××月××日酒店举办的情侣主题派对,凡是夫妻、情侣在七夕当天到酒店消费,均可获得餐饮5折优惠。

(3)凡是××月××日为结婚纪念日的顾客,只要讲述其浪漫爱情故事,均可享受酒店提供的免费情侣套餐1份。

七、现场氛围打造

1. 酒店外围布置

第一,在酒店入口处设置大型七夕鹊桥门头,借传统七夕鹊桥会的文化习俗增添酒店的人文格调及节日独特性,以此吸引顾客关注,并力邀当地知名摄影机构联合加入,为每一个来酒店消费的顾客留下七夕最美的身影。

第二,结合七夕鹊桥门头,布置牛郎、织女特色造型任务模型,不仅从外围环境上增加酒店的格调与文化,也为顾客照相留恋提供契机。

第三,根据七夕促销主题创意设计古色古香的宣传立柱,并贴上"穿越七夕夜,遇见更美的你!"活动主题口号。

2. 大厅环境布置

第一,在酒店大厅及主要过道设置中式灯笼,增添厅内人文格调。

第二,按照七夕促销主题统一设计宣传吊旗,以创意造型有序布置,用于活动宣传及氛围打造。

第三,根据场地设置摄影照片领取台,进行活动主题造型布置,如签到板、造型纱幔、展架等。

第四,根据酒店场地进行分区规划设计、舞台创意造型设计等。

第五,根据酒店场地布置活动当天所需的灯光设备、光影表演设备等。

八、活动流程

1. 单身区

单身区的活动流程如表7-2所示。

表 7-2　单身区的活动流程

阶段主题	时　间	活　动　安　排
七夕夜美丽留影	17:30—18:30	由酒店迎宾员引导顾客到酒店入口鹊桥造型处,由专业摄影机构为每位来酒店的顾客拍照留念,以迅速聚集人气
享特色文艺盛宴	18:30—18:40	主持人开场,介绍活动主要内容及促销优惠措施
	18:40—18:45	3~4人舞蹈开场
	18:45—18:50	独唱加伴舞
七分钟浪漫心跳	18:50—18:55	主持人串词,进入"交友找伴"环节
	18:55—19:02	酒店灯光渐暗,四周出现闪烁、绚丽的光影艺术效果,营造优雅、神秘的气氛,在场顾客写下期望交友的座号数字
	19:02—19:10	主持人统计在场顾客交友配对情况,公布交友结果
七夕夜完美遇见	19:10—19:20	现场演奏音乐,交友成功的顾客开始现场交流
	19:20—19:25	主持人串词,统计交友成功的顾客数量
	19:25—19:30	结束离场,顾客在照片领取处领取照片,工作人员登记顾客信息,以此建立顾客档案

2．情侣区

情侣区的活动流程如表 7-3 所示。

表 7-3　情侣区的活动流程

阶段主题	时　间	活　动　安　排
七夕夜浪漫留影	17:30—18:30	由酒店迎宾员引导顾客到酒店入口鹊桥造型处,由专业摄影机构为每位来酒店的顾客拍照留念
寻5段完美爱情	18:30—18:40	主持人开场,介绍活动主要内容及促销优惠措施
	18:40—18:45	歌舞表演
	18:45—18:50	主持人串词,进入"寻找5对七夕情侣,讲述5段浪漫爱情"环节
七夕夜浪漫回味	18:50—19:05	主持人串词
	19:05—19:30	现场演奏音乐,顾客在照片领取处领取照片,工作人员登记顾客信息,以此建立顾客档案

(资料来源:方辉.餐饮企业营销模式与活动策划[M].广州:广东经济出版社,2016.)

（三）特定顾客促销活动

特定顾客促销活动，即在不同时间针对某个特定顾客群体展开的专门促销活动，如儿童、高考录取准大学生、拟举办婚宴的准新郎新娘等的促销活动。该促销活动应特别注重以下三个基本要素。

1. 概念令人怦然心动

概念，概括特定顾客专项促销活动特性而形成的心理意念和抽象符号，是创意的集中体现。好的概念，必须具有三个基本特征：一是与众不同的创意，具有强大的冲击力；二是通俗易懂的表达，具有必要的覆盖率；三是打动心灵的诉求，具有很强的穿透力。

2. 内容令人蠢蠢欲动

活动内容必须针对特定顾客的个性需求加以设计并提供，充分凸显以下三个特性。

（1）功能性，即专项活动提供的产品必须满足顾客的功能需求，如吃饱、好吃、卫生、安全等，这是专项活动内容的底线标准。

（2）情感性，即顾客在专项活动中获得独特的情感满足。专项活动通过必要的仪式感与情景，将冷冰冰的产品带到有血有肉的情感境界，赋予产品生命力和感染力，让顾客拥有一段美好的情感体验。

（3）象征性，即专项活动蕴含一定的人生哲理、价值观、审美品位、身份地位等。顾客通过专项活动，能体验人生追求，张扬自我个性，寻找精神寄托。

3. 促销令人即刻行动

活动促销必须给顾客实实在在的利益。为此，特定顾客促销活动必须关注以下基本要求：一是需要有必要的、令人可信的承诺；二是需要有迎合顾客消费心理的优惠措施；三是需要有针对特定顾客群体的促销方式与相应利益。

第三节　餐饮口碑营销策略

如前所述，随着移动互联网的普及与新媒体时代的到来，口碑对于酒店餐饮经营越来越重要。如何塑造良好的餐饮品牌形象并有效传播已成为酒店餐饮经营的重要课题。

一、口碑营销基本要素

口碑，泛指众人的议论，其源于群众，形成于共识，传颂于基层。口碑营销，就是酒店运用各种有效的手段，引发顾客对其产品、服务以及企业整体形象的谈论和交流，并激励顾客向其周边人群进行介绍和推荐的营销方式和过程。口碑营销，离不开以下五个基本要素。

（一）谈论者

谈论者是口碑营销的起点，酒店餐饮的谈论者范围包括餐饮产品的粉丝、顾客、媒体、员工、供应商和经销商，这一环节涉及各个角色的设置。口碑营销往往都是以产品使用者的角色来发起，以产品试用为代表。如果将产品放在一个稍宏观的营销环境中，还有很多角色成为口碑营销的起点。例如，酒店员工和经销商的口碑建立就不容忽视。当然，寻找意见领袖,更是重中之重。意见领袖是一个小圈子内的权威,他的观点能被拥护者接受,他的消费行为能受到粉丝的狂热模仿。雅虎前营销副总裁 Seth Godin 认为,口碑传播者分成强力型和随意型两种,强力型主导传播的核心价值,随意型扩大传播的范围。口碑营销要取得成功,强力型口碑传播者和随意型口碑传播者都不可或缺。

(二) 话题

传播必须有话题,必须给人们一个谈论的理由,如产品、价格、外观、活动或代言人等。在今天这个信息爆炸、媒体泛滥的时代,顾客对广告,甚至新闻,都具有极强的免疫能力,只有制造新颖的口碑传播内容才能吸引大众的关注与议论。其实,口碑营销就是一个炒作和寻找话题的过程,总要发现一点合乎情理又出人意料的噱头,让人们尤其是潜在的顾客来"说三道四"。酒店应该想方设法制造一种"稀缺病毒",不一定是关于品牌本身的信息,但基于产品本身的口碑可以是"病毒",这就要求酒店餐饮产品要足够酷,要有话题附着力,这样才容易引爆流行,掀起一场口碑营销风暴。

(三) 工具

口碑营销是新媒体时代众多营销方式的一种。口碑营销虽然有宣传费用低、可信任度高、针对性强等优点,但也充满着小市民的偏见、情绪化的言论。口碑在顾客中诞生、传播,对于酒店而言则属计划外信息,本身具有很强的不可控性,因此,需要酒店借助网站广告、病毒邮件、博客、BBS(电子公告牌系统)等工具帮助信息更快传播。采用这一方式需要对不同渠道的传播特点有全面的把握,需要借助丰富的广告投放经验进行有效的工具选择和效果评估。此外,信息的监测也是一个重要的环节,从最早的网站访问来路分析,到如今兴起的舆情监测,口碑营销的价值越来越需要一些定量数据的支撑。毫无疑问,传播技术的进步让顾客获取消费信息到最后形成购买决策的整个过程发生了变化。传统的广告理论认为,顾客购买某个产品,要经历关注、引起兴趣、渴望获得产品进一步的信息、记住某个产品到最后购买 5 个阶段,整个传播过程是一个由易到难、由多到少的倒金字塔模型。移动互联网为顾客的口碑传播提供了便利和无限时空,如果顾客关注某个产品,对它有兴趣,一般就会到网上搜索有关这个产品的各类信息,经过自己一番去伪存真、比较分析后,随即进入购买决策和产品体验分享过程。在这一过程中,可信度高的口碑在顾客购买决策中起到关键作用,这在一定程度上弥补了传统营销传播方式在促进顾客形成购买决策方面能力不足的短板。当然,口碑营销也不能忽视传统媒体的功能。

(四) 参与

参与是指参与到人们关心的话题讨论中,也就是鼓动顾客主动参与热点话题的讨论,其实网络中从来不稀缺话题,关键在于如何寻找到和餐饮产品价值和酒店经营理念相契合的接触点,也就是接触点传播,实现口碑裂变。关键是需要把分享变成体验的一部分,让顾客以分享为乐。

1. 利益分享

天下没有免费的午餐,这样的道理或许每个人都明白,但人性的弱点让很多人在面对免费物品时总是无法拒绝。给顾客优惠券、代金券、折扣等各种各样的消费奖励,让他们帮酒店完成一次口碑传播过程,酒店的口碑营销进程也会因此大大提速。

2. 情绪分享

众多营销专家发现现代顾客越来越情绪化,甚至被情绪牵着钱包走。酒店餐饮的口碑营销应当运用情绪感染策略来激发目标顾客群体的积极消费情绪。以情绪作为重要线索来满足顾客的需求,不仅可以推介产品和服务,还可以促进与现有顾客与潜在顾客展开深入交流,从而增强酒店对顾客群体的消费特征的把握。

3. 内容分享

酒店优质的传播内容能让更多的顾客了解餐饮产品和专项活动,使具有传播基因的内容产生强烈的裂变效应。将内容发挥最大的效用是口碑营销策略的关键,可以通过VR(虚拟现实技术)、视频、信息图、社交媒体信息、新闻稿等形式,层层递进,以内容吸引受众,激发兴趣,主动分享;以内容吸引人,聚集同好人群,构建品牌社区;以内容融入生活,成为顾客对于美好生活的寄托或向往,成为一种品位的象征。

(五) 跟踪

如何发现评论,寻找客户的声音?这是口碑营销必须特别关注的问题,很多公司和软件都开始提供这方面的服务。相信借助于这些工具,很容易发现一些反馈和意见。但更为关键的是,知道人们已经在谈论你或者他们马上准备谈论你,你会怎么办?参与他们的话题讨论?还是试图引导讨论?抑或置之不理?口碑营销的主要工作之一与其说是将好的口碑传播出去,不如说是管理坏口碑。遗憾的是,世界上还没有管理口碑的万能工具,但这不妨碍营销人士朝这个目标努力。酒店当然可以雇用专业公司来做搜索引擎优化服务,屏蔽掉有关公司的任何负面信息。但堵不如疏,好办法是开通企业博客、品牌虚拟社区,及时发布品牌信息,收集顾客的口碑信息,找到产品服务的不足之处,处理顾客的投诉,减少顾客的抱怨,回答顾客的问题,引导顾客口碑向好的方向传播。

值得注意的是,现在顾客厌倦了精心组织策划的新闻公关稿、广告宣传语,讨厌你说我听、"我的地盘我做主"的霸道,他们希望与品牌有个平等、真诚、拉家常式的互动沟通机会。在营销传播领域,广告失去了一位盟友,但品牌多了一个与顾客建立紧密关系的伙伴。

二、口碑营销基本方式

口碑营销的主要目的在于提高酒店餐饮品牌的知名度、满意度,赢得顾客对传播品牌的理解、喜爱与认同。为此,酒店必须采用顾客喜爱的传播方式。根据酒店餐饮品牌特征及现在的文化环境,酒店应特别注重以下三种传播方式。

(一) 事件传播方式[①]

事件传播,即酒店通过策划、组织和利用具有新闻价值的人物或事件,吸引媒体、社会团体和顾客的兴趣与关注,以提高酒店餐饮品牌的知名度、美誉度,树立良好的餐饮品牌形象,并最终促成产品销售的手段和方式。

1. 事件传播特征

(1) 事件依托性。事件传播的核心就是事件,无论是酒店自行策划事件还是借用已有

---

① 李光斗.事件营销[M].北京:清华大学出版社,2012.

的社会热点,事件传播始终围绕着一个主题,以此实现企业的传播目标,建立企业的良好形象。

(2)第三方公正性。事件传播是通过借助第三方公正组织或权威个人,将其产品、服务、理念较真实地传递给目标市场及目标群体,提升其关注度。所以,事件传播比广告更具隐蔽性和持久性。

(3)双重目的性。事件传播的目的表现在产品(服务)销售和形象塑造两个方面,借助一个事件进行有针对性的传播,能避免媒体多元化而形成的噪声干扰,从而提升企业品牌的关注率。

(4)宣传成本较低。事件传播的本质就是让事件策划成为新闻,以新闻事件方式进行的宣传和销售促进,避免了其他传播方式的高额宣传费用,可以产生低投入高回报的宣传效果。

2. 事件传播原理

(1)事件传播的原始动机——注意力的稀缺。注意力是对于某条特定信息的精神集中。当各种信息进入人体的意识范围,人们将关注其中特定的一条信息,然后决定是否采取行动。注意力对于企业来说,是一种可以转化为经济效应的资源,把握住大众的注意力,也就有了事件传播的动力。

(2)事件传播的实现桥梁——大众媒介议程设置。大众媒介议程设置,即大众传播媒介具有一种为公众设置议事日程的功能,传媒的新闻报道和信息传达活动以赋予各种议题不同程度显著性的方式,影响着人们对周围世界的"大事"及其重要性的判断。因此,如果企业想成功实施一次事件传播,只有凭借传媒开展的新闻传播、广告传播等大众传播活动,营造出有利于企业的社会舆论环境,才能帮助企业达到借势或造势的目的,引起大范围的公众重视。

(3)事件传播的必要途径——整合传播资源。事件传播需要整合多种媒体发布渠道,整合多种媒体渠道传播的信息,整合多种传播工具。

3. 事件传播关键

(1)目的性。事件传播须有明确的目的,要与自己酒店的特征及餐饮品牌核心价值相匹配。

(2)重要性。重要性即事件内容的重要程度,判断内容重要与否的标准主要看其对社会产生影响的程度,影响越大,新闻价值也越大。

(3)接近性。越是心理上、利益上和地理上与受众接近或相关的事实,就越能引起人们的注意。

(4)显著性。新闻中人物、地点和事件的知名度越高,新闻价值也越大。国家元首、政府要人、知名人士、历史名城、名胜古迹往往新闻价值较大。

(5)趣味性。大多数受众对新奇、稀奇、古怪、独特、有人情味的东西比较感兴趣。一个事件只要具备一个要素就具备新闻价值,如同时具备的要素越多、越全,新闻价值自然越大,肯定会成为新闻媒介竞相追逐的对象。

(二)微传播方式

微传播是以移动互联网为主要沟通平台,配合传统网络媒体和大众媒体,通过有策略、可管理、持续性的线上线下沟通,建立和转化、强化顾客关系,实现客户价值的传播策略。

1. 微博传播

微博传播是酒店以每一个听众(粉丝)为潜在传播对象,利用微型博客向网友传播企业信息、产品信息,树立良好的企业形象和产品形象的传播策略。微博传播应特别注意以下四点。

(1) 传递价值。微博应是一个给予平台,只有那些能对浏览者创造价值的微博自身才有价值,此时企业微博才可能达到期望的商业目的。

(2) 彰显个性。微博传播竞争激烈,千篇一律的传播手段将使得受众产生审美疲劳,只有那些具有个性魅力的微博账号(其实是账号后面的微博传播者)才能脱颖而出,才具有很高的黏性,可以持续积累粉丝与关注。

(3) 准确定位。微博粉丝多少是微博传播成功的关键要素,但对于企业微博来说,粉丝质量更重要,因为企业微博最终的商业价值,需要这些有价值的粉丝加以实现。

(4) 强化互动。"活动内容＋奖品＋关注(转发/评论)"的活动形式一直是微博互动的主要方式,此时更多的人是在关注奖品,对企业的实际宣传内容并不关心。其实,相较于赠送奖品,微博经营者认真回复留言,用心感受粉丝的思想,更能唤起粉丝的情感认同。这就像是朋友之间的交流一样,时间久了会产生一种微妙的情感连接,而非利益连接,这种联系持久而坚固。当然,适时结合一些利益作为回馈,粉丝会更加忠诚。

2. 微信传播

微信传播是指企业利用微信平台,通过向顾客传递有价值的信息,最终实现企业品牌强化或产品、服务、销量提升的一种传播策略。微信传播应特别注意以下几点。

(1) 微信内容实用有趣。微信内容应以酒店及餐饮产品的特点为基础,以顾客利益为核心加以设计,应注意将顾客的身份与类别进行细化,深入分析本酒店微信顾客的特征,并根据其兴趣点,进行信息的推送和活动的开展,尽可能让顾客感到有用好玩,从中受益而乐于转发。

(2) 推送时机恰到好处。酒店应通过简化流程、对推送信息的大小进行合理化控制等方式来降低顾客的时间成本、精力成本和经济成本。同时,推送的时间、频率也要恰当,以免骚扰顾客。

(3) 互动环节有的放矢。微信的本质是沟通平台,所以参与互动必不可少。酒店应通过对顾客的评价、响应进行及时反馈,定期开展高频率的活动,让顾客参与到酒店微信的互动中来,甚至通过模块设计,使顾客能与酒店微信的其他顾客进行交流,加强顾客的参与性。

3. 微电影传播

微电影是指企业为本身塑造的一种影视宣传媒介,通过微视频的模式,将企业精神、企业产品等企业重要的信息进行剧情化、视频化、专业化制作的一种视频载体。"碎片化"的信息接收方式的形成催生了微电影的诞生发展。微电影形式简单,短小精悍,恰好在"体型"上契合了受众即时消费的诉求,它既可以满足时间上的"碎片化"需要,也可以满足传播上的"碎片化"需求。酒店运用微电影传播,应特别关注以下几点。

(1) 精准制导。酒店须清楚自己的品牌和产品定位,准确地把握目标消费群体,在此基础上进行精准传播,寄商业诉求于有声有像的电影情节中,以达到吸引观众又传播企业广告诉求的双重目的。

（2）内容至上。好的微电影作品应将企业品牌融入故事情节，与观众情感共鸣，使观众在潜移默化中接受企业品牌。

（3）娱乐休闲。普通的企业宣传片纯粹以宣传自身为目的，容易引起受众的抵触情绪。所以，微电影应以一种娱乐休闲的方式进入网民的视野，让受众从中享受到轻松愉悦的感觉，使全民参与收藏、分享、讨论甚至是二次创作，进而释放微电影的影响力。

（4）科学评估。微电影效果评估可从三个维度来测评：一是微电影的播放量和主动传播的数量，可从播放量和微博转发数、论坛跟帖数等来考量；二是品牌知名度提升，可用百度指数、淘宝指数等工具来统计；三是订单转化率。

（三）故事传播方式①

故事传播是指通过创造与传播故事，来扩大企业与产品的影响，形成口碑并提高产品观念价值的传播活动。酒店在进行故事营销的时候需要考虑下列问题。

1. 故事来源

故事来源必须是可靠的、可信的。酒店的故事来源可以包括酒店的发展历程，酒店各处摆放的小品或装饰的创作情节，酒店在管理经营活动中动人的事迹或优秀的服务案例，各类顾客给予酒店的表扬信或重要人物的留影。

2. 故事主题

故事主题是吸引人的关键，酒店所选择的故事主题应该符合下列几个标准。

（1）符合酒店餐饮所提供的服务和产品的特性。故事主题要能够准确展示酒店卓越餐饮品质，充分表达对顾客真挚的感情。

（2）符合酒店目标市场客户的心理诉求。选择能够引起顾客共鸣，打动顾客内心，满足顾客精神享受以及提升顾客身价的故事主题。

（3）展现酒店的个性，具有独到之处。选择酒店餐饮品牌经典的故事，给老故事以新的注解，不断加入新故事，使酒店的餐饮品牌故事始终富有活力，为人们津津乐道。

3. 故事传送

好的故事还需要有好的方式使其广为流传，故事传播的选择关系着故事营销的最终效果。故事的传送需要关注以下三个方面。

（1）谁来讲。故事的创作主体是酒店，但是故事的传播者则需要依靠第三人。具有良好社会背景与较大社会声望的名人是理想的故事传播者，因为他们具有更大的影响力和权威性，在故事的传播中往往会事半功倍。同时，顾客也是酒店需要重视的故事传播者。

（2）在哪讲。酒店可以有计划地使用各种媒介来传播故事，日常的服务活动更是故事传播的主要途径。

（3）怎么讲。选择有趣的、具有感染力的表现形式能够使故事更加扣人心弦，常常能够不知不觉地实现酒店传播餐饮品牌内涵、文化与价值的目的。

---

① 李光斗.故事营销[M].北京：机械工业出版社，2009.

三、口碑营销策划重心[①]

餐饮口碑营销以酒店餐饮品牌为对象,所以其基本流程大体表现为:审视品牌传播主体——了解并研究目标受众——进行品牌市场定位——确立品牌表征——审视品牌文化——确定品牌传播信息——选择并组合传播媒介——实施一体化传播——品牌传播效果测定与价值评估——品牌传播的控制与调整。酒店餐饮品牌传播策划,须特别注重以下有关重要环节。

(一)品牌诉求提炼

餐饮品牌诉求,即餐饮品牌精神和特点的凝练表达,主要表现形式是一句简单明了的广告语。餐饮品牌诉求的目的在于直击顾客内心,促使或引导顾客选择该品牌产品。

(1)准确精练。餐饮品牌诉求应有醒目、精准的主题与新奇的表现方式,以引起顾客的注意。

(2)独具神韵。餐饮品牌诉求应具有前所未有、别出心裁或与众不同的特色、特点。为此,需特别注重诉求的独特点、产品的利益点与顾客欲求点的有机统一。

(3)拨动情感。餐饮品牌诉求要收到良好的效果,必须能拨动顾客的心弦,其关键在于能否以情感人,形成美好意境。在感性消费的今天,顾客更需要在这种消费意境的引导下,进入一种特定的消费氛围,获得良好的消费感觉。

(二)传播渠道选择

餐饮品牌传播需要选择恰当的渠道,即传播媒介与媒体。媒介是一种物质实体,是传播信息所使用的工具,如报纸、杂志、电视、广播等;媒体是指拥有、使用并经营媒介的机构,如报社、电台、电视台等。酒店应根据自身餐饮品牌特征、诉求主题及受众对象等因素,科学选择传播媒介。

1. 受众吻合

不同媒介有不同的受众,餐饮品牌传播媒介选择,首先必须了解目标顾客群体经常关注的媒介,把握其在酒店购买决策时习惯使用的信息来源,选择与目标受众高度吻合的传播媒介。

2. 背书效应

媒介本身就是一个品牌,在社会公众中都有自己的影响力与影响范围。若媒介的影响力强、认可度高,则其传播的信息的可信度也就越高,通过它进行品牌传播就能起到背书效应,无形之中产生一种亮丽的光环。[②]

3. 综合考量

越强势的媒介所起的背书效果越大,购买价格也越高。酒店餐饮品牌传播媒介选择,应注意综合考量。主要应对以下五个方面进行评价:一是品牌附加值评价,媒介对品牌附加值的影响,是提升还是贬值;二是覆盖质量评价,媒介与投放品牌的目标人群、投放地域、人群

---

① 邹益民,刘婷,王亮.饭店管理概论[M].北京:清华大学出版社,2016.
② 杨松霖.品牌速成大师[M].北京:中国经济出版社,2009.

特征等的契合度;三是内容质量评价,媒介的风格、主题、内容、文案、情节等水平;四是信息接收评价,受众信息接收的干扰度与接收信息的主观意愿;五是投资回报率评价,到达率、有效到达率、人均到达成本、投入产出比。

4. 多元互补

每一种传播媒介都有各自不同的优势、劣势及受众群体。所以,要提高品牌传播效果,应注重多种媒介的有机整合。

(三) 传播创意设计

通过优秀、独特的创意与表现形式,使酒店的餐饮品牌诉求引起目标受众的关注,得到认同与信赖,并获得其忠诚。在此,应注意以下四个基本法则。

1. 引发注意

在媒介多元、受众强势的背景下,要引起顾客注意,必须注重餐饮品牌传播的娱乐化,即通过娱乐化元素的使用,制造出愉悦生动的顾客品牌接触经历,进而表达品牌的主张,达到与顾客沟通的目的的品牌传播活动。主要类型有三种:一是娱乐化广告传播,即通过幽默、夸张的故事情节、语言台词或代言人等娱乐元素进行幽默化创意表现的广告,使顾客在观看广告时感觉到心情愉快,有效地降低顾客对广告的抵触心理;二是娱乐化公关传播,即通过赞助商和参与媒体举办娱乐节目或娱乐性活动等公关活动来实现品牌传播;三是娱乐化促销,淡化商业功利性而让促销过程充满娱乐元素和娱乐气氛的营销活动。

2. 强化记忆

酒店餐饮产品实际上是一种体验产品,要让顾客真正领略并喜欢,应注重餐饮品牌传播的体验化。设置适宜的互动性品牌交流和沟通情境是体验化品牌传播的基本要求。互动性品牌交流和沟通就是使顾客介入个性化的餐饮品牌体验中,其特点是:使餐饮品牌传播从利益驱动的服务向可回忆的个性化的体验发展;从传统的广告、公关传播向与顾客每一个可能接触点的多渠道传播方向发展。当然,餐饮品牌传播的多次反复,是强化记忆、增强记忆的最有效方法。

3. 植根意识

餐饮品牌传播能够让顾客震撼,感染、感化顾客的心灵世界和心理意识状态。为此,酒店应注重顾客购买心理的开发和研究,特别是与消费理念、消费意识等相吻合,餐饮品牌传播事件化,尽可能弱化商业行为。

4. 培养忠诚

酒店餐饮品牌传播的途径主要有广告传播、销售传播、公关传播与人际传播,不管以何种途径进行传播,均应围绕培养顾客忠诚这一基本目标展开。顾客忠诚,关键在于信任、偏爱和情感三个基本要素。

(1) 信任。取得顾客的高度信任,这是酒店创造忠诚顾客的前提条件。顾客对酒店的信任主要指三个方面:一是确实能够满足消费需要的信任;二是确实能在消费中受到尊重、获得愉悦的信任;三是确实能在消费中获得利益的信任。

(2) 偏爱。提供足以使顾客有所偏爱的产品、服务和承诺,这是酒店创造忠诚顾客的基本条件。偏爱是导致顾客最终做出消费决策的直接影响因素。顾客的偏爱主要包括两个方面的含义:一是顾客对酒店提供的产品、服务及承诺的透彻了解和高度信任;二是顾客对酒店提供的产品及承诺的特别爱好与赞赏。前者是形成偏爱的前提条件,后者是形成偏爱的决定因素。

(3) 友情。信任与偏爱带来的友情是酒店创造忠诚顾客的最终结果。诚招天下客,酒店以诚待客,以情感人,必然带来顾客对酒店的忠诚回报。酒店与客户之间的关系是建立在感情基础上的,他们与酒店之间建立了一种稳固的关系,形成了一种深刻的品牌忠诚。

本章小结

(1) 酒店餐饮产品只有通过销售活动才能实现其价值,而成功的销售有赖于富有技巧的促销策划与活动。餐饮常规促销策略,就是酒店餐饮在广告促销、营业推广、人员促销等方面的谋划与方略,目的在于扩大酒店餐饮的影响,促进顾客的消费行为,提高酒店餐饮的消费水平与市场占有率。

(2) 餐饮专项活动是指酒店根据业务发展、季节变化、市场竞争、顾客消费需求变化等实际需要而策划、组织的各种餐饮营销活动。专项活动的策划需要遵循一定的准则和理念,制定切实可行的方案,进行卓有成效的实施。

(3) 口碑营销,就是酒店运用各种有效的手段,引发顾客对其产品、服务以及企业整体形象的谈论和交流,并激励顾客向其周边人群进行介绍和推荐的营销方式和过程。口碑营销可根据五大基本要素、三大基本形式,以酒店餐饮品牌为对象进行品牌诉求提炼、传播渠道选择和传播创意设计。

核心关键词

餐饮推销策略	promotion tactics of food and beverage
场景化营销	contextual marketing
餐饮专项活动	special campaign of food and beverage
餐饮美食节	gourmet festival
餐饮口碑营销	oral marketing of food and beverage

思考与练习

1. 餐饮广告的新媒介、自媒介与传统媒介有哪些区别?
2. 请选择一个酒店餐饮推广的案例,分析其促销的类型和特点。
3. 餐饮人员促销时该如何巧妙地接近顾客?

4. 餐饮专项活动策划应遵循哪些基本准则？
5. 餐饮专项活动的实施有哪些基本要点？
6. 酒店餐饮的口碑营销包含哪些基本要素和基本方式？
7. 酒店如何通过口碑营销传播餐饮品牌？
8. 通过搜索，找到一句你认为成功或失败的餐饮广告语，并进行评价与分析。

案例分析

最近，张翔对媒体一则当地一家酒店促销活动的报道引发的社会舆论给予了高度关注，要求餐饮部管理人员认真学习，并提出酒店开展促销活动引发顾客投诉和活动失控的防范措施。这个事件的经过大致如下所述。

某酒店为扩大影响，拓展市场，在报纸上刊登了一则广告，其内容是："为回馈消费者对××酒店的厚爱，酒店中餐零点大厅特向消费者倾情奉献10款特价菜肴，一元钱一条鱼，一元钱一盘鸡，为期4周，真诚欢迎新老顾客光临。"该广告引起了许多顾客的兴趣。当天，有一位顾客来到酒店，点了1个冷菜和3个一元的特价菜和1瓶黄酒，结果遭到服务员的拒绝，说一人只能点1个特价菜，由此引发了一场口舌大战，顾客最后拂袖而去。第二天，一位记者来到该酒店，只点了1个一元的特价菜和1碗米饭，也遭到服务员的拒绝，说只有点了其他菜肴后才能享受特价菜。因此，该记者在报纸上披露了此事，并批评酒店广告有欺骗顾客之嫌。又过了两天，来了8位顾客，他们点了15个菜，其中8个特价菜，用餐后，其中5个特价菜根本没有动过，顾客提出要求打包。服务员不同意，说特价菜不能打包，如要打包，则需按原价付费。顾客要求经理出来解决此事。餐厅经理坚持特价菜只能在餐厅享受，不能外带，同样拒绝打包。为此，顾客投诉到消费者协会，说该酒店欺骗消费者，要求主持公道。新闻媒体又报道了此事，并开辟了专栏进行讨论。

另外，根据张翔的年度工作计划，餐饮部上半年的管理重点是强化管理基础，巧改设备设施，严格服务规范，重塑餐饮形象；下半年度的管理重点是注重管理创新，创造服务亮点，加强促销活动，增加餐饮收益。进入下半年，餐饮部策划举办的暑期美食节与国庆、中秋节的专项促销活动均获得了不错的效果，但张翔总感到新意不足，影响还是不够大，与他要创造的时尚、大气、国际"范"的餐饮品牌形象尚有一定差距。所以，这两天他一直在思考如何更好地利用节假日展开专项促销活动，一方面进一步扩大酒店影响，提升行业地位，塑造餐饮品牌形象，另一方面增加酒店餐饮营业收入，提高餐饮利润率。接下来将是各家酒店均比较重视的圣诞节、新年与春节等重要促销时机,张翔非常希望能超越自我、超越以前、超越竞争对手,引领潮流,在同行中脱颖而出。

问题讨论:
1. 你是否赞同张翔年度工作计划的基本思路?为什么?
2. 你觉得该酒店是否存在欺骗行为?根据酒店经营者的初衷,应怎样避免?
3. 假如你是张翔,你会做好哪些基础工作?策划一个怎样与众不同的圣诞节促销活动方案?

第八章

酒店餐饮安全业务管理

学习导引

俗话说:"民以食为天,食以安为先。"餐饮安全在餐饮管理中占据重要的位置,酒店餐饮安全管理的好坏,不仅直接关系到顾客和员工的生命和健康,而且还直接关系到酒店的形象与经济效益。酒店的餐饮经营活动不仅要为顾客提供富有营养和特色的菜肴,更应该提供卫生的食品和安全的就餐环境。餐饮安全管理,就是酒店在餐饮产品生产和服务中,为确保饮食卫生与餐饮安全而进行的计划、组织与控制活动。那么,酒店餐饮安全管理究竟包括哪些基本环节?每个环节又有哪些关键点?酒店怎样在餐饮安全管理中做到防患于未然?出现安全管理问题又该怎样处置?这正是本章讲述的主要内容。

学习重点

通过本章学习,你应该重点掌握:
1. 酒店食品、餐具、环境和员工卫生管理要求与措施;
2. 酒店食品安全管理的重心与基本措施;
3. 餐饮突发事故的特征、防范与处置。

第一节 酒店餐饮卫生管理

餐饮卫生管理,是指酒店为增进人体健康,预防疾病,改善和创造合乎生理、心理需求的生产环境、生活条件所采取的个人的和集体的卫生措施。这是保证酒店餐饮安全的重要基础工作。

一、环境卫生管理

餐饮的环境卫生,主要包括厨房、餐厅、卫生间及公共区域的卫生,主要涉及地面、墙壁、天花板、门窗、灯具及各种装饰品的卫生。餐饮环境卫生管理必须注重以下四个基本环节。

(一)设施到位

酒店经营场所的设施与设备设计与配置必须符合国家食品安全管理法规的要求,如餐饮设施的空间布局、通风、排烟、排水、照明等。特别是处理或短时间存放直接入口食品的专用操作间,包括凉菜间、裱花间、备餐间等,更要按照法律规范设计。

(二)清洁卫生

酒店餐饮的所有场所必须保证整洁,做到无垃圾、无污迹、无异味。因此,酒店必须制定卫生清洁工作的制度和卫生计划,实行定岗划片、分工负责、落实到人。同时,管理人员要加强巡视检查,发现问题及时解决。

(三)通风消毒

保证酒店中央空调系统安全送气,确保向酒店各个场所输送新风,及时清洗布草,并严格按照规范的酒店卫生清洁程序进行设备、用具的消毒操作。

(四)消灭害虫

蟑螂、蚊蝇、老鼠等害虫不但影响环境卫生,而且也是各种疾病的传播者,因此,只要一发现老鼠、蟑螂、蚊蝇等必须立即灭杀,在它们容易出没的地方经常喷洒杀虫剂。

二、设备、用具卫生管理

在酒店餐饮经营中,因设备、餐具消毒不严而污染食品导致的食物中毒每年都有发生;因设备、餐具不符合卫生要求而被罚款,甚至勒令停业整顿的酒店也屡见不鲜。所以,做好设备、餐具的清洁卫生,是卫生防疫工作的重要环节。

(一)设备卫生

餐厅和厨房常用设备有炒灶、油炸锅、炒锅、蒸锅(笼)、搅拌机、烤箱、洗碗机、微波炉、电磁炉、绞肉机、切片机、冰箱、操作台等。

1. 原料加工设备卫生

该类设备由于它们与食品原料直接接触,受微生物污染的可能性较高,因而对这些设备、厨具的洗涤、消毒显得十分重要。

1)肉类切割、绞碎机

加工设备与烹饪设备等均应使用不锈钢材料,不宜使用竹、木等易生真菌的材料制作,且每日应拆卸清洗。生锈部分可用15%的硝酸或除锈剂将锈去除后水洗。

2)食物搅拌机、切菜机等

食物搅拌机、切菜机等设备使用后应立即清洗。清洗部分包括背部、轴部、拌打轴、基座,清洗后利用空气烘干。每日清洗后,辅助力的轴部洞口应滴入5~6滴矿物油。

3）果汁机

在玻璃容器内加清水或温水（40℃），再加少许清洁剂后，约旋转10秒钟，使容器清洗干净，拆开零件洗净；除去水分晒干、收存。刮刀不可浸水，应在水龙头下冲洗。不得用洗剂药品（如溶剂、乙醇）清洗，以免造成表面变色或涂料剥落。不可将水泼于基座上，以免导致电动机或开关故障。

2. 菜肴烹调设备卫生

该类设备的清洁卫生要求主要是控制不良气味的产生，并提高设备的效率。这类设备如果洗刷不净，在烹制食物时能产生大量油烟和不良气味，特别是油锅、烤箱、烤炉等，如不注意清理油垢和残渣，厨房内往往会油烟弥漫。同时，油垢和食物残渣往往影响烹调效果，并会缩短设备的寿命。

1）炉灶

开始清理前，将炉灶完全冷却，遮板用又热又湿的布料擦拭，去除油脂。炉灶用清洁水冲净再拭干，如表面有烧焦物用金属绒制成的刷子刮除。火焰长度参差不齐时，可将炉嘴卸下，用铁刷刷除铁锈或用细钉穿通焰孔。

2）烤箱

烤箱内部应用金属球或刮刀清洗，不可用水清理。打开烤箱门，用沾有厨房专用清洁剂的泡棉或抹布去除污渍，用湿润抹布擦净，再用干抹布擦干。烤箱底部有烧焦的物质时，将烤箱加热再冷却，使坚硬物炭化，用长柄金属刮刀刮除干净。烤箱内用干抹布擦拭2～3分钟，应将水分完全去除，避免生锈。烤箱外部使用湿的清洁水溶液洗涤，再冲净、拭干，不锈钢要磨亮。

3）微波炉

烹调完毕，应迅速用湿抹布擦拭，用泡绵洗净器皿及隔架，用软布擦拭表面机体。不可使用锐利的金属刷刷洗，也不可使用烤箱专用的清洁剂、喷式玻璃清洁剂、化学抹布、溶剂等擦拭，以避免微波炉机体上字体模糊，失去光泽或造成锈蚀。

4）油烟机

应该有自动门栅，温度过高时，能自动切断电源及导管以防止火苗蔓延。应定期由专人清除油烟机管上的油渍，油烟罩应每日清洗。

5）深油炸锅

内锅以长柄刷擦洗，并用水和半杯醋冲净，煮沸5分钟后用水冲净并烘干，外部应擦拭干净或冲净。

6）油炸器具

油炸器具宜用中性清洁剂辅助清洗。油温温度计使用后也要用清洁剂洗净，用柔软干布擦干。

3. 冷藏设备卫生

1）冰箱

冰箱应照内部贮藏位置绘图，标明食物的位置与购入时间。冰箱应尽量少开，每开一次应将所需物品一起取出，减少冰箱耗电及故障率。冰箱至少应每周清理一次，各类食物应用塑料袋包装或加盖冷藏，以防止其水分蒸发。放入及取出饮料时，避免倾倒在冰箱内，以免使冰箱具有不良的气味,有些酸性饮料如柠檬汁还易使金属受到侵蚀。冰箱内最好置入冰箱脱臭器,消除冰箱内特殊食品的气味,净化箱内空气。

2) 冷冻柜

冷冻柜不可在太阳下直晒,冷冻柜内温度应保持在－18 ℃以下,食品应分小量包装后放入。

4. 清洁消毒设备卫生

洗碗机、洗杯机、洗涤池皆属此类。保持这些机器设备清洁卫生的重要性显而易见,但这在诸多企业里却常常被忽视,因为不少人认为只要在洗涤时使用清洁剂和消毒剂,这些设备也就必然清洁卫生。其实,这些设备在使用以后沾上污物和食物残渣,正是微生物生长繁殖的最佳场所。只有先做到洗涤机械和设备清洁卫生,才能确保被洗涤的食具的清洁卫生。

(二) 用具卫生

餐饮用具主要包括厨刀、案板及各种盆、盘、筐等。

1) 刀具

生食及熟食使用的刀具应分开,避免熟食被污染;磨刀率与日常保养及其锐利颇有关系,磨刀最好每周一次,至少每个月一次。不常使用的刀较干燥,宜涂上橄榄油(或色拉油)以防锈,再用报纸或塑料纸包裹收藏。

2) 砧板

木质砧板新使用前需涂上水和盐或浸于盐水中,使木质发生收缩作用,使其更坚硬牢固。使用后应用洗洁剂清洗,再用消毒液浸渍,之后再用热水烫或在阳光下曝晒,以起到杀菌作用,最好让砧板两面均能接触风面,使其自然干燥;砧板宜分熟食、生食使用,如果砧板伤痕太多,最好刨平再用。

3) 容器

容器、器具由于其种类与附着的污物不同,洗涤的方法也不相同。洗涤后必须将洗涤剂冲洗干净,再以热水、蒸气或是次氯酸钠消毒。若以次氯酸钠消毒,之后应以饮用水冲洗并干燥。

(三) 餐具卫生

餐具直接接触入口食品,致病微生物可通过被污染的餐具进入人体,引起食物中毒或传染病等。因此,餐具每次使用后必须消毒,以预防传染病。

1. 餐具卫生标准

餐具卫生须达到以下标准:一是餐具表面光洁,无油渍,无异味,干燥;二是烷基磺酸钠在餐具上残留量应每100平方厘米低于0.1毫克,游离性余氯应每升低于0.3毫克;三是餐具上的大肠菌群每100平方厘米少于3个,不得检出致病菌。

2. 餐具清洁环节

要达到以上标准,餐具洗涤和消毒必须实行"五过关",即一刮、二洗、三冲、四消毒、五保。一刮,即将剩余在餐具内的食物残渣刮入废弃桶内;二洗,即将刮干净的餐具用洗涤剂清洗干净;三冲,将经过清洗的餐具用流动水冲去残留在餐具表面的碱液或洗涤剂溶液;四消毒,即采用有效的消毒方法杀灭餐具上的微生物或病毒;五保,即将消毒后的餐具及时放

入餐具柜内保存备用。前面三个步骤是保证差距表面的清洁,第四步是保证餐具内部卫生的关键,第五步则是保持餐具卫生的基本保证。

3. 餐具消毒方法

餐具消毒可分为两大类:一是物理消毒,二是化学消毒。酒店餐具一般采用物理消毒法,主要方法有以下几种。

(1)煮沸消毒,即在100 ℃的沸水中煮数分钟,杀死微生物繁殖体。本方法适用于餐具、茶具或盛放直接入口食品的容器的消毒。

(2)蒸气消毒,即将洗涤洁净的餐具置入蒸汽柜或箱中,使温度升到100 ℃时,消毒5～10分钟。

(3)红外线消毒,即利用760纳米至1毫米波长的电磁波所产生的热效应消毒。

(4)微波消毒,由于微波可使水分子震荡而产热,当达到一定的温度和持续时间即可达到消毒效果。

三、员工卫生管理

良好的个人卫生,可以保证良好的健康及高效率的工作,而且可以防止疾病传播,避免食物被污染,防止食物中毒事故的发生。餐饮从业人员的卫生管理包括健康管理、卫生习惯及卫生教育三大类。

(一)健康管理

员工健康管理是保证酒店餐饮卫生的基础,酒店必须完善员工的健康管理体系。

1. 健康检查

员工必须接受卫生医疗机构健康检查,合格后才能上岗,之后每年应主动进行健康检查,并取得健康证明。健康检查分为新进人员健康检查与定期健康检查两类,健康检查不合格者,一律不得上岗。员工如感不适,应及时报告,如呼吸系统不正常(如感冒、咽喉炎、扁桃体炎、支气管疾病和肺部疾病)、肠疾(如腹泻);报告任何皮肤发疹、生疖等疾病;报告受伤情况,包括被刀或其他利器划破和烧伤等。凡是国家法规规定不能工作的情形,必须休息待岗。同时,酒店须为员工建立完善的健康管理档案。

2. 健康教育

酒店应加强健康管理的教育,使餐饮从业人员具有健康意识,懂得基本的健康养生知识,养成良好的生活习惯,保持身体健康。关键应注重对员工加强三个方面知识的培训:一是科学饮食知识;二是科学睡眠知识;三是科学运动知识。

3. 健康环境

健康的工作环境也是保证员工身体健康的一个重要因素。一是要创造安全的工作环境;二是要创造尽可能舒适的工作环境;三是要合理安排员工的工作与休息时间,做到劳逸结合。

(二)卫生习惯

1. 培养卫生习惯

工作人员应讲究个人清洁卫生,养成良好的个人卫生习惯。不用指尖搔头、挖鼻孔、擦拭嘴巴;饭前、便后要洗手;接触食品或食品器具、器皿前要洗手;不可以在他人的面前咳嗽、打喷嚏;经常洗脸、洗澡以确保身体的清洁,经常理发、洗头、剪指甲;不随地吐痰、抛弃果皮废物;注意保持仪容整洁,不留胡须,剪短头发;不可佩戴饰物,经常保持服装干净整洁;穿清洁舒适的平底鞋。

2. 规范操作习惯

（1）一般情况下,工作人员的手不宜直接接触菜品等食品,装盘时应使用食夹等工具。如果食物必须用手操作,那么也须戴好塑料手套,而且操作完后必须处理好使用过的手套。用手拿放干净的餐具、烹饪用具时,不可用手与其内缘直接接触。

（2）用于加工、准备菜品的用具,不可与工作人员身体的任何部位接触。传递菜品时,手指不要直接接触菜品。

（3）熟菜品掉落地上,则应完全丢弃,不可食用。

（4）严禁用口布和香巾擦拭餐桌和服务台。

（5）餐具、器皿掉落地上后,应先洗涤干净,消毒后再使用。

（6）不可使用破裂的餐具、器皿盛装菜品。

（三）卫生教育

卫生教育的对象为全员,既包括厨房后台人员,也包括餐厅服务员,当然也包括所有管理人员。培训层次可分为新进人员与在职员工。

加强卫生教育的目的在于强化员工卫生防疫意识,掌握卫生防疫知识。通过对员工进行卫生意识和卫生知识的教育,使员工在认真做好服务工作的同时,注意自身的健康保护,加强个人卫生,并要求做到熟知卫生防疫部门公布的传染性疾病、食物和职业中毒等疾病的症状、特征和预防措施,能够对传染性疾病、食物和职业中毒等疾病的表现症状做出大致判断和及时反映,能够及时履行报告制度,并做好现场控制。

卫生教育的方式方法可多种多样,如定期举办员工卫生知识讲座、举办卫生知识竞赛、分发卫生知识小册子、放映幻灯片或影片、现场个别教育等。

第二节　酒店食品安全管理

根据《中华人民共和国食品安全法》的界定,食品安全是指食品无毒、无害,符合应当有的营养要求,对人体健康不造成任何急性、亚急性或者慢性危害。保证食品安全,这是酒店餐饮安全管理的重中之重。食品安全管理是指酒店运用有效资源,采取计划、组织、领导和控制等方式,对食品、食品添加剂和食品原材料的采购,食品生产、流通、销售及食品消费等过程进行有效的协调及整合,已确保食品市场内活动健康有序地开展,保证实现公众生命财产安全和社会利益目标的活动过程。

一、食品原料安全管理

俗话说,扬汤止沸,不如釜底抽薪。食品安全管理必须从源头着手,要保证食品安全,首

先必须保证食品原料的安全。

（一）原料采购安全管理

从酒店食品原料安全的角度,关于原料的采购,必须把握以下关键点。

（1）按计划采购,即必须根据厨房的需要适量采购,尽可能做到即时烹制,尽量缩短食品原料的储存时间。

（2）按标准采购,即按照国家食品安全标准及酒店制定的食品原料标准进行采购,严禁采购或者使用不符合食品安全标准的食品原料、食品添加剂、食品相关产品。

（3）凭证采购,即食品原料、食品添加剂、食品相关产品,须索取并仔细查验供货商的营业执照、生产许可证或者流通许可证、标注通过有关质量认证食品的相关质量认证证书、进口食品的有效商检证明、国家规定应当经过检验检疫食品的检验检疫合格证明。同时,应索取供货商出具的正式销售发票,或者按照国家相关规定索取有供货商盖章或者签名的销售凭证,并留具真实地址和联系方式,索取和查验的营业执照（身份证明）、生产许可证、流通许可证、质量认证证书、商检证明、检验检疫合格证明、质量检验合格报告和销售发票（凭证）应当按供货商名称或者食品种类整理建档备查,相关档案应当妥善保管,保管期限自该种食品购入之日起不少于两年。对某些确实无法提供合格证明文件的特殊食品原料,应当依照食品安全标准进行检验。

（二）原料贮存安全管理

原材料贮存是否科学合理,同样关系到食品原料的安全,关键必须注重以下四个环节。

1）注重原料验收制度

原材料在贮存前要经过验收,保证原材料的状态得到正确的识别,包括原材料的类别、原材料是否新鲜、是否已受到污染,原材料的当前温度、干湿、密封状态等。同时,建立食品原料、食品添加剂、食品相关产品进货查验记录制度,如实记录食品原料、食品添加剂、食品相关产品的名称、规格、数量、供货者名称及联系方式、进货日期等内容。食品原料、食品添加剂、食品相关产品进货查验记录应当真实,保存期限不得少于两年。

2）注重贮存期限

绝大多数烹饪原材料的品质会随着贮存时间的延长而下降,不同原材料适合在不同的条件下贮存,而且都有一定的贮存期限,必须给予高度重视。原材料要进行合理的编号,保证原材料在贮存时先进先出。

3）注重科学存放

一是食品应分类、分架、隔墙、隔地存放。有异味或易吸潮的食品应密封保存或分库存放;不同湿度、温度的原料要分类摆放,以保证原料在一定的期限内保持新鲜的品质;生熟原材料分类贮存,应采用合适的盛装容器盛装,如保鲜袋、保鲜盒、食品周转箱,以避免相互污染。二是散装食品的贮存,应在散装食品的容器、外包装上标明食品的名称、生产日期、保质期、生产经营者名称及联系方式等内容。三是要防止原材料在贮存过程中可能受到其他用品的污染,避免食物原材料与非食物原材料贮存在同一房间。四是食品仓库须设有防鼠、防蝇、防潮、防霉、通风的设施,并运转正常,防止原材料被污染、发生虫蛀、鼠害及腐败变质。

4）注重仓库消毒

仓库或冷库由于贮存原材料，容易受到微生物的污染，被污染的环境又会污染贮存的原材料，使原料变质。因此，要定期或不定期地对冰箱或仓库进行消毒。

（三）食品添加剂安全管理

1. 食品添加剂的种类

根据《中华人民共和国食品安全法》的界定，食品添加剂是指为改善食品品质和色、香、味以及为防腐、保鲜和加工工艺的需要而加入食品中的人工合成或者天然物质。常用的食品添加剂包括两类：天然添加剂与人工合成添加剂。天然添加剂来自天然物，主要由植物组织中提取，也包括来自动物和微生物的一些色素。人工合成添加剂是指用人工化学合成方法所制得的有机色素，主要是以煤焦油中分离出来的苯胺染料为原料制成的。中国商品分类中的食品添加剂种类共有35类，包括增味剂、消泡剂、膨松剂、着色剂、防腐剂等，含添加剂的食品达万种以上。其中，《食品安全国家标准　食品添加剂使用标准》和卫生部公告允许使用的食品添加剂分为23类，共2400多种，制定了国家或行业质量标准的有364种。主要有酸度调节剂、抗结剂、消泡剂、抗氧化剂、漂白剂、膨松剂、胶基糖果中基础剂物质、着色剂、护色剂、乳化剂、酶制剂、增味剂、面粉处理剂、被膜剂、水分保持剂、营养强化剂、防腐剂、稳定剂和凝固剂、甜味剂、增稠剂、食品用香料、食品工业用加工助剂及其他等23类。

2. 食品添加剂的功效

酒店在原料贮存与菜肴制作的过程中会使用一定的添加剂，是因为合理使用食品添加剂具有以下几种功效。

（1）防止食品腐败变质。防腐剂可以防止由微生物引起的食品腐败变质，延长食品的保存期，同时，还能防止由微生物污染引起的食物中毒。又如抗氧化剂可阻止或推迟食品的氧化变质，以提供食品的稳定性和耐藏性，同时，也可防止可能有害的油脂自动氧化物质的形成。此外，还可用来防止食品，特别是水果、蔬菜的酶促褐变与非酶褐变。

（2）改善食品感官性状。适当使用着色剂、护色剂、漂白剂、食用香料以及乳化剂、增稠剂等食品添加剂，可以明显提高食品的感官质量，满足顾客的不同需要。

（3）保持提高营养价值。在食品加工时适当地添加某些属于天然营养范围的食品营养强化剂，可以大大提高食品的营养价值，这对防止营养不良和营养缺乏、促进营养平衡、提高人们健康水平具有重要意义。

（4）方便食品加工。在食品加工中使用消泡剂、助滤剂、稳定和凝固剂等，有利于食品的加工操作。

3. 食品添加剂的控制

虽然食品添加剂具有一定的功效，但若来源不明、材料不正当、滥用等，则对人的健康危害极大。所以，酒店必须加强食品添加剂的管理。

（1）专人采购。添加剂的采购，需要了解供应商的货物渠道、供应商的资质，采购人需要对其负法律责任，一旦出现情况，可以第一时间责任到人。

（2）专柜保管。食品添加剂的存放，不可以与调料放在一起，需要有专门的柜子进行存放。

(3) 专人登记。每次的使用，都必须是同一个人记录，不可以随意更换，这样保证了记录的准确性。

(4) 专人保管。一般由食品安全员保管，或者仓库管理员保管。

(5) 专人领用。领取的人要固定，面点师的泡打粉就要由面点师傅领取，炒菜的厨师不可以领取。

二、食品制作安全

食品制作安全，主要是指在菜肴烹饪过程中采取有效防止病原菌污染、控制病原菌的繁殖和杀灭病原菌等措施。酒店菜肴主要有冷菜、热菜与点心三大类，其安全控制要点简要说明如下。

（一）凉菜制作安全要点

(1) 凉菜间供专人加工制作，非操作人员不得擅自进入专间。

(2) 凉菜间每餐（或每次）使用前应进行空气和操作台的消毒。使用紫外线灯消毒的，应在无人工作时开启 30 分钟以上，并做好记录。

(3) 凉菜间内应使用专用的设备、工具、容器，用前应消毒，用后应洗净并保持清洁。

(4) 供配制凉菜用的蔬菜、水果等食品原料，未经清洗处理干净的，不得带入凉菜间。

(5) 制作肉类、水产品类凉菜拼盘应及时冷藏；改刀熟食从改刀后至供应的时间不得超过 3 小时；隔夜冷荤食品要回烧彻底；冷荤食品烧制后应在 2 小时内冷却。

（二）热菜烹饪安全要点

(1) 烹饪前应认真检查待加工食品，发现有腐败变质或者其他感官性状异常的，不得进行烹饪加工。

(2) 不得将回收后的食品经加工后再次销售。

(3) 需要熟制加工的食品应烧熟煮透，其加工时食品中心温度应不低于 70 ℃。

(4) 严格依照食品安全标准关于食品添加剂的品种、使用范围、用量的规定使用食品添加剂。不得添加药品，但是可以添加按照传统既是食品又是中药材的物质。

(5) 需要冷藏的熟制品，应凉透后再进行冷藏。凡隔餐或隔夜的熟制品不得作为冷菜供应，经充分再加热后方可食用。冷却应在清洁操作区进行，并标注加工时间等。

(6) 用于烹饪的调味料盛放器皿应每天清洁，每餐使用后随即加盖，不得与地面或污垢接触。

(7) 加工后的成品应与半成品、原料分开存放。

(8) 重要接待活动及超过 100 人的一次性聚餐，每餐次的食品成品应留样。留样食品每餐、每个品种留样量不少于 100 g，待冷却后，放入 0 ℃～10 ℃专用冰箱内，存放 48 小时以上。

（三）点心加工安全要点

(1) 加工前应认真检查各种食品原辅料，发现有腐败变质或者其他感官性状异常的，不得进行加工。

(2) 需进行热加工的应按规范要求进行操作。

(3) 未用完的点心馅料、半成品点心,应在冷柜内存放,并在规定存放期限内使用。

(4) 奶油类原料应低温存放。水分含量较高的含奶、蛋的点心应当在低于 10 ℃ 或高于 60 ℃ 的温度条件下贮存。

(四) 裱花操作安全要点

(1) 蛋糕胚应在专用冰箱中冷藏。

(2) 裱浆和经清洗消毒的新鲜水果应当天加工、当天使用。

(3) 植脂奶油裱花蛋糕储藏温度在 3 ℃±2 ℃;奶油类原料应在 10 ℃ 以下存放;水分含量较高的含奶、蛋的点心应在低于 10 ℃ 或高于 60 ℃ 的条件下贮存;蛋白裱花蛋糕、奶油裱花蛋糕、人造奶油裱花蛋糕储藏温度不得超过 20 ℃。

(4) 含奶、蛋的面点制品 2 小时以上食用时,应当凉透,在 10 ℃ 以下专用设施内贮存,冷加工糕点贮存不超过 24 小时。

三、食物中毒管理

食物中毒是酒店非常不愿意发生的事情,所以酒店必须立足于防范。但是,即使酒店采取积极的防范措施,仍有可能出现食物中毒问题。为此,必须正确面对、积极处置。

(一) 食物中毒的特征

食物中毒是由于进食被细菌及其毒素污染的食物,或摄食含有毒素的动植物等引起的急性中毒性疾病。

(1) 中毒病人在相近的时间内均食用过某种共同的中毒食品,未食用者不中毒,停止食用中毒食品后发病很快停止。发病曲线在突然上升后呈突然下降,无余波。

(2) 潜伏期较短,发病急剧,病程亦较短。

(3) 所有中毒病人的临床表现相似,如恶心、呕吐、腹泻、腹痛等,病程较短。

(4) 一般无人与人之间的直接传染。

(二) 食物中毒的原因

食物中毒的类型不同,造成的原因也是多种多样的。

1. 细菌性食物中毒

细菌性食物中毒是指人们摄入含有细菌或细菌毒素的食品而引起的食物中毒,引起食物中毒的主要原因如下。

(1) 生熟交叉污染。如熟食品被生的食品原料污染,或被与生的食品原料接触过的表面污染,或接触熟食品的容器、手、操作台等被生的食品原料污染。

(2) 食品贮存不当。如熟食品被长时间存放在 10 ℃~60 ℃ 的温度条件下(在此温度下的存放时间应小于 2 小时),或易腐原料、半成品食品在不适合温度下长时间贮存。

(3) 食品未烧熟煮透。如食品烧制时间不足、烹调前未彻底解冻等原因使食品加工时中心温度未达到 70 ℃。

(4) 从业人员带菌污染食品。从业人员患有传染病或是带菌者,操作时通过手部接触等方式污染食品。

(5) 经长时间贮存的食品食用前未彻底再加热至中心温度 70 ℃ 以上。

(6)进食未经加热处理的生食品。

2. 真菌毒素食物中毒

真菌毒素食物中毒,是指由于食入霉变食品引起的中毒。该类中毒主要是谷物、油料或植物储存过程中生霉,未经适当处理即作食料,或是已做好的食物放久发霉变质误食引起,也有的是在制作发酵食品时被有毒真菌污染或误用有毒真菌。

3. 动物性食物中毒

动物性食物中毒是指食入动物性中毒食品引起的食物中毒,造成动物性食物中毒的常见原因主要有以下几种。

(1)将天然含有有毒成分的动物或动物的某一部分当作食品,误食引起中毒。

(2)在一定条件下产生了大量的有毒成分的可食的动物性食品,如食用鲐鱼等也可引起中毒。

4. 植物性食物中毒

植物性食物中毒是指食入植物性中毒食品引起的食物中毒,造成植物性食物中毒的常见原因主要有以下几种。

(1)将天然含有有毒成分的植物或其加工制品当作食品,如桐油、大麻油等引起的食物中毒。

(2)在食品的加工过程中,将未能破坏或除去有毒成分的植物当作食品食用,如木薯、苦杏仁等。

(3)在一定条件下,不当食用大量有毒成分的植物性食品,食用鲜黄花菜、发芽马铃薯、未腌制好的咸菜或未烧熟的扁豆等造成中毒。

5. 化学性食物中毒

化学性食物中毒是指健康人经口摄入了正常数量、在感官无异常,但含有较大量化学性有害物的食物后,引起的身体出现急性中毒的现象,造成化学性食物中毒的常见原因有以下几种。

(1)作为食品原料的食用农产品在种植养殖过程或生长环境中,受到化学性有毒有害物质污染,如蔬菜中农药、猪肝中瘦肉精等。

(2)食品中含有天然有毒物质,食品加工过程未去除,如豆浆未煮透使其中的胰蛋白酶抑制物未彻底去除,四季豆加工时加热时间不够使其中的皂素等未完全破坏。

(3)食品在加工过程受到化学性有毒有害物质的污染,如误将亚硝酸盐当作食盐使用。

(4)食用有毒有害食品,如毒蕈、发芽马铃薯、河豚。

(三)食物中毒的处理

假如有顾客食用了本餐厅提供的菜点,而身体不适,餐饮管理人员和员工应沉着冷静,忙而不乱,尽可能控制势态,及时加以处理。其基本处理步骤如下。

(1)记下顾客的姓名、地址和电话号码(家庭和工作单位)。

(2)询问具体的征兆和症状。

(3)弄清楚吃过的食物和就餐方式,食用日期、时间、发病时间、病痛持续时间,用过的药,过敏史,病前的医疗情况或免疫接种等。

(4) 记下看病医生的姓名和医院的名称、地址和电话号码。

(5) 有本酒店的医生在场协助处理,了解病情,掌握现场资料。

(6) 立即通知由餐饮部经理、厨师长等人员组成的事故处理小组,对整个生产过程进行重新检查。

(7) 将相关信息递交给本酒店的医生,以便更好地处理事故,如确是食物中毒则承担一切责任。

(8) 查明同样的食物供应了多少份,收集样品,送化验室分析化验。

(9) 查明这些可疑的菜点是由哪个员工制作的,对所有与制作过程有关的员工进行体检,查找有无急性患病或近期生病及疾病带菌者。

(10) 分析并记录整个制作过程中的情况,明确可能在哪些地方,食物如何受到污染,哪些地方存在细菌,以及这些细菌在食物中繁殖的机会等。

(11) 食品贮存场所及炊具、餐具、容器等暂不要清洗,待食品卫生监督人员采样结束后,再对中毒现场进行全面、彻底的清洗、消毒,以防食物中毒的再次发生。

(12) 分析并记录餐饮生产和销售最近一段时期的卫生检查结果。

知识活页　　　　　HACCP 管理

HACCP 是英文"Hazard Analysis Critical Control Point"(危害分析及关键控制点)的首字母缩写,是用于对某一特定食品生产和流通销售全过程进行鉴别评价和控制的一种系统方法。该方法通过预计哪些环节最可能出现问题来建立防止这些问题出现的有效措施以保证食品的安全,即通过对食品全过程的各个环节进行危害分析,找出关键控制点(CCP),采用有效的预防措施和监控手段,使危害降到最低,并采取必要的验证措施,使产品达到预期的要求。HACCP 是一个被国际认可的、保证食品免受生物性、化学性及物理性危害的预防体系,它产生于 20 世纪 60 年代的美国宇航食品生产企业,已被联合国食品法典委员会采纳并向全球推广。

HACCP 系统包含七大原则,以确认制造过程中的危害及监控主要管制点,以防止危害的发生,此七大原则如下。

(1) 危害分析及危害程度评估。由原料、制造过程、运输至消费的食品生产过程的所有阶段,分析其潜在的危害,评估加工中可能发生的危害以及控制此危害的管制项目。

(2) 主要管制点。决定加工中能去除此危害或是降低危害发生率的一个点、操作或程序的步骤,此步骤能是生产或是制造中的任何一个阶段,包括原料、配方及(或)生产、收成、运输、调配、加工和储存等。

(3) 管制界限为确保 CCP 在控制之下所建立的 CCP 管制界限。

(4) 监测方法。建立监测 CCP 的程序,可以通过测试或是观察进行监测。

(5) 矫正措施。当监测系统显示 CCP 未能在控制之中时,需建立的矫正措施。

(6)建立资料记录和文件保存。建立所有程序的资料记录,并保存文件,以利于记录、追踪。

(7)建立确认程序。建立确认程序,以确定 HACCP 系统是在有效执行,可以稽核的方式,收集辅助性资料或是印证 HACCP 计划是否实施得当。

第三节 餐饮安全事故管理

由于各种主客观原因,餐饮经营中难免会出现一些安全事故。酒店应通过建立餐饮安全管理制度,加强监督和检查,清除不安全因素,消除事故的隐患,保障顾客和员工的人身安全和酒店的财产不受损失。

一、安全事故特征

突发安全事故是指发生突然,可能造成严重社会危害,需要采取应急处置措施的紧急事故。餐饮突发事故涉及的类型众多,每类突发事故都具有各自独有的一些特性。但整体来看,餐饮突发安全事故具有以下共同特征。

(一)隐蔽性

突发事故具有高度的隐蔽性。突发事故在什么时间、什么地点、以何种形式和规模爆发通常是无法提前预知的。危机一般都有一个潜伏期,在这一时期,组织表面上一切正常,其实已隐藏着危机的因子,开始时往往不易被发现和重视。有时尽管有一定的危机征兆,但可能不十分明显,难以识别与判断。所以,危机事件一般是在酒店毫无准备的情况下突然发生的,而且危机爆发的实际规模、具体态势和影响深度,往往是始料未及的。这就容易给酒店带来混乱和惊慌,使人措手不及。

这一特征告诉我们,酒店必须坚持防患于未然的原则,建立危机预警系统,以便尽早发现危机信号,把危机消灭在萌芽状态。有些自然灾害通过科技手段和经验知识,能够减少某些不确定因素,但是很难确定是哪些不确定因素造成的结果。有些餐饮单位通过工作规范和日常监督,能够减少公共卫生事故发生的概论,但是某些细小、不易察觉的问题,很可能会引起大型的公共卫生突发事故。如果突发事故没有不确定因素,也就不属于突发事故,这样的事故可预先做好充分的准备工作,用通常的办法去应对。

(二)紧急性

紧急性是指刻不容缓,事故一旦发生,如果不及时正确处置,就可能导致酒店危机。对酒店来说,危机一旦爆发,其危机情景就像大火借了东风一样,迅速蔓延扩大,其破坏性的能量也会被迅速释放,可能产生"多米诺"效应。如果企业不能及时控制,危机将进一步升级,甚至可能会急剧恶化,使企业遭受更大损失。

这一特征告诉我们,酒店在处理危机时,必须坚持快速反应原则,当机立断,迅速决策,并采取行动。

(三）扩散性

安全事故的发生带有很强的随机性,爆发突然,蔓延迅速,始终处于急速变化之中,容易引发连锁反应。尤其是进入新媒体时代后,信息传播渠道的多样化、时效的高速化、范围的全球化,事故一旦发生并引起公众的注意,就随即公开并迅速扩散,成为各种媒体热炒的素材,成为公众聚集的中心,而且危机的信息传播比危机本身发展要快得多。此外,媒体作为危机的利益相关者,他们不仅仅关注事故本身的发展,更关注企业对事故的处理态度和所采取的行动。而社会公众有关事故的信息来源都是源于各种形式的媒体,所以媒体对事故报道的内容和对事故报道的态度将直接影响公众对酒店事故的看法和态度。

这一特征告诉我们,一旦发生餐饮安全事故,就须迅速判断事故的性质、影响范围及发展态势,及时有效处置。如已成为社会公众关注的事件,除了以速度第一、公众第一、行动第一的原则,积极处置事故外,必须以诚实、诚恳、诚心的态度,与社会公众进行及时有效的沟通,以控制事态的发展。

(四）双重性

任何事情都不是绝对的,均可从正反两个方面来认识,餐饮安全事故也不例外。从负面影响来看,不论什么性质和规模的危机,都必然给企业带来不同程度的破坏,造成混乱和恐慌,而且危机往往具有连带效应,引发一系列的冲击,从而扩大事态。所以,危机的出现,往往威胁到企业目标的实现,有的甚至危及企业的生存与发展。但从正面来看,一方面,安全事故的发生能使酒店发现自身的不足,从而能对症下药,克服自身弱点,改善管理,并通过事故处置可以锻炼我们的队伍,提升酒店的事故防范与应对能力,同时举一反三,防微杜渐,增强"免疫"能力,促进整体管理水平的提高;另一方面,事故的发生可能使酒店成为公众关注的焦点,如果积极应对,处理得当,不仅可以把负面影响控制在最小范围,甚至可以转化为"正面宣传",迅速提高酒店的知名度和美誉度。

这一特征告诉我们,酒店如果直面事故,积极应对,因势利导,就有可能化解矛盾,转危为机,把坏事变成好事。

二、安全事故预防

餐饮安全管理,就是通过建立安全管理制度,加强监督和检查,清除不安全因素,消除事故的隐患,保障员工的人身安全和酒店的财产不受损失。具体来说,主要应从以下几个方面着手。

（一）员工意外伤害事故的预防

员工的意外伤害事故主要来自主观、客观两个方面:主观上是员工思想上的麻痹,违反安全操作规程及管理混乱,客观上是餐饮工作本身具有一定的危险性。

1. 割伤的预防

主要由于使用刀具和电动设备不当或不正确而造成的,其预防措施如下。

（1）刀具等所有切割工具应当保持锋利,在使用各种刀具时,注意力要集中,方法要正确。操作时,不得用刀指东画西,不得将刀随意乱放,更不能拿着刀边走路边甩动膀子,以免刀口伤着别人。不要将刀放在工作台或砧板的边缘,以免震动时滑落砸到脚上。一旦发现

刀具掉落,切不可用手去接拿。清洗刀具时,要一件件进行,切不可将刀具浸没在放满水的洗涤池中。禁止拿着刀具打闹。

(2) 在没有学会如何使用某一机械设备之前,不要随意地开动它。在使用具有危险性的设备(绞肉机或搅拌机)之前,必须先明确设备装置是否到位。在清洗设备时,要先切断电源再清洗,清洁锐利的刀片时要格外谨慎,擦洗时要将抹布折叠到一定的厚度,由里向外擦。

(3) 发现工作区域有暴露的铁皮角、金属丝头、铁钉之类的东西,要及时敲掉或取下,以免划伤人。

(4) 清除玻璃和搪瓷碎片,要使用笤帚和簸箕,不要用手去拣。不要用玻璃杯当取冰块的勺子使用,用毛巾擦玻璃杯时不要过分用力。

2. 跌伤和砸伤的预防

由于餐饮场所内某些地面潮湿、油腻,行走通道狭窄,搬运货物较重等因素,非常容易造成跌伤和砸伤,其预防措施如下。

(1) 工作区域及周围地面要保持清洁、干燥。油、汤、水等不慎撒在地上,要立即擦掉,尤其是在炉灶操作区。

(2) 厨师的工作鞋要有防滑性能,不得穿薄底鞋、已磨损的鞋、高跟鞋、拖鞋、凉鞋。平时所穿的鞋脚趾、脚后跟不得外露,鞋带要系紧。

(3) 所有通道和工作区域内应没有障碍物,橱柜的抽屉和柜门不应当开着。

(4) 不要把较重的箱子、盒子或砖块等留在可能掉下来会砸伤人的地方。

(5) 不要搬运太多的物品,以防挡住你的视线。使用手推车,盘碟不宜摞得过高,以防突然停车而倒塌。

(6) 存取高处物品时,应当使用专门的梯子,用纸箱或椅子来代替是不安全的。过重的物品不能放在高处。

(7) 要步行,不要奔跑。来回行走路线要明确,尽量避免交叉相撞等。行走时,要注意向前看,不要向后看。在进一间光线暗的屋子时,请先开灯,在开门的时候要小心。

3. 扭伤的预防

扭伤也是餐饮工作中较常见的一种事故,多数是因为搬运超重的货物或搬运方法不恰当而造成的,具体预防措施如下。

(1) 搬运重物前首先估计自己是否能搬动,搬不动应请人帮忙或使用搬运工具,绝对不要勉强或逞能。

(2) 抬举重物时,背部要挺直,膝盖弯曲,要用腿力来支撑,而不能用背力;举重物时要缓缓举起,使所举物件紧靠身体,不要骤然一下猛举;抬举重物时如有必要,可以小步挪动脚步,最好不要扭转身体,以防伤腰。

(3) 搬运时当心手被挤伤或压伤。

(4) 尽可能借助于设备或搬运工具。

4. 烧烫伤的预防

烧烫伤主要是由于员工接触高温食物或设备、用具时不注意防护引起的,其主要预防措施如下。

(1) 在烤、烧、蒸、煮等设备的周围应留出足够的空间,以免因空间拥挤、不及避让而烫伤。

(2) 在拿取温度较高的烤盘、铁锅或其他工具时,手上应垫上一层厚抹布。同时,双手要清洁且无油腻,以防打滑。撤下热烫的烤盘、铁锅等工具时应及时作降温处理,不得随意放置。端热盘子的时候,两边要用毛巾垫着。

(3) 在使用油锅或油炸炉时,特别是当油温较高时,不能有水滴入油锅,否则热油飞溅,极易烫伤人,热油冷却时应单独放置并设有一定的标志。

(4) 在蒸笼内拿取食物时,首先应关闭气阀,打开笼盖,让蒸汽散发后再使用抹布拿取,以防热蒸汽灼伤。使用烤箱、蒸笼等加热设备时,应避免人体过分靠近炉体或灶体。

(5) 在炉灶上操作时,应注意用具的摆放,炒锅、手勺、漏勺、铁筷等用具如果摆放不当极易被炉灶上的火焰烤烫,容易造成烫伤。

(6) 烹制菜肴时,要正确掌握油温和操作程序,防止油温过高、原料投入过多,油溢出锅流入炉膛火焰加大,造成烧烫伤事故。

(7) 在端离热油锅或热大锅菜时,要大声提醒其他员工注意或避开,切勿碰撞。

(8) 在清洗加热设备时,要先冷却后再进行。

(9) 禁止在炉灶及热源区域打闹。

(10) 用托盘端咖啡壶和茶壶的时候,注意把壶嘴冲着托盘的中心部(里部)。

5. 电击伤的预防

主要是由于员工违反安全操作规程或设备出现故障引起的,其主要预防措施如下。

(1) 使用机电设备前,首先要了解其安全操作规程,并按规程操作,如不懂得设备操作规程,不得违章野蛮操作。

(2) 设备使用过程中如发现有冒烟、焦味、电火花等异常现象时,应立即停止使用,申报维修,不得强行继续使用。

(3) 厨房员工不得随意拆卸、更换设备内的零部件和线路。

(4) 清洁设备前首先要切断电源。当手上沾有油或水时,尽量不要去触摸电源插头、开关等部件,以防电击伤。

(5) 要使用设备上的所有安全保险装置,不要绕过任何一个。

(二) 财物被盗的预防

餐饮盗窃的主要目标一般是酒店餐饮的高档原料、高档餐具、现金、烟酒等物质及顾客的财物。酒店餐饮部门,应加强防范意识,加强安全保卫措施。

(1) 食品仓库应配置必要的安全设施,如闭路电视监控系统、红外报警系统,同时,要严格执行人员和原料进出仓库的规定,强化仓库钥匙的管理。

(2) 加强厨房原料与物质的管理。厨房各作业区的工作人员,下班前要将本作业区的炊事用具清点、整理,有些较贵重的用具一定要放入橱柜中,上锁保管。剩余的食品原料,尤其是贵重食品原料在供应结束后,必须妥善放置。需冷藏的进冰箱,无需冷藏的放入小仓库内,仓库、冰箱钥匙由专人保管。厨房各部分的钥匙,下班后集中交给酒店安全部,由保安人员统一放入保险箱内保管,厨房员工次日来上班时,到安全部签字领取钥匙。

(3) 酒店的大餐厅应安装闭路电视监控系统,以及时发现和记录各种异常情况。餐厅应制作椅子套,以便保护顾客放在椅背上衣物及物品。同时,要强化餐饮员工安全防范意识,及时提醒顾客保管好自己的财物,发现可疑人员,要注意观察,并及时报告。

(4)餐厅的现金要妥善放置,当营业结束时,必须及时交款,餐厅的酒水、香烟等物品,必须按规定领用与保管。

(三)餐饮火灾的预防

餐饮部门是酒店消防工作的关键部门,应坚决贯彻《中华人民共和国消防法》提出的"预防为主、防消结合"的方针,强化消防预警管理,做到防患于未然,以消除火灾、控制火警、确保安全。

1. 加强消防管理培训

消防防范工作要做好,员工培训必须先行,员工消防培训主要应该分为以下两个基本层次。

(1)消防知识培训,主要内容与要求有:一是了解酒店餐饮消防管理的重要意义,增强做好消防工作的自觉性;二是了解消防设施、器材的使用,熟知各类消防设施、器材包括灭火器、室内(外)消火栓、水带(枪)、空气呼吸器的使用及检查、维护及保养方法;三是熟知火灾报警和接警处置程序;四是掌握火灾扑救的基本方法与技能;五是熟知酒店及部门消防应急预案、疏散与逃生方法、路线,应急疏散程序和措施,掌握组织、引导在场顾客疏散的知识和技能。

(2)火灾处置演练,即模拟餐饮部门某处出现火情后,餐饮各岗位按照消防管理预案进行火灾处置实践。一方面检验预案的可行性,另一方面增加餐饮员工面对火灾时的实际处置经验,避免一旦真的发生火灾时惊慌失措,手忙脚乱。

2. 完善消防管理制度

现代化的消防管理是以健全的法规为主要标志的,酒店餐饮部门应依据国家的有关法规,制定相应的消防管理制度,主要包括以下几种。

(1)消防组织管理制度,应包括组织机构及人员、工作职责、例会、教育培训、活动要求等要点。

(2)消防安全教育、培训制度,应包括责任部门、责任人和职责、频次、培训对象(包括特殊工种及新员工)、培训要求、培训内容、考核办法、情况记录等要点。

(3)防火巡查、检查和火灾隐患整改制度,应包括责任部门、责任人和职责、检查频次、参加人员、检查部位、内容和方法、火灾隐患认定、处置和报告程序、整改责任和看护措施、情况记录等要点。

(4)安全疏散设施管理制度,应包括责任部门、责任人和职责、安全疏散部位、设施检测和管理要求、情况记录等要点。

(5)燃气、电气设备和用火、用电安全管理制度,应包括责任部门、责任人和职责、设施登记、电工资格、动火审批程序、检查部位和内容、检查工具、发现问题处置程序、情况记录等要点。

(6)消防设施、器材维护管理制度,应包括责任部门、责任人和职责、设备登记、保管及维护管理要求、情况记录等要点。

(7) 灭火和应急疏散预案演练制度,应包括组织机构和分工、联络办法、预案的制定和修订、演练程序、注意事项等要点。

(8) 消防安全工作考评和奖惩制度,应包括责任部门和责任人、考评目标、内容和办法、奖惩办法等要点。

(9) 其他必要的消防安全制度,餐饮场所还应制定易燃易爆危险物品和场所管理等其他必要的消防安全制度。

3. 加强火灾防范措施

除了加强消防培训、建立消防管理制度,并加强检查外,酒店餐饮部门还需采取以下预防措施。

(1) 厨房的各种电动设备的安装和使用必须符合防火安全要求,各种电器绝缘要好,接头要牢,要有严格的保险装置。厨房各种电气设备的使用和操作必须制定安全操作规程,并严格执行。餐厅内按规定安装临时电气线路,装饰物周围的灯具功率不得超过 60 W。

(2) 厨房内的煤气管道及各种灶具附近不准堆放可燃、易燃、易爆物品。不得将打火机、手机等物品放置在高温环境下,更严禁灶头岗位将此类物品随身携带,以防出现高温爆炸起火或伤人事故。煤气钢瓶送到后,由专职人员对钢瓶进行检查(密封性、有效期、外观、有无凹痕),检查完毕后存放在煤气房。煤气钢瓶与燃烧器及其他火源的距离不得少于 1.5 米。楼层厨房不使用瓶装液化石油气。煤气、天然气管道从室外单独引入,不穿过客房或其他公共区域。各种灶具及煤气罐的维修与保养应指定专人负责。厨房、餐厅使用的酒精、液体、固体燃料要由专人保管,严禁在火焰未熄灭前添加酒精等。燃料设单独房间存放,并且专人领用,不得乱放。

(3) 炉灶要保持清洁,排油烟罩要定期擦洗、保养,保证设备正常运转。厨房在油炸、烘烤各种食物时,油锅及烤箱温度应控制得当,油锅内的油量不得超过最大限度的容量。正在使用火源的工作人员,不得随意离开自己的岗位,不得粗心大意,以防发生意外。厨房下班前,各岗位要有专人负责关闭能源阀门及开关,负责检查火种是否已全部熄灭。同时,餐厅、厨房等部门下班离店前必须有专人检查所有电器处于安全状态。

(4) 加强对火炉的管理,禁用液化石油气炉,慎用酒精炉和炭炉,并选用固体酒精燃料。严禁在厨房内吸烟、玩明火,严禁用打火机、纸巾引燃煤气。

(5) 餐厅必须配备紧急逃生图并张贴以便让所有员工知道,台型设计时应留出足够宽的通道,并保证畅通。举行宴会时,不得超出餐厅可接待容纳的人数。

(6) 根据国家消防管理法规配备相应数量的消防设施和用品(灭火器、防火毯),且使其处于能正常使用的状态。消防器材须存放在固定位置。

三、安全事故处理

酒店餐饮经营过程中会出现各种各样的安全事故,酒店对安全事故的应急处理水平体现了酒店的整体管理水平,也是维护酒店健康稳定发展的重要保障。以下四种类型是较为常见的安全事故。

(一) 顾客损伤处理

顾客损伤,这里是指因为各种主客观原因导致顾客的身体受到伤害或者财物丢失等情况。在此,对餐厅易发的顾客打架、顾客突感不适与顾客财物丢失三种情况提出处理基本要点。

1. 顾客之间斗殴

餐厅是社会的一部分,来就餐的顾客中不能否认有极少部分社会上的不良分子,他们可能由于某些纠纷,在餐厅打架闹事。同时,也可能因为酒精作用或者心情不佳,导致顾客之间的摩擦,进而引发打架事件。一旦发现顾客之间的争吵打闹,要视情况分别采取相应行动。

(1) 餐厅员工在服务过程中要察言观色,一旦发现不良苗头,要立即采取有效办法,把事故消灭在萌芽状态。

(2) 餐厅员工一旦发现顾客之间出现摩擦争吵,必须第一时间给予劝解并立即报告上司。劝解时要注意尊重对方,言语冷静,不要介入纠纷。

(3) 如果他们不听劝告出现打闹情况,则马上报告保安部,要特别注意员工自身的安全。保安人员到达现场后,应将斗殴双方或肇事者分开,迅速平息事端,以防止事态扩大,并将主要肇事者带至保安部。同时,要特别注意对其他顾客的保护与酒店财产的保护。

(4) 如双方不听制止,事态继续发展,场面有难以控制的趋势,则必须马上向公安部门报警。另外,如发现闹事人携带枪支或凶器,也须立即向公安部门报警。在公安机关未到达现场时,要尽量控制事态,并特别注意不能让斗殴者离开,如实在无法控制斗殴者逃离,则应记下车牌号码、颜色、车型及人数等特征,交警方处理。

(5) 公安机关赶到现场后,保安部注意保护现场,疏散无关人员,设警戒线,担任警戒巡查,在现场检查是否有证据及遗留物品,案发部门查清设施设备是否遭受损坏、损坏的程度、数量、直接经济损失价值等。

2. 顾客突感不适

顾客突感不适,可能是旧病复发,也可能是饮食不当导致身体异常。对于此类情况,餐厅员工应掌握一般的医疗常识和急救知识,并依据不同情况采取相应措施,基本程序如下。

(1) 除非确信有必要移动顾客至合适的地方,以利于顾客的恢复或救治,否则不能擅自搬动顾客。

(2) 迅速通知上级。

(3) 征得亲友同意,立即拨打120急救电话,并了解位置及预计到达的时间。

(4) 尽量避免打扰餐厅其他用餐的客人。

(5) 根据亲友要求,尽可能提供各种力所能及的帮助。

(6) 对顾客所用过的食物给予保留,以便现场检验。

3. 顾客财物丢失

顾客财物丢失,即顾客用餐期间的财物遗失或被窃。对顾客财物丢失的处理,一般应注意以下几点。

(1) 餐饮部在接到顾客报失后,要立即报告酒店安全部,餐饮部管理人员会同安全部人员,听取失主对丢失过程的陈述。

(2) 详细记录失主的姓名、国籍、地址、丢失财物的名称、数量(包括物品的型号、牌号、规格、新旧程度、货币的种类、面额等)、时间以及物品丢失的经过。

(3) 帮助失主尽量回忆用餐前及用餐过程中的情况,如果有内部监控,可以查看监控录像,以确认丢失或被盗的情况。征求顾客意见(尤其是外国顾客)是否要向公安机关报案。如果顾客同意报案,需由顾客在记录上签字。

(4) 如果顾客不要求报案,要求酒店给予补偿,酒店餐饮管理人员应根据实际情况,在权衡利弊的基础上做出决策。

(二) 餐厅停电处理

停电事故可能是由于外部供电系统引起,也可能是酒店内部供电发生故障。不管出现何种原因的停电,餐饮部的员工都应沉着冷静,有序处置。

(1) 餐饮管理人员应立即指挥员工各就各位,按照事先分工,做好停电时的服务与安全工作。

(2) 餐饮管理人员立即联系工程部,问清停电原因、时间与抢修情况。

(3) 向顾客说明这是停电事故,正在采取紧急措施排除故障,恢复电力供应,请顾客不必惊慌,并提醒顾客保管好自己的物品。

(4) 使用应急照明系统(应急照明灯、蜡烛等),为顾客提供必要的服务。

(5) 在停电期间,安全人员须加强巡逻,派遣保卫人员保护餐厅(重点是现金、顾客贵重物品等)、厨房(重点是食品),劝阻无关人员进入上述场所,防止有人趁机浑水摸鱼。

(三) 餐饮火灾处理

造成餐厅、厨房火灾的主要原因有电器失火、烹调起火、抽烟失火、管道起火、加热设备起火以及其他人为因素造成的火灾等。遇到餐饮营业场所局部起火,应根据实际情况有步骤地积极应对。

1. 火情处理

酒店餐饮部门一旦发现火警,除非火情很小并有绝对把握一下子扑灭,否则首先必须报警,报警后再迅速进行扑救。消防中心接到报警后,应根据火情决定报警等级。酒店火警的报警一般分为两级。一级报警,在酒店发生火警时,只在消防中心报警,其他场所听不到铃声,这样不至于造成整个酒店的紧张气氛。二级报警,在消防中心确认店内已发生了火灾的情况下,才向全酒店报警。至于是否向公安消防队报警,应由酒店主管消防的领导根据火灾的大小做出决定。

2. 火灾疏散

酒店餐饮部门发生火灾,一旦发现失去控制,须立即进入火灾疏散程序,酒店及餐饮部的各类人员要按照火灾处置预案要求各司其职,把顾客、酒店的重要财产及文件资料撤离到安全的地方。同时,还要特别注意在确保自身安全的情况下,迅速撤出有可能引发爆炸等加大火灾等级的危险物。

3. 火灾扑救

厨房或餐厅出现火灾,应该组织力量,迅速扑救。灭火的基本方法主要有:冷却灭火,即将燃烧物的温度降到燃点以下,使燃烧停止下来;窒息灭火,即采取隔绝空气或减少空气中的含氧量,使燃烧物得不到足够的氧气而停止燃烧;隔离灭火,即把正在燃烧的物质同未燃烧的物质隔开,使燃烧不能蔓延而停止;抑制灭火,即用有抑制作用的化学灭火剂喷射到燃烧物上,并参与燃烧物的化学反应,与燃烧反应中产生的游离基结合形成稳定的不燃烧的分子结构,而使燃烧停止。火灾扑救时,必须特别注意根据不同的火灾类型,采用不同的灭火器具。根据燃烧物质的特性和燃烧特点,一般可把火灾分为下列五类。

1) A类火灾

固体物质火灾,一般在燃烧时能产生灼热余烬,如木材、棉纺织品、毛、麻、纸张等。该类火灾所采用的灭火剂以水为主,也可选用泡沫、ABC干粉灭火器和环保型水系灭火器等加以扑灭。

2) B类火灾

易燃、可燃液体火灾和可熔化的固体火灾,如汽油、煤油、柴油、甲醇、乙醇、沥青、石蜡等。该类火灾可用ABC干粉、二氧化碳、卤代烷型灭火器等进行扑灭。

3) C类火灾

可燃气体火灾,如煤气、氢气、天然气、丙烷等。该类火灾可采用ABC干粉、二氧化碳灭火器、环保型水系和卤代烷型灭火器等进行扑灭。

4) D类火灾

可燃的金属火灾,如钾、钠、镁等。该类火灾灭火剂可采用干砂等。

5) E类火灾

此类火灾指带电物体燃烧的火灾。该类火灾可采用二氧化碳、ABC干粉灭火器和卤代烷型灭火器等进行扑灭。

(四) 员工受伤处理

员工在工作中,难免会出现各种身体的伤害,而割(擦)伤、烫伤、扭伤等则是较易出现的伤害。

1. 割(擦)伤处理

割伤,即锐器作用于人体所致的软组织损伤。擦伤,即皮肤表层擦破伤。如若伤口小而浅,可以自己进行处理;若伤口很深或较大,就需要去医院进行治疗。在去医院途中,要保护好伤口,用消毒纱布压住或包扎伤口,但不要乱上药。

(1) 立刻止血。如果条件不足,一般用手直接按压可以快速止血。通常会在1~2分钟之内止血。如果条件允许,可以在伤口处放一块干净的毛巾,然后用手压紧。

(2) 清洗伤口。如果伤口处很脏,而且仅仅是往外渗血,为了防止细菌的深入,导致感染,则应先清洗伤口,一般可以清水或生理盐水清洗。

(3) 伤口消毒。为防止细菌滋生,感染伤口,应对伤口进行消毒,一般可以用消毒纸巾或者消毒酒精对伤口进行清洗,可以有效杀菌,并加速伤口的愈合。

(4) 合理敷药。伤口小可用创可贴,如果有点红肿,可用红霉素软膏或莫匹罗星软膏擦拭。也可考虑在伤口处敷适量的糖加速伤口愈合,不易产生结痂。需要注意的是,在敷糖前,需要保证伤口已经清洗干净,不再流血,因为糖会使正在流血的伤口更容易流血,也不要使用糖粉或黑砂糖,会使伤口结痂。

2. 烫伤处理

烫伤,是多由火焰、热液(水、汤、油等)、蒸汽所引起的组织损伤。员工发生烫伤,应迅速判断烫伤程度,酌情处理。烫伤一般分为一度烫伤、二度烫伤、三度烫伤。

(1) 一度烫伤处理。一度烫伤是皮肤表层受到损伤,基本特征为皮肤起红斑,无水泡,不破皮,有灼痛感。一般处理方法是用万花油或芦荟汁涂于伤处,一般3~5日可治愈,如果有烧烫伤药,恢复效果更佳。但不可随意在伤口处涂抹牙膏、酱油及其他不明药性的液体或膏体,否则会刺激伤口,引起伤口感染,反而对恢复不利。

(2) 二度烫伤处理。二度烫伤是皮肤损害深及真皮,基本特征为起水泡,掉皮,红肿。出现这种情况,一是要快速远离热源,褪去衣物让伤口处裸露,若衣物黏在伤口,不能强行脱掉,可应用剪刀将衣物剪开。二是用白酒(20多度到50多度的食用白酒均可)或者第二遍大米淘米水冲洗伤口降温,防止余热对肌肤造成更深程度的烫伤。三是如果烫伤起泡,需要用消毒针头或者消毒剪刀把水泡挑破,泡皮保留,不要剪掉或者用手撕掉,能够保护创面,防止感染。四是伤口清理好后,可考虑涂抹烧烫伤药膏。该类烫伤原则应在以上处理后及时送医院进一步治疗。

(3) 三度烫伤处理。三度烫伤是除真皮外,皮下脂肪、肌肉、骨骼都受损,基本特征为皮肤呈焦黑,出现焦痂,如牛皮状,皮革样。对于该类烫伤,在紧急处理后须立即送医院治疗。

3. 扭伤处理

扭伤是指四肢关节或躯体部的软组织(如肌肉、肌腱、韧带、血管等)损伤,而无骨折、脱臼、皮肉破损等情况。其基本特征为局部肿胀、疼痛、活动受限、皮色紫青。扭伤多发于腰、踝、膝、肩、腕、肘、髋等部位。

(1) 休息。不管是哪个部位扭伤,必须先休息,腰部扭伤要及时躺卧于平坦的地方,脚部扭伤要避免被扭伤的脚用力着地,受伤后马上休息,可以促进较快地复原,减少疼痛、出血或肿胀,以防伤势恶化。

(2) 冷敷。冷敷可使血管收缩,减少内出血、肿胀、疼痛及痉挛。应在扭伤几分钟之内用冰袋或者凉湿毛巾冷敷,或者直接取来半盆凉水把脚放进去。冷敷时间一般在半个小时,中间停一个小时之后再进行第二次冷敷。

(3) 判断程度。主要判断是否有骨折和关节错位等情况,原则上应送医院做X光检查。

(4) 热敷。确认无骨折和关节错位问题,扭伤过24小时之后就可以热敷了,热敷的办法和冷敷差不多,温度正好相反,用暖袋或者热毛巾直接敷在扭伤部位,也可以用热醋、热酒等进行热敷,以活血通络、消肿止痛。热敷的时间也不能太长,每天两次,每次20分钟即可。

(5) 合理用药。可以外用跌打损伤药物,比如外涂红花油、活络油、云南白药喷雾剂,或活血止疼酊之类的外用药物。外用药物最好是在受伤一到两天之后使用。

本章小结

(1) 餐饮卫生工作的好坏,不仅直接关系到顾客的身体健康,而且也关系到酒店的声誉和经济效益。令人放心的卫生,必须达到两个标准:一是外观上的干净,无水迹,无异味,这是视觉和嗅觉的检测标准;二是内在的卫生,即必须符合卫生防

疫部门的检测标准。要达到上述要求，就必须严格执行食品卫生法，把好食物进货关、储存关、加工关、烹饪关、服务关，并抓好餐具消毒、个人卫生和环境卫生工作。

（2）食品安全是指食品无毒、无害，符合应当有的营养要求，对人体健康不造成任何急性、亚急性或者慢性危害。保证食品安全，这是酒店餐饮安全管理的重中之重，可以从食品原料安全管理、食品制作安全、食物中毒管理三个方面展开。

（3）突发事故是指发生突然，可能造成严重社会危害，需要采取应急处置措施的紧急事故。酒店餐饮管理人员对突发事故的发生的严重性要有足够的认识，要认真制定防范各种突发事故的措施及应急处理程序。在突发事故发生时，餐饮管理人员或保安部在有关人员的配合下能迅速控制局势，进行正确、冷静、果断的指挥。酒店面对突发事故，需要通过建立安全管理制度，加强监督和检查，清除不安全因素，消除事故的隐患，保障顾客和员工的人身安全和酒店的财产不受损失。

核心关键词

餐饮卫生	sanitary for food and beverage
食品安全	food safety
食物中毒	food poisoning
餐饮安全事故	security incident of food and beverage

思考与练习

1. 餐饮安全管理的重要意义主要体现在哪几个方面？
2. 餐饮食品卫生管理有哪些基本要求？
3. 餐饮餐具卫生管理包含餐厅和厨房中的哪些部分？
4. 餐饮环境卫生管理需要达到怎样的标准？
5. 什么是食物中毒？食物中毒主要有哪几个类别？
6. 酒店怎样才能有效预防食物中毒事件的发生？
7. 食物中毒事件发生后酒店应该如何有效进行处理？
8. 餐饮突发事故具有哪些特征，该如何预防？
9. 餐厅中发生了顾客伤害事故、停电事故和火灾事故，该如何妥善处理？

案例分析

经过半年左右的综合治理,餐饮部的工作总算步入正轨,餐饮生意有了明显的好转,顾客的满意度也正在稳步提升,回头客也在逐渐增多,餐饮部也超额完成了上半年度的各项预算指标,为此,餐饮部受到了总经理的特别嘉奖。正在张翔为自己的辛勤付出感到欣慰之时,今天接到的一个投诉又把张翔推到了风口浪尖。

今天早上8时,大堂经理接到了一个严重的投诉:法籍华侨李先生夫妇因昨晚在酒店中餐厅用餐而导致严重腹泻。大堂经理向总经理汇报后,总经理即指示张翔了解情况并进行善后处理。

张翔接到总经理的指示后,立即会同大堂经理一起赶到1506房间看望李先生,并了解具体情况。李先生和李太太正卧床休息。据李先生讲,他们两人昨天晚上在酒店中餐厅用餐后就回房间休息了,但从23:00开始陆续腹痛腹泻,并声称是由于晚上在酒店中餐厅用餐而引起。张翔建议陪同李先生夫妇去医院检查治疗,但是李先生说他已经吃过止泻药,且今天上午早已约定要去当地的一家企业考察洽谈合作事宜,没有时间去医院。张翔只好尊重李先生的意见,留下了自己的手机号码,如果李先生有任何需要可随时找他。

张翔回到餐饮部,立即进行了调查。昨天晚上李先生夫妇等一共10人在中餐厅雨轩包厢用餐,是由当地一家企业出面接待宴请。前天下午订餐时,负责订餐的徐主任考虑到李先生离开家乡多年,为了让他感受到乡情、品尝到乡味,特别要求酒店制作两道当地的生鲜特色菜肴醉蟹与泥螺。该酒店出于食品安全的考虑,这两道菜并不在正常供应范围之内。当时,订餐的服务员也说明了情况,并提醒顾客这种菜肴外地顾客可能会不适应,但徐主任说李先生夫妇是从这里出去的,没有问题。订餐服务员考虑到尽可能满足顾客的需求,所以答应了徐主任的要求,并给餐厅下达了用餐通知单。餐厅接到订单后,考虑到酒店自己制作已来不及,就从正规的市场上采购了这两道菜肴。用餐时,李先生夫妇确实很高兴吃到了小时候吃过的菜,于是在主人的盛情下吃了不少。

上午10:00,正在张翔考虑怎样处理此事时,他接到了李先生的电话,说他夫人身体感到非常不适,要求酒店立即派车送他们去医院。张翔向总经理汇报后即陪同李先生夫妇去市级医院就诊。诊断结果是:1人为细菌性痢疾,1人为急性肠炎。张翔支付了全部医药费。回到酒店后,李先生说,今天上午本来要与一家企业洽谈合作事宜,现在因为身体原因取消了这一安排,这一方面影响了他企业的声誉,另一方面也耽误了他的行程安排,要求酒店赔偿他的各种损失。

问题讨论:

(1) 对李先生的投诉,酒店应采取何种对策与解决办法?

(2) 从该案例中,酒店应吸取什么教训?

第九章

酒店餐饮经营效益管理

学习导引

俗话说:"千好万好,不赚钱就是不好"。评价酒店经营成功与否的核心指标是经济效益,因为酒店是企业,而获取经济效益则是企业的天性。餐饮部门作为酒店主要的经营部门,必须承担创造理想经营效益的职责。酒店经济效益体现了资本投入与产出的对比关系,即投资回报率。餐饮经营效益,即餐饮经营活动的资源投入与取得的经济收益。提高餐饮经营效益的基本途径是增收节支。那么,酒店餐饮经营效益如何进行预算与管理?酒店餐饮收入如何实现?酒店餐饮成本怎样控制?酒店餐饮经营效益又怎样进行分析评价?本章将对这些问题提供一些思路与方法。

学习重点

通过本章学习,你应该重点掌握:
1. 酒店餐饮预算编制的方法;
2. 酒店餐饮预算实施控制的步骤和结果的分析;
3. 酒店餐饮收益管理的基本策略;
4. 酒店餐饮收入的特点和常见的错误;
5. 酒店餐饮成本的构成、类型及控制方法;
6. 酒店餐饮销售分析和收益分析的方法。

第一节 酒店餐饮预算管理

常言道,凡事预则立,不预则废。要实现理想的餐饮经营效益,首先必须加强餐饮预算管理。餐饮预算管理,就是根据酒店的经营战略及年度计划,对未来的餐饮经营活动和相应财务结果进行充分、全面的预测和筹划,并通过对执行过程的监控,将实际完成情况与预算目标不断对照和分析,从而及时指导餐饮经营活动的改善和调整,以帮助酒店及餐饮管理者实施有效的餐饮管理。

一、餐饮预算编制①

预算是一种资源分配,对计划投入产出内容、数量,以及投入产出时间安排的详细说明。餐饮预算决定了酒店餐饮管理的方向与重心,通过预算的编制,使酒店及餐饮管理者经营有目标,工作有方向。餐饮预算是由一系列预算指标组成的。预算指标又叫计划指标或管理参数,它是用数字来表示餐饮部门在预算期内经营管理所要达到的水平或绩效,也是反映餐饮部门经营管理状况的重要数据。

(一) 营业收入预算编制

餐饮预算方案的编制是以营业收入预算为起点,根据餐厅上座率、接待人次、人均消耗来编制的。餐饮营业收入的高低受不同餐厅等级规格、接待对象、市场环境、顾客消费结构等多种因素的影响。编制营业收入预算,需要区别不同餐厅的具体情况。餐饮营业收入预算的编制,一般分为以下三个步骤。

1. 确定餐厅上座率和接待人次

它要求以餐厅为基础,根据历史资料和接待能力,分析市场发展趋势和准备采取的推销措施,将产品供给和市场需求结合起来,确定餐厅上座率和接待人次,其中,酒店餐饮接待人次既要充分考虑住店顾客,同时又要考虑本地居民和外来顾客的用餐需求。住店顾客的接待人次一般是根据客房出租率分析住店顾客到不同餐厅用餐的比率,外客则根据历史资料和市场发展趋势来确定。

2. 确定餐饮人均消费和饮料比率

餐饮人均消费应将食物和饮料分开,食品确定人均消费额,饮料确定销售比率,部分酒店餐饮人均消费是将食物和饮料一起计算。然而不管属于哪一种,都要考虑三个因素:一是各餐厅已经达到的水平;二是市场环境可能对餐饮人均消费带来的影响;三是不同餐厅的档次结构和不同餐次的顾客消费水平。

3. 编制营业收入预算方案

营业收入预算一般可通过季节指数分解到各月,也可逐月确定。季节指数的确定,既可以餐厅为基础,又可以全部餐饮销售额为基础。营业收入预算方案则都以餐厅为基础,最后汇总,形成食品、饮料和其他收入预算。

(二) 营业成本预算编制

营业成本,即食品原材料成本。营业成本是在食品原材料的采购、储藏、生产加工过程中形成的。编制成本预算以产品成本为主,其内容主要包括标准成本率、成本额和成本降低率指标,以此作为食品原材料成本管理的依据。编制营业成本预算方案的工作步骤如下。

1. 确定不同餐厅的食品毛利率标准

根据市场供求关系和酒店价格政策,结合酒店确定餐厅的毛利率标准。毛利率标准一

---

① 该部分内容主要参考蔡万坤主编的《餐饮管理》的相关内容编写。

经确定,餐厅食品的成本率和成本额也就确定了。其计算公式为:

$$食品成本率 = 1 - 毛利率$$

$$食物成本额 = 计划收入 \times 成本率$$

2. 编制饮料成本预算

各餐厅的饮料成本以进价成本为基础,它受饮料销售额和上期成本率两个因素的影响,其计算公式为:

$$饮料成本额 = 去年实绩 \times (1 + 销售额增减率) \times (1 - 成本降低率)$$

$$饮料成本率 = \frac{饮料成本额}{计划收入} \times 100\%$$

3. 编制员工餐厅成本预算

我国酒店员工餐厅属于员工福利,在管理体制上分两种情况:一是员工餐厅归餐饮部管理,其原材料成本从餐饮部转拨;二是员工餐厅归酒店行政部或人力资源部管辖,其成本预算不在餐饮部编制。员工餐厅不要求营利,其成本率较高,编制方法为:

$$成本额 = 去年实绩 \times (1 - 成本降低率)$$

$$成本率 = \frac{成本额}{计划收入} \times 100\%$$

4. 确定签单成本消耗

酒店为了开发市场,组织客源,推销产品和开展业务经营活动,需要一定的业务招待列入酒店预算,其中,相当一部分用于餐饮消费。当这部分费用发生时,均由有关主管人员签单,列入餐厅成本消耗,在酒店或部门业务招待费用中列支。因此,签单成本也是餐饮成本内容之一,其预算额一般根据酒店历史统计资料及年度营销计划加以确定。

5. 编制餐饮成本预算方案

编制餐饮预算时,员工餐厅成本和签单成本预算必须单列,以保证成本预算的真实性,有利于控制餐饮成本。如果员工餐厅归酒店行政部或人力资源部,实行单独核算,则不列入酒店餐饮部门成本预算。

(三)营业费用预算编制

营业费用,即食品原材料成本以外的其他各种合理耗费。营业费用按费用的主要职能可分为人工费用和营业费用两大类。前者包括员工工资、奖金福利和社保费用;后者是指原料成本和人工费用以外的各种费用,如水、电、洗涤和餐茶用品等。按费用的性质可大致分为固定费用和变动费用两大类。前者包括房屋折旧、家具设备折旧、人工成本、销售费用、管理费用、业务招待费用、装饰费用等;后者是随餐饮销售额的变化而变化的费用,包括水、电、燃料费用,客用消耗用品费用,服务用品费用,洗涤费用等。这些费用共同构成餐饮流通费用。营业费用预算就是要确定这些费用指标、费用率和变动费用率等。餐饮营业费用预算指标编制方法根据费用项目的不同而变化,主要方法有以下五种。

1. 财务分摊预算法

这种方法以财务会计报表为基础,结合营业费用实际消耗来确定预算费用额。它主要适用于房屋折旧、家具用具及厨房设备折旧等费用预算,其具体方法有使用年限折旧法、综合折旧率法、工作量折旧法等,具体采用哪种方法,均由酒店财务部门统一掌握,并算出酒店各部门的折旧额,作为营业费用预算指标。

2. 销售额比例预算法

这种方法以预算销售额为基础,分析费用所占比例,参阅历史统计资料来确定费用预算额。它主要适用于餐饮管理费用、销售费用、维修费用、装饰费用、餐茶具消耗等费用指标预算,具体方法是确定上述费用占预算销售额的比例,由此确定预算费用额。

3. 人工成本预算法

人工费用由固定人工费用和可变性人工费用组成。前者以员工人数为基础,确定人均需要量,其内容包括固定工资、浮动升级、员工膳食、副食补贴、物价补贴、医疗补助、三险统筹等;后者主要指酒店餐饮部门中的临时工、季节工等人员的成本消耗。固定人工费用的预算公式为:

人工费用=人均需要量×员工平均人数

可变性人工费用根据餐饮管理经济效益的高低和业务需要来确定。

4. 业务量变动法

这种方法以历史统计资料为基础,分析费用消耗程度,结合餐饮业务量的变化来确定预算费用额。它主要适用于水费、电费、燃料费、洗涤费等可变性费用指标预算。这些费用一般是随餐饮业务量的变化而变化的。其预算公式为:

可变性费用额=上年实绩×(1+业务增减率)×(1-费用降低率)

5. 不可预见性费用预算法

不可预见性费用是指企业管理中常常发生的捐助、赞助等其他费用消耗。这些费用支出往往是不可预见的,但又是必然会发生的。这部分费用一般在全店统一列支,做出预算安排,部门很少发生,其预算一般是根据历史统计资料确定的。

(四) 餐饮预算指标预测

在编制餐饮预算工作中,离不开对未来经营的预测。根据不同的市场环境,预测方法主要有以下几种。

1. 稳定型市场预测方法

稳定型市场是指酒店所面临的市场环境比较平稳,市场需求和供给变化不大,餐厅上座率、接待人次和营业收入稳定在一定水平上。稳定型市场预测方法常见的有修正移动平均法和加权修正平均法。

1) 修正移动平均法

该方法是在移动平均法的基础上对初次移动平均值的滞后性进行修正,求得最终预测值的一种方法。其预测方法分为两个步骤:第一步,以基期实际值为依据,采用移动平均法求初次移动平均值,基期实际值期数是多少,根据实际需要确定,但其数值要比较平稳,具有稳定型市场的特点;第二步,对初次移动平均值产生的滞后性进行修正,求最终预测值。其预测公式为:

$$y'_t = \frac{1}{n}(y_{t-1} + y_{t-2} + \cdots + y_{t-n})$$

$$y_t = \left(\frac{n-1}{2}+1\right) \cdot y'_t \cdot a + y'_t$$

式中：

y'_t——初次移动平均值；

y——基期实际值；

n——移动期数；

t——预测期数；

y_t——最终预测值；

a——趋势平均增长率。

2）加权修正平均法

该方法是在基期平均法的基础上对加权平均值进行修正，求取预测值的一种方法。其方法是以基期实际值为基础，分析不同基期实际值对预测值的影响程度，给予一定权数，然后加以修正，求预测值，基期实际值的期数一般选3~4期即可，其数值也要比较平稳，具有稳定型市场特点。一般基期实际值离预测期越近，其权数越大，具体数值可根据影响程度确定，预测公式为：

$$y_t = \frac{\sum y \cdot D}{\sum D} + y_1 - y_0$$

式中：

y_t——最终预测值；

D——权数值；

y——基期实际值；

y_0——最初一期实际值；

y_1——最后一期实际值。

2. 趋势型市场预测方法

趋势型市场是指酒店所面临的市场环境呈一定趋势，这种趋势有一定规律，但不是大起大落。它是在一定时期内，由市场供给和需求两个方面的因素决定的，但判断是否是趋势型市场，不仅要看预算指标基期的统计数字，而且要分析计划期内的市场环境是否会使基期统计指标继续保持一定的趋势。如果市场环境不能满足这种条件，则不能选择趋势型市场预测方法。趋势型市场预测方法，常见的有变动趋势法、一元回归法、二元回归法。

1）变动趋势法

该方法是在移动平均法的基础上，分析预测对象基期数值的变动趋势，并以此作为预测的根据来求预测值的一种方法。其预测方法分为四个步骤：第一步，求若干基期数值的移动平均值；第二步，逐期比较移动平均值，求变动趋势值；第三步，求变动趋势平均值；第四步，以移动平均值和趋势平均值为基础，求预测值，其公式为：

$$y_n = a + b_n$$

式中：

a——最后一期移动平均值；

b——最后一期变动趋势值；

n——移动期数。

2) 一元回归法

一元回归法又叫最小二乘法、一元线性法。它是根据事物过去时间内的变化规律来预测未来的一种方法。采用一元回归法预测的基本条件是：预测对象基期数值所反映的实际值必须呈比较平滑的上升趋势。这时，以预测对象为因变量，时间为自变量，即可根据两者的关系求预测值，其公式为：

$$y_t = a + bt$$

$$a = \frac{\sum y - b \cdot \sum t}{n}$$

$$b = \frac{\sum y \cdot t \cdot n - \sum y \cdot \sum t}{\sum t^2 \cdot n - (\sum t)^2}$$

式中：

a——直线坐标上的截距；

b——直线坐标上的斜率；

t——时间变量；

y——基期实际值；

n——移动期数。

在实际运用中，上述公式还可以简化为：

$$a = \frac{\sum y}{n}$$

$$b = \frac{\sum y \cdot t}{\sum t^2}$$

3) 二元回归法

该方法是在一元回归法的基础上，增加待定参数来进行预测的一种方法。其原理和一元回归法基本相同，仍然是以预测对象为因变量，以时间为自变量，但其预测结果要比一元回归法更准确一些。二元回归法也适用于趋势型市场，其计算公式为：

$$\begin{cases} y_t = a + bt + ct^2 \\ \sum y = a \cdot n + c \cdot \sum t^2 \\ \sum y \cdot t = b \cdot \sum t^2 \\ \sum y \cdot t^2 = a \cdot \sum t^2 + c \cdot \sum t^4 \end{cases}$$

式中：

y_t——预测值；

a, b, c——待定参数；

t——时间；

n——基期时间。

3. 随机型市场预测方法

随机型市场是指酒店所面临的市场环境极不稳定,在一定时期内需求和供给之间尚无规律可循,餐饮产品销售处于随机变化中。这时,管理人员很难根据过去的资料来预测未来,一般只能采用主观判断来对预测对象做出分析。随机型市场预测方法,常见的有 PERT 预测法和主观概率法。

1) PERT 预测法

由于市场环境处于随机状态中,要开展预测工作,只能借助于最了解市场动向的经理人员、销售人员来进行,充分听取他们的意见,然后加以综合,做出预测。其具体做法分为两个步骤:第一步,选择熟悉市场环境的不同类型的人员对预测对象做出分析,提出预测值,并加以综合;第二步,对不同类型的预测人员的综合预测值,根据其经验和他们对市场环境的熟悉程度,给予不同的权数,提出最终预测结果。其计算公式为:

$$y'_t = \frac{A + 4B + C}{6}$$

$$y_t = \frac{\sum y'_t \cdot D}{\sum D}$$

式中:

A——预测对象最高预测值;

B——预测对象最可能预测值;

C——预测对象最低预测值。

2) 主观概率法

该方法和 PER 预测法的原理基本相同,但主观概率法在确定其预测值时,考虑了不同预测人员的主观概率,其方法分为两个步骤:第一步,选择不同类型的人员,对预测对象分析几种可能。每一种可能都根据分析结果,确定其相应的概率,由于预测对象属于互斥事件,因此,其概率之和等于1,然后以概率为基础,确定综合预测值;第二步,对不同类型的预测人员的综合预测值,给予不同的权数,求出最终预测值,具体方法和 PERT 预测法相同,计算公式为:

$$y'_t = \sum P \cdot E$$

$$y_t = \frac{\sum y'_t \cdot D}{\sum D}$$

式中:

y'_t——不同人员平均预测值;

E——不同人员对预测对象的分析结果;

P——预测对象不同可能性的相应概率;

D——不同预测人员的权数;

y_t——最终预测值。

4. 季节型市场预测方法

餐饮销售大多有季节性变化,这种变化在相邻年度之间具有周期性循环特点。采用季节型市场预测方法可以预测一年中各月或部分月度的销售量、接待人次和成本消耗等,它对预算指标的分解具有重要作用,其预测方法也有多种,常见的有季节指数法和累计百分比预测法。

1) 季节指数法

该方法是在年度预测的基础上,根据预测对象基期的实际数值,分析季节波动程度,求出季节指数,然后对预测对象做出预测分析,将计划指标分解到各月或各季的一种方法。季节指数及预测公式为:

$$r = \frac{x}{y} \cdot 100\%$$
$$y_t = y_0(1 + n\%) \cdot r$$

式中:

r——月(季)季节指数;

x——月(季)完成数;

y——年度完成数;

y_0——上年实际值;

n——年度增减率。

2) 累计百分比预测法

累计百分比是指预测各月(季)的逐期累计值占全年完成数的百分比。根据预测对象年度预测值和上年各月(季)的累计百分比,即可预测计划年度内各月(季)的累计值和预测值。计算公式为:

$$f = \frac{y_i}{y_n} \cdot 100\%$$
$$y_t = y_0(1 + n\%) \cdot f$$

式中:

f——各月(季)累计百分比;

y_i——月(季)累计值;

y_n——全年完成数;

y_0——上年实际值;

n——年度增减率;

y_t——各月(季)预测累计。

二、餐饮预算实施控制

餐饮预算实施控制是把预算由计划变为现实的关键步骤,也是整个餐饮预算管理工作的中心环节。

(一)构建管理机制

管理机制是指管理系统的结构及其运行机理。管理机制本质上是管理系统的内在联系、功能及运行原理,是决定管理功效的核心问题。酒店预算实施管理,必须建立以下三个基本机制。

1. 预算责任机制

酒店餐饮预算要有效实施,必须把预算指标分解到餐饮部门的各个业务单元,并明确各级管理者的相应责任。

2. 预算约束机制

预算约束机制就是指对管理系统行为进行限定与修正的功能与机理,预算实施的约束机制主要包括以下四个方面的约束因素。

(1) 权利约束,即通过建立科学的职权体系与合理的授权策略,既利用权利对系统运行进行约束,又对权利的拥有与运用进行约束,防止权利越位或以权谋私等行为。

(2) 利益约束,既要以物质利益为手段,对运行过程施加影响,又要对运行过程中的利益因素加以约束,防止因为小集体与个人利益而影响整体利益的实现。

(3) 责任约束,是指通过明确相关系统及人员的责任,来限定或修正系统的行为。

(4) 心理约束,是指运用教育、激励、社会舆论、道德与价值观等手段,对管理者及有关人员的行为进行约束。

3. 预算动力机制

预算动力机制就是能有效推进酒店实施相关利益群体预算目标的激励系统。该系统必须明确并解决三个基本问题:一是激励对象,即顾客、相关部门和员工这三者的良性互动;二是激励核心,应围绕"如何让激励对象正确、高效、愉快地做事"这一核心命题构建管理机制;三是激励指标,应围绕预算指标的实现,设计相应的考核指标。为了确保预算各项主要指标的全面完成,必须制定严格的预算考核办法,依据各责任部门对预算的执行结果,实施绩效考核。可实行月度考核、季度兑现、年度清算的办法,并做到清算结果奖惩到位。把预算执行情况与餐饮经营者、员工的经济利益挂钩,奖惩分明,从而使经营者、员工与企业形成责、权、利相统一的责任共同体,最大限度地调动餐饮经营者、员工的积极性。

(二) 强化控制职能

控制职能就是按照既定的预算目标,对酒店餐饮经营活动各方面的实际情况进行检查、监督与核算,使工作能按原定计划实施。

(1) 督导。督导就是酒店管理者根据既定的制度、标准、要求等对下属的工作行为进行检查、监督与指导。

(2) 核算。核算就是酒店管理者有效运用会计核算职能,及时了解财务状况,发现存在的问题,并纠正偏差。

(3) 审计。审计就是酒店管理者运用审查、监察等手段,对酒店餐饮经营预算执行情况进行事后监控。一般有常规性审计与专项审计两种。

(三) 衡量实际绩效

为保证餐饮预算指标的达成,必须建立完善的信息反馈系统,逐天、逐月、逐季统计餐饮经营结果。在预算实施控制工作中,按控制标准对酒店的实际工作进行衡量是实施预算控制的关键环节,只有找出实际工作与控制标准之间的差异,才可能采取纠偏行动,从而达到控制组织活动和实现预期目标的目的。衡量成效的要点是用预定的标准对实际工作绩效进行检查,提交需要纠正的偏差结果,形成管理控制中的纠偏依据。

（四）采取纠偏行动

采取纠偏行动是在衡量工作成效的基础上，针对实际绩效与控制标准的偏离程度，及时采取措施予以纠正，使其恢复到正常状态。偏差可分为正偏差和负偏差。正偏差是实际绩效超过控制标准的要求；负偏差是实际绩效没有达到控制标准的要求。负偏差固然引人注目需要纠正，但是，出现正偏差时并不意味着没有问题，同样需要引起注意并正确处理。企业可以选择的方案有以下三种。

1. 不采取行动

当实际绩效与控制标准之间不存在偏差时，一般不需要采取任何行动。此外，存在偏差，但未超过允许的偏差范围时，也可以不采取任何行动。

2. 改进工作绩效

如果偏差是由于部门内部管理产生的，且偏差已超出了允许的范围，则需要采取纠偏措施，以改进工作绩效。具体采取的方式通常包括改进流程、改善管理方式、调整组织结构、完善激励措施、重新配置资源、调整培训计划等。

3. 修订控制标准

当因为标准不合理，使得实际绩效与控制标准之间存在较大差异时，可以采取提高标准和降低标准两种方式。标准的修订在管理控制中是不可避免的，这是由于在组织管理中，一些不确定因素的影响往往难以预测，环境的变化会导致预算目标和控制标准的变化。从某种意义上说，预算实施控制就是一个不断制定标准、实施标准、修订和完善标准的过程。当然，在酒店预算管理中要尽可能避免这种情况的发生。

三、餐饮预算执行结果分析

要确保酒店餐饮预算的有效执行，并对下一年度的预算提供科学的依据，就必须通过比较分析方法对预算执行结果进行评价，以及时发现问题与解决问题。比较分析又称对比分析，即通过对同名指标相互间所进行的对比来确定指标间的差距。一般常用的对比主要有以下几种。

（一）计划对比分析

以计划为标准，将报告期实际数与同期的计划数相比。通过这种对比，可以使酒店了解计划的完成情况、进度，发现实际结果是否符合期望或理想的标准，以便及时采取必要的措施，解决计划执行过程中存在的问题，保证计划的实现。但是，计划往往带有一定的主观性，计划标准也很难制定得恰到好处，可能会偏高或偏低，也可能会因客观情况的变化而失去公正衡量的意义。因此，在以计划作衡量标准时要客观如实地制定计划标准并及时予以修正。

（二）历史对比分析

以历史为标准，将报告期实际数与去年同期或本酒店餐饮经营历史最好水平相比，即纵向的对比。与本酒店餐饮经营历史比较，其优点是具有高度的可比性，可以帮助酒店了解餐饮经营在某些方面是否已有了改进，了解餐饮经营活动的规律，发现企业经营的纵向变化发展。但是，历史标准只能说明过去，特别是在客观环境或企业已有重大变化的情况下，这种对比就不够合理公正。因此，比较时应注意对历史数据作一些必要的调整。

(三)同行对比分析

以同行业为标准,将报告期实际数与本地同行业的平均水平、先进水平相比,或是与国内外同行业的水平相比,即横向对比。通过这种对比,可以使酒店了解本企业餐饮经营在同行业中所处的水平,以及与先进水平的差距,促使酒店改善经营管理。

第二节 餐饮收入与成本管理

一、餐厅收益管理

收益管理诞生于20世纪80年代,最早是由民航系统开发的一种谋求收入最大化的经营管理技术。由于酒店餐饮经营具有接待容量限制性、顾客消费的不确定性等特征,要实现理想的餐饮经营效益,就必须实施收益管理,即在合适的时间,以合适的价格,为合适的顾客提供合适的餐饮产品。

(一)餐饮收益管理的绩效指标

不难看出,提高酒店餐饮收入的基本途径不外乎两条:一是提高餐位上座率;二是提高人均消费水平。但从现实来看,这两者往往是矛盾的。餐厅收益管理,关注的焦点就是如何寻找到一个餐位上座率与人均消费的最佳结合点,以提高餐厅收益的最大化。那么,怎样衡量餐厅收益管理的绩效指标?从直观上来看,餐饮收入主要取决于餐位上座率和顾客平均消费额这两个指标,但是餐位上座率只看重顾客数量,人均消费只看重顾客消费金额,这两个指标均难以客观衡量餐饮收益的最大化,所以必须设计一个可以正确考量收益管理绩效的基本指标。这个指标就是餐厅收益率,即每个与时间相关的存货单元上的收益。由于餐厅提供的产品可以定义为一个座位的可用时间,餐厅收益率可以具体表示为每小时每个座位上产生的收益,即每餐位小时(revenue per available seat hour,RevPASH)。

我们用(t_1,t_2)表示考察时段,$TR(t_1,t_2)$表示该时段的收益,S表示座位数,$S(t_1,t_2)$表示该时段内接受服务的顾客数,D表示顾客平均用餐时间,那么该时段的收益率为:

$$\text{RevPASH} = \frac{TR(t_1,t_2)}{S \times (t_2 - t_1)} \tag{1}$$

用SO表示上座率,则:

$$SO = \frac{S(t_1,t_2)}{S \times T} \tag{2}$$

其中$T = \frac{t_2 - t_1}{D}$为翻桌数。用AC表示平均消费额,有:

$$AC = \frac{TR(t_1,t_2)}{S(t_1,t_2)} \tag{3}$$

比较发现三个指标存在如下关系:

$$\text{RevPASH} = SO \times AC \div D \tag{4}$$

之所以 RevPASH 作为衡量餐厅收益管理绩效的基本指标,原因有以下三种[1]。

第一,RevPASH 考虑的时间因素,能够全面反映餐厅的创收能力。众所周知,餐厅的生产能力受时间的限制,在衡量餐厅经营水平高低的标准时,必须考虑时间因素。RevPASH 是一个比较全面衡量餐厅创收能力的标准,因为它反映了顾客的餐饮人均消费水平以及餐桌使用率方面的取舍情况。例如,如果餐桌使用率提高而顾客人均消费水平下降,餐厅的 RevPASH 仍然可以维持不变。相反,如果餐厅增加了顾客的人均消费水平而稍微降低餐桌的使用率,餐厅的 RevPASH 仍然可以维持不变。

第二,RevPASH 能指引餐饮管理者改善管理,提高收入。餐厅的基本销售单位(餐位)不仅具有不可储存性,而且可以在较短时间内多次售出,多次翻台。如果仅用上座率来衡量餐厅效益,在平均消费额偏低的情况下,高上座率会导致利润水平偏低,而如果仅用平均消费额衡量餐厅效益,在高需求时段,高额消费的顾客用餐时间往往比较长,会减少翻桌的机会。RevPASH 不但考虑了顾客数量和平均消费额,还与顾客用餐时间相关,是一个更为全面的衡量指标,有助于餐饮管理人员全面分析影响餐饮收入的各种要素,根据自己不同的市场环境,找到重点突破的环节,以有效提高餐厅收入。

第三,使用 RevPASH 指数有助于对不同地区的餐厅经营情况进行比较。由于生活指数和物价指数存在地区性差异,不同地区餐厅的收费标准和顾客的消费水平不同,平均每位顾客消费金额也会不同。例如,一家酒店集团在上海和浙江的衢州各有一家酒店。上海那家酒店顾客的餐饮人均消费金额为 110 元人民币,衢州那家酒店的餐饮人均消费金额为 70 元人民币。由于上海的物价和消费水平比衢州高,所以,比较人均消费并不能有效说明哪家餐厅经营得更好。使用 RevPASH 指数能消除地区生活水平和物价差异的影响,有效地比较不同地区的餐厅的经营情况。

(二) 餐饮收益管理的基本步骤[2]

美国康乃尔酒店管理学院的卡尔莫斯教授认为,通过实施收益管理来提高餐饮收入,需采取以下五个基本步骤。

1. 设定基线

设定基线,即要准确计算餐厅每餐位单位时间平均收入(RevPASH),设立基本的目标。餐厅经营管理人员必须收集顾客预订餐位和到达的规律、用餐时间、对食品和服务的偏好(不同类型的食品和酒水的销售情况)、顾客的消费金额等的信息和数据。其实,这些信息和数据的收集并不难,可以从不同渠道获得,如餐厅的过账系统(POS system)、顾客的账单以及专门组织的问卷调查等。一旦收集到这些信息和数据,便可用统计的方法算出它们的平均数、众数和标准差等,最后算出 RevPASH 的指数,参考同行的情况,确立可以衡量本餐厅工作绩效的 RevPASH 标准。

2. 理解潜在的驱动因素

收集到基本的数据后,餐厅经理应该分析影响用餐时间和 RevPASH 表现的因素是什

---

[1] 该部分参考胡质建编著的《收益管理》第九章酒店全面收益管理的相关内容编写。
[2] 转引自胡质建编著的《收益管理》第九章酒店全面收益管理。

么,如是用餐时间还是餐位数量和种类。餐饮经理可以通过绘制和使用一些常用的管理分析工具图,如生产服务流程图、因果图(又称鱼骨图)等,分析从顾客预订餐位到坐下点菜,享用食品,再到结账离店全过程的环节,思考为何顾客的用餐时间太长等问题。

3. 提出整改意见

在发现问题及原因之后,餐饮经理应该提出纠正和解决这些问题的建议和意见,也许是减短用餐的时间,或者是修正服务程序,加快点菜的时间、食品制作的时间,或者是简化传菜和上菜的程序等,还可能涉及迎送顾客的程序以及结账的程序等。

4. 调整和实施

餐饮收益管理要成功,必须确保餐饮各级管理者及所有员工理解餐厅收益管理的策略,使他们理解各自在餐厅收益管理过程中的角色、责任和作用,以及收益管理策略对他们的影响。另外,也有必要把收益管理方面的责任纳入他们的奖励计划之中,以激励他们做得更好,并因此得到奖励。

5. 跟踪监控结果

在设立了基线和实施餐厅收益管理的策略之后,餐厅管理者必须将实施的效果与基准进行比较,例如将 RevPASH 以及平均用餐时间与基准相比,分析和诊断餐厅遇到的问题,提出进一步改进的方法。

(三) 餐饮收益管理的基本策略

根据影响餐厅收益管理绩效的基本因素,提高餐厅收益的基本策略主要有以下几个。

1. 价格管理策略[①]

餐饮产品的价格会影响客源市场和餐厅的营收水平,餐饮产品具有价格形成特殊性、价格水平灵活性、价格形式多样性、价格管理时令性的特点,在进行价格管理时要注意其特点,根据市场竞争需求和自身需求,选择合适的价格策略。

1) 时段差价

在市场需求高峰期和需求低峰期差别定价的方法应体现在执行价格的折扣上,而不是在菜单上显示不同的价格。在需求高峰期制定一个相对较高的价格,平时或淡季向顾客提供折扣价格,而不是在需求高峰期直观地提高价格,更能让消费者觉得公平。所以,餐厅在不同的销售时段进行直观的差别定价,顾客会感到很不公平,这就需要管理者应用适合顾客消费习惯和行为的方法,使顾客感到既合理又不失公平。否则,顾客会因此而离去,给餐厅带来收益损失。根据市场需求的不同,在每天或每个星期的不同时段可以推出不同的折扣价格。例如,餐厅可在市场需求低峰期通过为顾客提供特价早餐、特价菜、买一送一、免费品酒或现场音乐等服务来吸引顾客。而这些策略并没有使顾客感觉到餐厅对价格进行了调整,以使餐厅在市场需求高峰期取消这些特价时顾客不会感觉到不公平。

2) 会员奖励

开设会员俱乐部,为会员提供消费奖励积分服务。这些奖励积分在顾客消费时可起到让顾客享受折扣优惠的作用。

---

① 组长生.饭店收益管理[M].北京:中国旅游出版社,2016.

3）产品差价

基于不同的细分市场可以进行差别定价。例如,散客和团体顾客的就餐价格通常是不同的,餐厅一般会给团体顾客一定的折扣价格,通过销售量的增加来获取更大的收益。团体顾客中,也可通过价格等级来进行差别定价,如婚宴的最低价格等级要高于会议或旅行团的最低价格等级,而高级商务宴请的最低价格等级又高于婚宴的最低价格等级等。

2. 时间管理策略

一般来说,餐厅提供服务的流程如图 9-1 所示,时间构成主要包括顾客等待时间、顾客用餐时间和翻桌间隔时间。

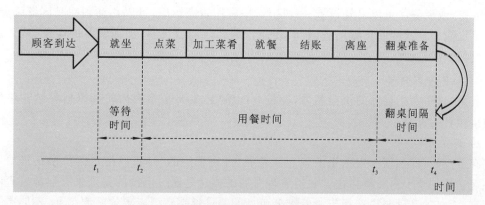

图 9-1　餐厅服务时间的构成

一般来说,餐厅的翻桌间隔时间比较容易控制,而顾客的等待时间与就餐时间是不可控的。顾客的等待时间取决于顾客到达时间和当时的座位占用情况,用餐时间则是受到个性特征、消费心理等因素的影响。因此,餐厅的时间控制主要目标在于降低等待与就餐时间。降低顾客的等待时间可以让顾客减少不满,能在第一时间进入餐厅用餐,而减少用餐时间则能使得餐厅的上座率加大而增加餐饮收入,并降低餐饮的相关费用,可以通过以下三大策略来提高收益管理水平。

1）提高点菜速度

从上可见,顾客点菜时间是顾客用餐时间的重要组成部分,提高点菜速度,既能节省顾客的时间成本,也能有效缩短顾客占用餐位的用餐时间,可谓一举两得。其可采取的措施主要有:

第一,优化菜单设计,即通过合理的菜单设计有效提高顾客的点菜速度。例如,在菜单中对菜系和价格进行清晰的分类、采用菜点实物图片等,有助于顾客很快发现他们想要而且适合他们的菜品,从而缩短顾客点菜的时间;又比如,对于制作时间长或过程复杂的菜点,可以采取提前预订制度,以免因此而导致顾客的无效等待。

第二,优化服务流程,即通过服务流程的合理设计,缩短顾客等候点菜的时间。比如用餐高峰时段,请顾客在门口等待时,可以让顾客提前进行浏览菜单并点菜,既能减少顾客等候时间的概念,又能提升顾客的用餐速度。

第三,提高点菜技巧,即通过服务员对顾客的正确咨询引导与及时适度的帮助,以提高顾客的点菜速度。

2）提升服务能力

顾客用餐时间与出菜速度与服务效率有紧密关系，所以要有效缩短顾客的用餐时间，酒店必须通过采用先进的科学技术手段、合理的资源分配、科学的任务调度、娴熟的生产服务技能，提高餐饮产品的生产与服务能力。

3）制定激励策略

经常会有情侣或其他团体在就餐结束后停留交流，从而导致时间延迟的情况，针对这种情况，餐厅可以使用优惠政策引导顾客及时结束就餐，比如顾客在一定时间内结束就餐可以获得一定的优惠折扣，或者增加强制性时间限制，在超过餐厅营业时间后需要支付一定金额的服务费，或者餐厅可以另外设置一片区域，顾客用餐完毕后，可以移动到甜品区继续交谈，这样不仅能缩短顾客的正餐用餐时间，还能让顾客增加愉悦感，加深顾客的印象，从而使得顾客进行二次消费。

3. 容量分配策略

容量，这里是指餐厅的供给能力，容量分配策略，主要是指在何时和以何种结构供给何种类型顾客的策略。

1）存量控制

存量控制，即预留一定数量的餐厅或者餐位，在特定的时间，以特定的价格销售给理想的顾客。菲利普·科特勒指出："收益管理背后的概念是通过定价的差别来有效地管理收益和库存，而它的基础是被选择出来的细分市场的需求弹性。"酒店餐饮客源多元，不同类别的顾客消费的需求、消费特点各有差异，其消费行为模式也不一样。比如，家宴顾客一般仅使用餐厅，而且一般只有一到两餐，而会议顾客不仅使用餐厅，还会使用客房、租用会议设施、使用商务中心的服务等。商务宴请与零点散客的消费也不同。在某些特定的时段，整个餐饮市场往往存在某类餐厅严重供不应求的情况。据此，酒店就应思考是否需要选择理想的顾客类型，以实现餐饮及整个酒店效益的最大化。例如，不同婚宴顾客的选择，婚宴顾客与会议顾客的选择，一天会议顾客与三天会议顾客的选择等，不同的选择最终将决定不同的餐饮与酒店经营收益。

2）餐位组合

尽管酒店餐饮供给能力在很大程度上受到设施规模、员工数量和流程能力的限制，较为固定，然而其供应结构却具有一定的灵活性。如果一个餐厅的座位组合可以更好地与顾客的需求相匹配，就可以实现更高的收益。餐位组合的优化，关键需要思考的是不同大小、形状餐桌的结构与比例，既要考虑零点餐厅的配比，也有考虑包厢餐桌大小的配置。其配置的基本依据是餐厅的性质、定位、客源结构及用餐习惯等，在此基础上考虑餐桌配置的模式。一种是可拼拆式餐桌，另一种则为固定式布局。可拼拆式餐桌多为小容量餐桌，譬如2人桌或4人桌，如果顾客用餐人数多于4个人，则可通过拼桌来解决。固定式布局是指餐桌椅组合一旦设定，无论顾客的需求如何，都不会改变，顾客只能按现有的布局落座。当然，固定布局并不是一成不变的，而是指在与市场需求和客源结构相适应的情况下保持相对的固定。当市场需求发生变化或客源结构变化时，需要根据变化后的市场或客源结构情况来调整。

3）预订保证

餐饮管理者通常无法预知当天有多少顾客到店用餐或预订顾客有多少会取消就餐，即便是开展了预订业务,餐饮管理者还是难以通过预订的方式来获得顾客到店的信息,掌握顾客到店的情况,因为并非所有的顾客都能严格遵守他们承诺,总是会有顾客不到,从而给餐厅带来潜在的餐位闲置风险。那么,如何解决顾客到达不确定性的问题呢?一是及时核对预订。有些顾客提前很长时间就预订餐厅,但会有一些顾客因为种种原因而无法如期抵达,但不是所有顾客都会主动通知酒店。餐饮预订部门要在顾客抵达前通过电话与顾客进行多次核对,一旦变更,迅速做出调整,并通知相关部门将餐厅重新预订或销售给其他顾客。二是增加保证类预订。收取预订金,将风险合理转嫁给顾客,尤其在酒店营业高峰如节假日、结婚的好日子、当地重大经贸活动时,更需如此操作。三是签订团体协议时设置限制性条款。由于多种原因,团体顾客出现预订失约对于酒店餐饮造成的损失相对也较大。所以,酒店与团体组织者签订协议时可考虑设置一些限制性条款,以增加团队顾客取消餐饮、会议消费的门槛与成本。

经典案例 西餐厅的收益管理

P 酒店的西餐厅位于繁华的商业中心,它的目标顾客明确地指向青年人、白领和家庭,消费形式以朋友聚会、家庭聚会、情侣约会为主。该餐厅大厅内共有 42 张餐桌,其中 36 张 4 人桌,3 张 2 人桌,3 张 6 人桌。增加客流量不再是 P 餐厅的主要问题,相反,很多顾客抱怨排队等候时间太长。为了发现顾客用餐时间规律,我们对餐厅环境、服务流程、顾客用餐时间和消费行为等进行了观察和记录,得到了一份包含 200 个团体用餐信息的数据资料。

200 个用餐团体可分为不同的类型,如表 9-1 所示,大部分用餐团体类型为 2~3 人,2 人的占 82.5%,3 人的占 12%,4 人的占 4%,而 1 人与 5 人以上的团体数量极少。

表 9-1 用餐团体类型

团体类型	1 人	2 人	3 人	4 人	≥5 人
频数	2	165	24	8	1
比例	1%	82.5%	12%	4%	0.5%

可以根据以上数据计算出餐厅的上座率数据,如表 9-2 所示,高峰时段为周末两天的 17—19 时,顾客需要排队等候 30 分钟左右,但最高上座率却只有 55%。

表 9-2 上座率

	不同时段的上座率(%)					
时间段	15—16 时	16—17 时	17—18 时	18—19 时	19—20 时	20 时以后
周二	3%	8%	19%	27%	9%	4%
周三	6%	10%	19%	36%	30%	12%
周六	32%	25%	43%	55%	49%	30%
周日	26%	27%	34%	32%	18%	6%

从表9-3、表9-4中我们可以看到总服务时间及各个子时间段的平均值、标准偏差、最大值、最小值和时间比例。由于个别子时间段的最大值与最小值之间差距过大,造成了标准偏差较大(如就餐时间的最大值120,最小值17,标准偏差18.31)。此外,在整个服务时间中,等待时间与顾客就餐时间所占比例较大(如等待时间占7.78%,就餐时间占74.71%)且相对不固定,而备餐时间、结账时间、翻桌时间比较有规律,随机性小。

表9-3 服务时间及构成

指标 服务时间	平均值	标准偏差	最大值	最小值
等待时间	4.67	4.13	33	0
点菜时间	2.24	1.95	10	1
备菜时间	3.82	1.69	15	1
就餐时间	44.88	18.31	120	17
结账时间	1.59	0.79	6	1
离座时间	1.63	2.37	14	0
翻桌时间	1.24	0.49	3	0
总服务时间	60.07	19.59	142	29

表9-4 时间比例

时间	等待	点菜	备菜	就餐	结账	离座	翻桌
比例	7.78%	3.73%	6.36%	74.71%	2.65%	2.71%	2.06%

根据观察结果及数据分析,可以看出,P酒店西餐厅收益管理的主要目标在于降低等待与就餐时间的均值和方差,可以运用以下策略。

(1) 改进座位组合,优化容量分配。在P餐厅原有的座位组合里,42张餐桌中有36张4人桌。从表9-1数据来看,2人用餐团体占82.5%,从表9-2数据来看,上座率为3%~55%,即在最高峰时段餐厅仍有近一半的空余座位,由此可见,P餐厅应该增加2人桌数量,减少4人桌数量。此外,在高峰时段(如周末17—19时),随着顾客数量的增加,在原有座位组合类型下,顾客平均等待时间会大幅度延长,导致顾客的不满情绪增加,甚至流失,通过调整座位组合类型,顾客的平均等待时间会大大缩短,餐厅的服务效率也将有所提高,从而更好地实现服务能力与顾客需求的平衡。

(2) 提高员工的服务能力,优化服务流程。从表9-3、表9-4的数据来看,等待时间占总服务时间比例较大,应该从员工的服务能力和服务流程方面进行改进。首先,在高峰时段,餐厅有大量的排队顾客,如果能够让正在排队等候的顾客预先浏览菜单并点菜,就会在减少顾客等待时间的同时减轻厨房的备菜压力。其次,在这个时段可以增加服务人员数量并培养多面手以满足大工作量的要求。最后,顾客一般花费较长时间研究菜单,餐厅应加强培训,使员工熟悉菜单内容并提高沟通能力,使顾客尽快明了菜的品质和特色所在,在就餐高峰时段应尽量避免推荐制作时间长或工艺烦琐的菜品。此外,由于不少顾客停留饭桌时间过长,因而可以在餐厅显著位置悬挂时钟发挥视觉暗示作用,或者密切关注顾客就餐进程,在征得顾客同意的情况下,及时清理餐具以节省翻桌时间。

(资料来源:蔡万坤.餐饮管理[M].4版.北京:高等教育出版社,2014.)

二、餐饮收入管理

(一)餐饮收入内部控制

1. 餐饮收入的特点

餐饮和客房是酒店营业的两大支柱,与客房收入内部控制相比,餐饮收入内部控制有以下特点。

1) 餐厅种类多,相应的收银点多

同一家酒店可能有几个甚至十几个风格、主题、服务方式、服务时间不同的餐厅、酒吧,每个餐厅都需要设置相应的收银点。

2) 餐厅服务项目繁多,价格差异较大

餐厅提供的服务项目既有食品、菜肴,又有酒水、饮料,还有香烟及其他服务。各种服务项目价格各异,因此,计价的工作量较大。即使是同一种服务,在不同的餐厅或不同的时间,收费标准也出入很大,有的要设最低消费,有的要给折扣,名目繁多。

3) 餐厅空间大、人员流动性大

餐饮营销活动是在一个较大的空间内进行的,服务及管理需要较多的人手,顾客及服务人员都处于流动之中,这些都为控制餐饮收入增加了一定的困难。

总之,餐饮收入的内部控制既重要又有难度,需要我们从实际出发,调查研究,根据上述特点进行管理和控制。

2. 餐饮收入常见的舞弊和差错现象

在酒店餐饮工作中,常见的舞弊和差错现象主要有以下几种。

1) 走单

走单是指故意使整张账单走失,以达到私吞餐饮收入的目的,其作弊的方法是:①有意丢失或毁掉账单,私吞相应的收入;②不开账单,私吞货款;③一单重复收款。通常一张餐单只能用一个对象,收一次钱,但收银员或其他人取出已收过钱的餐单向另一台顾客收款。由于同一张餐单收了两次款,则可把其中一次的账款装入私囊。

2) 走数

走数是指账单上的某一项目的数额中的一部分走失。其作弊手法是:①擅改菜价,在结算时把价格高的项目金额擅自减小,或者开账单时,把实际消费的价格高的餐饮换成价格低的项目,使实际收取的餐饮费用小于应该收取的费用;②漏计收入,在结算时故意漏计几个项目,以减少餐单上的餐饮费用总额。

3）走餐

走餐是指不开账单，也不收钱，白白走失餐饮收入。其手段是：餐厅服务人员与顾客串通一气，顾客用餐后，让其从容离去，而不向其结算餐费或顾客实际消费的菜肴式样多，而送到收银台结账的菜肴单少，使顾客少付款。在餐饮服务人员的亲朋好友用餐时，这类作弊尤易发生。

4）差错

酒店餐饮收入工作繁杂，计算、汇总环节多，即使完全杜绝了舞弊问题，也不能绝对保证营业收入永远正确，差错时有发生。常见的差错主要表现在以下方面：一是餐单遗漏内容或计算错误；二是外汇折算不正确；三是给予顾客的优惠折扣错误；四是餐单汇总计算发生错误。

3. 餐饮收入内部控制的基本程序

餐饮收入活动涉及钱、单、物三个方面。三者的关系是，物品消费掉，账单开出去，货币收进来，从而完成餐饮收入活动的全过程。在钱、单、物三者之间，物品是前提，因为物品不消费，其余两者都是空的；货币是中心，因为所有控制都是紧紧围绕款项收进而进行的，保证正确无误的收进货币，是内部控制的基本任务；单据是关键，因为物品是根据单据制作和发出的，货币是根据单据计算和收取的，失去单据，控制就失去了依据。因此，设计餐饮收入内部控制的基本程序，既要把握三者的有机联系进行综合考虑，又要对三者分开单独进行考察和控制。为此，许多酒店一般采用"三线两点"的运作程序，加以控制。

1）物品传递线

一般来说，餐饮物品的传递是，自厨房取出始，送经餐台至顾客消费掉为止。但从内部控制的角度上看，餐饮物品送到餐台上至顾客消费掉，仍不能看作是物品传递的结果，而应该把这部分物品传到财会成本部门计出成本为止。这一传递线主要是由代表食物的单据的传递所构成。这个单据即是"点菜单"。酒店对物品（或称出品）的控制就是通过点菜单来进行的，其具体的步骤如下。

第一，餐厅服务员根据入座顾客的要求开出点菜单。点菜单一式三联，一联为记账联，二联为取菜联，三联为配菜联。

第二，餐厅服务员把一式三联的点菜单交给收银员盖章，收银员留下一联，用于开立或打印账单，其他两联退还给服务员。

第三，服务员自己留存一联取菜单，或送至划菜台，把第三联取菜单送到厨房或酒吧。

第四，厨房或酒吧根据点菜单制作菜肴或配制酒水。

第五，送菜员将菜肴或酒水送到餐台上。

第六，每班结束后，厨师或调酒师把点菜单按餐厅名称及编号顺序整理好交送其主管。

第七，厨房及酒吧主管将各厨师或调酒师交来的点菜单进一步汇总整理，交送财务部。

2）餐单传递线

餐单是餐费账单的简称，其传递的程序如下。

第一，收银员将点菜单的内容键入收银机（没有收银机的则开立账单），打印出餐单，并把点菜单附在其后，按餐台号码的顺序排放好，等待顾客结账。如果服务员又送来点菜单，属于自己打印出餐单的餐台，即该餐台的顾客又增要菜肴或酒水，收银员应该按照服务员开来的取菜单上的餐台号,再键入收银机,接着餐单上面的项目打印餐单。

第二,顾客结账时,打印餐单的下角,即计结餐单的总金额。根据餐单的最后总金额向顾客收款,并把结完账的餐单按餐单的编号顺序放好。

第三,每班或每更结束时,根据餐单编制本班或本更收银员报告(见表9-5),并在收银机上打印出本班或本更的收入情况记录纸带,将纸带与收银员报告核对后,连同餐单一起交到夜间稽核处。

表 9-5 收银员报告

餐厅名称_____ 班次_____ 日期_____

项目	金额	更正		总计
		金额	账单号码	
食品				
饮料				
服务费				
杂项				
…				
总计				
现金				
房客				
挂账				
信用卡				
款待费用				
…				
总计				

收银员报告主要由两大部分组成,即收入项目和结算项目。收入项目的合计数额必须与结算项目的合计数额相等。收银员报告中的更改栏目是用于修改已输进收银机但在结账后发现记错的项目,如把应属酒店开支的款待费账单误作挂账结算账款,或应记入食品项目的误记到饮料项目里等,这就需要更改。更改时用正数表示调增,负数表示调减。无论调增还是调减,需更正的账单号码一律在"账单号码"栏里填写清楚,有几个账单就填几个账单号码。最后一栏"总计"是更改后的金额。

3) 货币传递线

货币传递线的基本程序如下。

第一,收银员根据餐单向顾客结算收款。顾客检查后,把款放在托盘上,由服务员交到收银台并负责传递找零。这种结账方式,一方面避免收银员直接接触顾客,减少发生错弊的机会,另一方面餐厅提供了全套服务,方便了顾客。在餐单结算时,如属信用卡、挂账、支票等非现金结算,收银员应严格按照有关程序办理结算。

第二,收银员下班时,按票面清点现金,填写交款信封,将现金装好封妥后,投进指定的保险箱,或送交财务部。

第三,总出纳员与监点人一起打开保险箱,点收当日全部收银员投交的现金,并将现金送交银行。

第四,根据现金送存银行的回单,编制"总出纳员报告",并把银行回单附在此报告上,送交日间收入稽核对员审核。

上述三条传递线,最后形成三个终端,在三条传递线的终端设置两个核对点,从而将三条传递线对接起来控制。

4) 点菜单与餐单核对点

收入稽核人员将厨房交来的点菜单与收银员交来的餐单进行核对,以检查或测试餐单上的项目是否与点菜单的项目相符,即餐单是否完全根据点菜单的内容开立、有无遗漏。如有不符,应追查原因并写出处理报告或建议。其基本内容和程序如下。

第一,检查餐费账单是否清晰、整洁,有无数据重叠,乱改乱画的情况。有的收银员为了掩盖自己的作弊行为,把账单打印得乱七八糟,让人难以辨认真实的金额,检查时,如发现数据重叠,打印很乱的账单,应特别留意其中是否有舞弊行为。

第二,检查费用账单制作是否符合规定的要求,其内容主要有以下几点。①是否有金额总计。收银机打印的账单,一般最后在账单的右下角打出金额总计。个别收银员有时处于某种目的往往不打印金额总计或打印的不完整。发现这种账单,一定要追查原因。②挂账的账单是否符合规定的手续。③酒店款待的账单是否符合规定的制度。④作废的账单是否有餐厅经理的签名等。

第三,检查餐费账单与后面所附的菜单项目是否相等。主要内容有:①检查餐费账单上的人数、桌台号等内容与点菜单是否一致;②逐项检查餐单的项目是否与点菜单的项目一致,各项目的单价金额是否与菜单上的单价相符,有无漏记项目、少计金额等情况。

第四,检查含有取消项目的餐单。审核其所取消项目是否有此权限人员的签字。

5) 餐单与货币核对点

餐单与货币核对点主要应该检查以下内容。

第一,核对收银员报告的项目与总金额。收银员交来的餐单都是按照现金、挂账、信用卡、应酬费、房客签单等结算方式分类的,应把这些种类的账单分别加总与收银报告的相同项目进行核对,然后再将各类餐单加总与收银员报告的总金额核对。

第二,核对账单使用情况。收银员报告下面填有账单使用情况的数字,在核对完金额后,应检查收银员所填的账单使用总数和各个项目使用数与交来的各类账单数目是否相符。

第三,核对餐饮收入日报表中的现金结算数与总出纳员交来的总出纳员报告及银行存款回单,根据核对的结果,编制现金收入控制表并对现金溢缺写出追查结果的报告。

(二) 餐饮应收账款控制

餐饮应收账款,是指酒店餐饮产品已经销售但款项尚未收回的赊销营业收入。酒店可以通过内部的管理,通过自身信用政策的变化,来改变或调节应收账款的数额,对餐饮应收账款加以控制。

1. 信用期限

信用期限,是指酒店允许顾客推迟付款的时间。酒店信用政策在期限上的变化,无非是将信用期限延长或缩短。

延长信用期限,给顾客的信用条件就较为优越,因此可以增加酒店的竞争能力,刺激销售。但是,信用期限的延长也造成了平均款期的延长,结果使得酒店占用在应收账款上的资金增加,酒店需要另外筹资填补这一部分流动资金的短缺。同时,也由于平均收款期的延长,使得餐饮应收账款得不到回收的可能性增大,有可能增加坏账损失。因此,酒店是否延长信用期限就取决于信用期延长后的利润增加部分,即增量利润数值的大小。

2. 信用标准

信用标准,是指酒店同意给顾客以信用所要求的最低标准,即什么样的顾客才可以得到信用。从酒店角度来看,如果信用标准很严,只给信用最好的顾客赊欠,那么酒店遭受坏账损失的可能性就很小,与信用管理相关的许多费用也可避免。可是,酒店一旦采用了这种严格的信用标准,那么在减少风险的同时,势必也会失去一部分机会,丧失一部分顾客的消费和由这一部分收入产生的利润,更何况这种失去的收益可能会大于所希望避免的支出。因此,同样应对增量利润的变化做出分析。

酒店在考虑信用标准时,最根本的一点是要对顾客的信用做出评估,一般主要考虑以下一些问题:顾客的品质,即顾客履行偿债义务的可能性;顾客偿还欠款的能力,通过咨询调查,包括其资本、盈利等情况,了解其在信用期满时的还款能力;顾客的财务状况,即顾客的有形净资产和获利可能性;顾客的抵押品,必要时能否提供银行担保或预付保证金;经济情况,社会经济形势、地区经济的发展对顾客的影响;其他需要考虑的问题。

3. 收款方针

收款方针是指酒店对超过信用期限尚未付款的餐饮应收账款所采用的收款程序。

酒店对逾期未付的餐饮应收账款,可以采用各种不同的方式加以催收。但是,这种催收有时候也可能导致付出较大的代价。例如,如果收款方针过紧,催收过急,就可能得罪那些并非故意拖欠的顾客,造成信用上的损失。一般来说,酒店可采用信件、电话或派人登门催收。在催收过程中,有时也需要必要的妥协,例如,有时可能顾客确有困难不能支付,那么通过协商同意,可再延期付款。

酒店收款方针的松紧,直接影响酒店餐饮营业收入、平均收款期、坏账损失和收款费用,进而影响着酒店的利润。

(三) 顾客逃账防范管理

到餐厅就餐的顾客,偶尔会出现个别顾客恶意逃账的事件。虽然数量不多,但一旦发生,也会给餐厅带来损失。因此,酒店应设计程序,尽可能减少损失。顾客逃账一般有下列几种情况。

1) 顾客使用假信用卡或无用的支票

对此,收银员必须严格遵守接受信用卡付款程序,执行信用卡公司有关接受信用卡之前必须得到许可的所有规定。顾客必须在信用卡付款凭单和客账单上签名,员工应认真核对信用卡付款凭单所需的各种信息,并对未正确填写的凭单负责。不可接受过期的信用卡或

本酒店不予使用的信用卡。

2）利用服务人员疏忽逃账

顾客用餐接近尾声，利用服务人员忙于服务其他顾客时溜之大吉，或者借上洗手间、接听电话为名而逃之夭夭。对此，酒店应通过对服务人员的培训，及时注意即将吃完及准备离开的顾客。另外，对于顾客流量大、用餐时间相对集中的餐饮产品，如自助餐、快餐等，可采用先付款后消费的管理方式。酒店还可采取绑定顾客的手机号的办法。现在，流行的手机点单或者在顾客使用餐厅Wi-Fi时留存顾客的手机号，该顾客逃账时，可以及时联系顾客或者通知警方，以追回账单。

3）用假钞付款

一般说来，除了特别专业化的伪造之外，服务人员是不难发现假钞的。发现之后，酒店应立即通知当地公安机关，并记下顾客姓名。虽然这类顾客并不一定是伪造者，但他们往往能提供一些破案的线索。

三、餐饮成本管理

餐饮成本管理，就是按照酒店规定的成本标准，对餐饮各成本因素进行监督和调节，及时揭示偏差，采取措施加以纠正，将餐饮实际成本控制在计划范围之内，保证实现企业成本目标。餐饮成本管理关系到餐饮的质量和价格，进而影响酒店营业收入和利润，也将关系到顾客的利益。

（一）餐饮成本构成

餐饮成本可以分为狭义与广义成本。狭义的餐饮成本是指餐饮的原材料成本；广义的餐饮成本则是指餐饮产品制作和销售餐饮所支出的各项费用。广义餐饮成本构成主要包括三个方面，即食品原材料成本、人工费用和经营费用。

1. 食品原材料成本

食品原材料成本是指生产加工食品实际耗用的各种原料价值的总和，即原材料成本。依据不同的原料在菜点中的不同作用，大致可以分为三类，即主料、辅料（也叫配料）和调料。

（1）主料，即制成某一菜点的主要原料。其特征或是数量多，或是价值高，或两者皆备。如韭芽炒蛋中的蛋，是该菜点的主要分量，而海参锅巴里的海参，虽数量不占主要部分，但价值较高，构成该菜点的主要成本。

（2）辅料，即制成某一菜点的辅助材料，其特点正好与主料相反。如滑炒鸡皮中的青椒、香菇、鸡蛋和香干炒肉丝中的香干丝。

（3）调料，即烹制菜点的各种调味品，如油、盐、酱油、酒、葱、姜、蒜等。调料在单位产品里用量虽小，但在菜点的调味中起着很大的作用。

2. 人工费用

人工费用是指在餐饮生产经营活动中耗费的活劳动的货币表现形式。它包括工资、福利、劳保、服装费和员工用餐费用。人工费用率仅次于食品饮料的成本率，因而也是餐饮成本中的重要支出。

3. 经营费用

经营费用指餐饮经营中，除食品原材料和人工费用以外的那些支出，是餐饮生产经营过程中发生的管理费用、财务费用和销售费用。包括房屋租金、生产和服务设施的折旧费、燃料和能源费、餐具用具及其他低值易耗品费、采购费、绿化费、清洁费、广告费、公关费和管理费等。

（二）餐饮成本类型

餐饮成本与其他成本一样，可以按多种标准进行分类，分类的目的在于根据不同成本特征采取不同的控制策略。

1. 固定成本、变动成本和半变动成本

从餐饮成本的性质分类，餐饮成本可以分为固定成本、变动成本和半变动成本。

1) 固定成本

固定成本是指在产品销售量发生变动时并不随之增减变动的成本，即当产品销售量有较大变化时，成本开支的绝对额一般相对稳定。在餐饮成本中，固定员工的工资、设施设备折旧费等，均属于固定成本。这些成本即使在酒店没有销售量的情况下也会照样发生。

2) 变动成本

变动成本是指随着产品销售量的变动而相应变动的成本，即当产品销售量增加时，其绝对额同方向、成比例地增大；反之，随着销售量的减少，成本发生额便会同方向、成比例地减少。食品成本、饮料成本、洗涤费等，均属于变动成本。

3) 半变动成本

半变动成本是随着产品销售量的变动而部分相应变动的成本，它与销售量不是成比例发生变动。它是由固定的和变动的两部分组成，如人工总成本、水电费等。以人工总成本为例，餐饮部员工可分为两类，第一类员工为固定员工，第二类员工属临时员工，其人数不确定，随业务量的变化而变化，如餐厅服务员。由于第一类员工工资总额不随业务量的变动而变动，而第二类员工的工资总额随着业务量的变动而变动。因此，人工总成本是半变动成本。

2. 可控成本和不可控成本

从成本管理角度分类，餐饮成本可以分为可控成本和不可控成本。

1) 可控成本

可控成本是指在短期内可以改变其数额的成本。变动成本一般是可控成本。管理人员若变换每份菜的份额，或在原料的采购、验收、贮存、生产等环节加强控制，则食品成本会发生变化。大多数半变动成本、某些固定成本也是可控成本。例如，广告和推销费用、大修理费、管理费等都是可控成本。

2) 不可控成本

不可控成本是指在短期内无法改变的成本。固定成本一般是不可控成本。例如，租金、折旧和利息等都是无法立即改变数额大小的不可控成本。

3. 单位成本和总成本

单位成本通常是指单位平均成本，如每份菜肴成本、每杯饮料成本。总成本则是单位成本的总和。例如，烹制鱼香肉丝，批量为10份，每份鱼香肉丝成本为18元（单位成本），则10份鱼香肉丝的总成本为180元。

4. 标准成本和实际成本

1) 标准成本

标准成本是指根据餐厅过去几年生产和经营成本的历史资料，结合当年的原材料成本、人工成本、经营管理费用等的变化，制定出每份菜肴和饮料的单位成本和总成本，作为企业的标准，这种成本通常称为标准成本。它是餐厅在一定时期内及正常的生产和经营情况下所应达到的成本目标，也是衡量和控制餐厅实际成本的一种预计成本。

2) 实际成本

实际成本是指餐厅在报告期内实际发生的各种食品与饮料成本、人工费用和经营费用，它是餐厅进行财务成本反映的基础。

（三）餐饮成本控制

1. 制定标准成本

在餐饮成本控制中，首先应当制定生产和经营餐饮产品中的各项标准成本。标准成本是对各项成本和费用开支所规定的数量界限。

2. 实施成本控制

实施成本控制就是依据酒店或餐厅制定的标准成本，对成本形成的全过程进行监督，并通过酒店或餐厅的每日或定期的成本与经营情况报告及管理人员的现场考察等信息反馈系统及时揭示餐饮成本的差异，实行成本控制。实施成本控制不能纸上谈兵，一定要落实在实践上，管理人员不能只看报表，一定要对餐饮产品的实际成本进行抽查和定期评估。

3. 确定成本差异

成本差异是标准成本和实际成本的差额。管理人员通过对餐饮产品制作和销售中的实际成本和标准成本的比较，计算出成本差额（包括高于实际成本或低于实际成本两个方面）并分析实际成本脱离标准成本的程度和性质，确定造成成本差额或差异的原因和责任，以便为消除这种成本差异作好准备。此外，当本酒店的食品饮料原材料成本低于市场上同级别的酒店或餐厅的食品饮料原材料成本，或本酒店的餐饮经营成本高于同行业的水平，也属于成本差异。酒店必须及时消除这种差异，否则，会导致经营失败。

4. 消除成本差异

餐饮管理人员通过组织员工挖掘潜力，提出降低或改进成本的新措施或修订原来的标准成本的建议，或对成本差异的责任部门和个人进行相应的考核和奖罚等一系列措施，使他们重视成本控制，并加强生产和经营的管理，以将实际成本尽量接近标准成本。

（四）餐饮原料成本核算

餐饮原料除了极少部分无需加工处理，可按实际用量直接计入成本的原料外，极大部分要经过加工处理后，才能用来制作成品。没有经过加工处理的原料称为毛料，经过加工处理用来制作成品的原料成为净料。净料成本直接构成菜点的成本，而从毛料到净料，必然会存在一定的损耗，所以，要计算菜点的成本，首先必须核算主辅料的净料率。

1. 净料率

净料率，也称原料的利用率，就是净料重量与毛料重量的比率。净料率的计算公式为：

$$净料率 = 净料重量 \div 毛料重量 \times 100\%$$

例1：一条重2.4千克的草鱼，经宰杀，去鳞、鳃、内脏、洗涤，得净鱼1.96千克。求这条草鱼的净料率。

解： $净料率 = 1.96 \div 2.4 \times 100\% = 81.7\%$

答：该草鱼的净料率为81.7%。

与净料率相对应的是损耗率，也就是毛料加工处理时所耗费的重量与毛料的比例。其计算公式为：

$$损耗率 = 损耗重量 \div 主料重量 \times 100\%$$

为了便于成本核算，一般酒店都根据有关原料加工净料率的测算，计算出一般情况下的各种主要原料的净料率，作为控制和核算的依据。

2. 净料成本核算

原料经过加工处理后，重量发生了增减，这样其单位成本也发生了变化，故应进行净料成本核算。净料根据其加工方法和程度，可分为主料、半成品和熟制品三类。其单位成本则可按这三类核算。

1）主料成本计算

主料就是只经过拣洗、宰杀、拆卸等加工处理，而没有经过烹制处理的各种原料的净料，具体的计算方法主要有以下两种。

第一，一料一档计算法。它可分为两种情况：一是毛料经过加工处理后，只有净料而无可以作价利用的下脚料；二是毛料经过加工处理后，除了得一种净料外，还有可作价利用的下脚料。其计算公式分别为：

$$净料成本 = 毛料总值 \div 净料重量$$

$$净料成本 = (毛料总值 - 下脚料价款) \div 净料重量$$

例2：50千克芹菜，价值120元，经过加工处理，得净菜45千克，求净菜每千克的成本。

解： $净芹菜成本 = 120 \div 45 = 2.67(元)$

答：净芹菜每千克成本为2.67元。

例3：带骨腿肉10千克，每千克11元，经加工，肉皮0.8千克，每千克作价4元，骨头1.2千克，每千克作价3元，出净肉8千克，求净肉每千克成本。

解： $净肉成本 = (10 \times 11 - 0.8 \times 4 - 1.2 \times 3) \div (10 - 0.8 - 1.2) = 12.9(元)$

答：净肉每千克成本为12.9元。

第二，一料多档计算法。如果毛料经过加工处理后，得到一种以上的净料，则应分别计算每一种净料的成本，其计算公式为：

$$某档净料成本 = \frac{毛料总值 - (其他各档价款总和 + 下脚料价款)}{某档净料重量}$$

例4：三黄鸡10只重30千克，每千克10元，经宰杀洗涤得光鸡27千克。现分档切割，其中鸡脯肉占25%，作价每千克12元，鸡腿/鸡翅占40%，作价每千克11元，占7%，作价每千克12元，肝、心占4%，作价每千克7元，下脚料占19%，作价每千克2元，求鸡脯的单位成本。

解： 鸡脯成本＝(30×10)−(27×40％×11＋27×7％×12＋27×4％×6
　　　　　　＋27×5％×7＋27×19％×2)÷(27 × 25％)＝19.6(元)

答：鸡脯成本每千克 19.6 元。

2）半成品成本计算

半成品是经过初步熟处理,但尚未完全加工制成品的净料。其计算方法可分为无味半成品和调味半成品两种。

$$无味半成品成本 = \frac{毛料总值 - 下脚料总值}{无味半成品重量}$$

$$调味半成品成本 = \frac{毛料总值 - 下脚料总值 + 调味品成本}{调味半成品重量}$$

3）熟制品成本计算

熟制品是指用熏、卤、拌、煮等方法加工而成的制成品或卤制品。其计算公式为：

$$熟制品成本 = \frac{毛料总值 - 下脚料总值 + 调味品成本}{熟制品重量}$$

3. 调味品成本核算

调味品在使用上的特点是品种多,用量少,使用的间隔时间短,随着烹饪技术的发展,调料品种不断增多,而且,有些新的调味品的价格不菲,因此某些菜点中调味品比例有上升趋势。所以菜点调味品的成本核算不可忽视。

单位菜点的调味品成本,通常是在对有代表性的残点进行实验和测算的基础上估算其平均值,其计算方法有以下两种。

1）单件菜点成本核算

单件菜点成本是指单件制作的菜点的调味品成本。该类菜点调味品的成本核算方法是,先把制作某菜点所需的各类调味品用量估算出来,然后按其进价分别计算价款,然后逐一相加即得该菜点的调味品成本。

2）平均成本核算法

平均成本是指成批制作菜点的单位调味品成本,如点心类制品、卤制品等就属于此类。其计算方法为：

$$批量菜点平均调味品成本 = \frac{成批制作耗用调味品总值}{菜点总量}$$

第三节　餐饮经营效益分析

由于酒店餐饮业的竞争日益激烈,尤其是社会独立餐馆业的涌现和蓬勃发展,使酒店的餐饮管理面临巨大的压力。为了有效地对餐饮收入、成本、客源情况及宾客意见进行有效的控制和掌握,应定期对酒店的经营效益进行科学的分析。

一、餐饮销售分析[①]

(一)菜单销售分析

由于顾客需求和市场竞争情况的变化,餐饮产品始终要不断地调整、创新,以保持其动态的竞争优势。而调整的依据便是菜单上各类菜肴的销售状况分析。

1. 菜单 ABC 分析法

菜单 ABC 分析法根据每种菜肴销售额的多少,将所有菜肴划分为 A、B、C 三组。A 组,目前的主力菜肴,也可称为重点菜肴。B 组,是过去也可能是未来的重点菜肴,可称为调节菜肴。C 组,销售额低的菜肴,一般包括滞销的菜肴、新开发的尚未打开销路的菜肴,或某些招牌菜肴,这一类菜肴又可称为裁减菜肴。

根据 ABC 分析法原理,A 组菜肴销售额占总销售额的 70%,B 组占 20%,C 组占 10%。其具体做法是首先将每月每种菜肴的销售份数乘以单价,计算出每种菜肴的销售额;然后求出每种菜肴的销售额在餐厅菜肴总销售额中所占的百分比,并按百分比大小,由高到低排出序列;接着再按序列求出累积百分比,占总销售额前 70% 的菜肴归入 A 组,占 71% 到 90% 的菜肴归入 B 组,剩下的 10% 归入 C 组。一般可以用菜单 ABC 分析表(如表 9-6)完成上述步骤。

表 9-6 菜单 ABC 分析法

菜肴编号	单价/元	销售份数/份	总销售额/元	占总销售额百分比/(%)	序列号	累积百分比/(%)	分类
C1	8.00	500	4000.00	22.70	1	22.70	A
C2	3.50	90	3185.00	18.07	2	40.77	A
C3	2.50	1100	2750.00	15.60	3	56.37	A
C4	10.00	210	2100.00	11.91	4	68.28	A
C5	2.50	800	2000.00	11.35	5	79.63	B
C6	12.00	70	840.00	4.77	6	84.40	B
C7	2.00	400	800.00	4.54	7	88.94	B
C8	2.00	360	720.00	4.09	8	93.03	C
C9	3.00	200	600.00	3.40	9	96.43	C
C10	11.00	30	330.00	1.87	10	98.30	C
C11	6.00	50	300.00	1.70	11	100.00	C
合计			17625.00	100.00			

菜单 ABC 分析法能确定今后销售中应当加强推销的菜肴,以及应当裁减的菜肴,并指导原料采购和供应,调整厨房烹调作业等,对研究如何开发新菜肴、决定菜肴的价格都有一定的指导意义。

[①] 该部分内容参考蔡万坤主编的《餐饮管理》(第 4 版)的相关内容编写。

2. ME 分析法

ME 分析法是从顾客对菜肴的喜好程度、毛利额两个角度同时分析菜单,进而分析餐饮销售的方法。菜单 ABC 分析法,主要从菜肴销售额的角度对菜单进行分析,由于各种菜肴的价格和成本率是不同的,因此,重视菜肴毛利率和顾客喜好程度的 ME 分析法比 ABC 分析法更为合理。但是,要确定毛利率,就必须进行各种菜肴的标准成本计算,当管理人员不了解各种菜肴的标准成本,只知道价格的情况下,ABC 分析法更加方便和实用。

在各种菜肴的标准成本已知的情况下,假设有 n 种菜肴,则 ME 分析首先要计算加权平均毛利额,然后根据菜肴的销售份数求出顾客对各种菜肴的喜好程度,具体的计算公式为:

$$加权平均毛利额 = \frac{(第 i 种菜肴的价格 - 第 i 种菜肴的成本) \times 菜肴销售份数}{n}$$

$$菜肴毛利额 = (菜肴的价格 - 菜肴的标准成本) \times 菜肴的销售份数$$

$$顾客对某种菜肴的喜爱程度 = \frac{某种菜肴销售的份数}{所有菜肴的平均销售份数}$$

在确定了菜肴的平均毛利额和各种菜肴的喜好度之后,管理人员就可以以喜好程度为纵轴,毛利额为横轴,建立坐标系,根据惯例,以喜好程度和加权平均毛利额为界限,将坐标分为四个区域(如图 9-2 所示);然后将每种菜肴的不同喜好程度和毛利额标在坐标图上,对不同区域的菜肴进行分析。

图 9-2 ME 分析法

Ⅰ区,该区域的菜肴顾客的喜爱程度高,同时毛利额也高,这种菜肴对买卖双方都有利。

Ⅱ区,该区域的菜肴顾客的喜爱程度高,但毛利额低于平均毛利额,这种菜肴可以起到吸引顾客的作用,还可以满足注意节约开支的顾客的要求。

Ⅲ区,该区域的菜肴顾客的喜爱程度和毛利额都低于规定界线的菜肴,所以,应对这一区域的菜肴进行筛选。

Ⅳ区,该区域的菜肴顾客的喜爱程度低,但毛利额高,在这个区域中,有些属于酒店的招牌菜肴,可以提高餐厅的等级,引起顾客的注意,但却很少有人问津。

无论是 ABC 分析法,还是 ME 分析法,其本身并不是我们的目的,而是通过菜单进行整理、分析,明确各范围的性质,从而改善菜肴的价格、形象、名称、说明方法、菜单总体设计、烹调方法等,寻找出各范围中的菜肴应采取的餐饮销售战术。

(二)每餐位销售量分析

每餐位销售量是以平均每餐位产生的销售金额及平均每餐位服务的顾客数来表示的,平均每餐位销售额是由总销售额除以餐位数而得。

$$每餐位销售额=总销售额÷餐位数$$

每餐位销售额这一数据可用于比较相同档次、不同酒店的经营好坏的程度。比如A餐厅的年销售额为458万元,具有餐座200座;而B餐厅的年销售额为250万元,具有餐座100座;A餐厅的每餐位年销售额为22900元,而B餐厅的每餐位年销售额为25000元,可见B餐厅的经营效益要好一些。

每餐位销售额也常用于评估和预测酒吧的销售情况。在酒吧中,一位顾客也许喝一杯饮料匆匆而去;也许整个下午都在那里商谈公务,要订十几次饮料。这样难以统计餐位周转率和平均消费额,所以往往用每餐位销售额来统计一段时间的销售状况。

(三)餐位周转率分析

餐位周转率,它以一段时间的就餐人数除以餐位数而得。

$$餐位周转率=某段时间的就餐人数÷(餐位数×餐数×天数)$$

如果A餐厅的年就餐人数为24万人,而B餐厅的年就餐人数为11万人,这两个餐厅每天都供应两餐,它们的餐位周转率分别为:

A餐厅餐位周转率=240000÷(200×2×365)=1.64

B餐厅餐位周转率=110000÷(100×2×365)=1.51

餐厅早、午、晚餐客源的特点不同,餐位周转率往往分餐统计。餐位周转率反映餐厅吸引客源的能力。上例中,A餐厅吸引客源能力高于B餐厅,但每餐位产生的收入却低于B餐厅,说明A餐厅的菜单价格较低或销售低价菜的比例较高。

(四)时段销售量分析

某时段(各月份、各天、每天不同的钟点)的销售量数据对于计划人员的配备、餐饮推销和计划餐厅最佳的开始营业和打烊时间是特别重要的。

时段销售量可以用两种形式表示:一段时间内所服务的顾客数和一段时间内产生的销售额。例如某咖啡厅下午3:00—6:00平均所服务的顾客数为30位,而在下午6:00—9:00平均所服务的人数为250位。很明显,在这两个不同时段应配备不同人数的员工。又如某餐厅原定于晚上11:00停业,但在晚上10:00—11:00期间只产生360元的销售额,很显然,这1个小时的营业时肯定是不经济的。

(五)人均消费分析

人均消费额是指平均每位顾客每餐支付的费用。人均消费额是掌握市场状况的重要数据,由于餐厅经营方经营内容与等级不同,人均消费额会有很大差别。

$$人均消费额=\frac{计划期餐饮收入}{座位数×座位周转率×每日餐数×期内天数}$$

人均消费额反映菜单的销售效果,反映餐饮销售工作的业绩,能帮助管理人员了解菜单结构是否合理,定价是否过高或者过低,了解服务员的推销是否到位。通常,餐厅要求每天都分别计算食品的平均消费额和饮料的平均消费额。餐饮人均消费,有些酒店是将食物和饮料一起计算,有些则单独计算。不管属于哪一种,都应考虑三个因素:一是各餐厅应该达到和已经达到的水平;二是市场环境可能对餐饮人均消费带来的影响;三是不同餐厅的档次结构和不同餐次的顾客消费水平。

二、餐饮成本分析

(一)餐饮成本分析内容

餐饮成本分析包含的内容很广,一切餐饮经营管理活动都存在成本控制问题,既然存在成本控制问题,自然就要进行成本分析。因此,餐饮成本分析涵盖餐饮经营管理活动的各个方面,是对餐饮经营管理活动的全面成本分析。具体来说,餐饮成本分析主要有如下内容:餐饮原料采购成本分析;餐饮原料验收成本分析;餐饮原料存储成本分析;餐饮食品生产加工成本分析;餐饮市场营销成本分析;饮料成本分析;资产使用成本分析,重点是固定资产、低值易耗品和物料用品的成本分析;资金运营成本分析;用工成本分析;餐饮综合成本分析。

(二)餐饮成本分析方法

餐饮成本分析的方法很多,各酒店应根据自身情况,从最简单的方法开始,发现问题,然后逐渐深入分析,循序渐进地运用复杂的方法分析成本,解决问题。

1. 对比分析法

对比分析法是餐饮成本分析最基本的方法,它通过成本指标数量上的比较,揭示成本指标的数量关系和数量差异。对比分析法可将餐饮实际成本指标与计划成本指标进行对比,将本期成本指标与历史同期成本指标对比,将本企业成本指标与行业成本指标进行对比,以便了解成本之间的差距与不足,进一步查明原因,挖掘潜力,指明方向。采取对比分析法应注意指标的可比性,要求所对比的指标在同一酒店的前后各期内容一致,同类型和同级别酒店的同一时期所包含的内容一致。

2. 比率分析法

比率分析法是通过计算成本指标的比率,揭示和对比餐饮成本变动程序。比率分析法主要包括相关比率分析法、构成比率分析法和趋势比率分析法。采用比率分析法,比率中的指标应有相关性,采用的指标应有对比的标准。

1) 相关比率分析法

相关比率分析法是指将性质不同但又相关的指标进行对比,求出比率,反映其中的联系。例如,将餐饮毛利额与销售收入进行对比,反映餐饮毛利率。

2) 构成比率分析法

这种分析法是将某项经济指标的组成部分与总体指标进行对比,反映部分与总体的关系。例如,将食品成本、人工费用、经营费用分别与餐饮成本额进行对比,可反映出食品成本率、人工费用率和经营费用率。

3) 趋势比率分析法

趋势比率分析法是将两期或连续数期餐饮成本报告中的相同指标或比率进行对比,从中发现它们数额和幅度的增减及变动方向的方法。采用这一方法可提示餐饮成本执行情况的变化,并分析引起变化的原因及预测未来的趋势。

3. 抽样分析法

抽样分析法就是根据抽样调查原理,抽取一项或几项成本控制的实际情况进行分析,以点观面,达到全面成本分析的目的。抽样对象可以是某项费用,也可以是某项费用的细项。以食品原材料成本为例,方法如下。

(1) 抽取某一期间使用某种原料的菜肴销售量,再根据有关这种菜肴的标准菜谱,计算出标准用量。标准用量计算可通过表9-6完成。

表 9-6　原料标准消耗计算表

抽查原料:虾仁　　　　　　　　　　　　　　　　　　　　　　时间:9月28日

菜肴名称	每份用量	销售量	合计
清炒虾仁	300 克	32	9600
三鲜汤	500 克	40	20000
烧海杂拌	150 克	15	2250

(2) 盘存实际用料,实际用料与标准用料两者之差就是这项原料成本分析的结果。下面以虾仁原料为例说明计算方法。根据表 9-6 计算的结果就可以对虾仁原料的成本进行分析,其分析结果见表 9-7,具体计算方法如下。

实际用料的计算:

本期出售菜肴使用原料量＝上期库存＋本期出库量－厨房剩余量－已经销售量－正在加工量

＝3500＋10000－1000－500－500＝11500(克)

成本差异＝11500－10650＝850(克)

表 9-7　成本分析结果

日期:9月28日—10月4日

原料名称	上期库存	本期出库量	厨房剩余量	已经销售量	正在加工量	实际用量	差额
虾仁	3500	10000	1000	500	500	10650	850

(三)餐饮成本分析报告

餐饮成本分析报告是对酒店餐饮成本控制的过去和现状进行调查后,认真加以分析并形成逻辑严密的报告。其目的是让决策者和全体员工认识到现状的不利影响和改善现状的希望。

1. 报告内容

餐饮成本分析报告一般应该包括如下几个部分:餐饮成本控制现状、餐饮成本控制存在的主要问题、餐饮成本控制存在问题的原因分析、餐饮成本控制对策建议。

2. 报告类型

餐饮成本分析报告的类型主要有两种,即抽样分析报告与系统分析报告。

1)抽样成本分析报告

抽样成本分析报告是指针对某一项成本控制问题进行分析和报告的形式。这种报告一定要紧紧围绕所分析的问题,切勿跑题。

2)系统性成本分析报告

这种报告一般只在每年年终做一次,因为对酒店业务繁忙的决策者来说,平时很难有大块时间接受全方位的成本分析。采用系统性成本分析报告形式可以将整个报告分解成若干部分。一般来说包括三部分:第一部分提出问题,即根据企业成本控制的现状,通过对比分析,找出成本控制存在的差距和主要问题。第二部分分析原因,即分析成本控制差异和存在问题的主要原因。例如,顾客打折现象太多、采购及相关环节复杂造成采购成本高、厨房原料的使用没有任何明确的控制措施、收银处与付货处没有监控等。第三部分解决方法,即说明如何采取措施解决这些问题。例如,加强培训,提高服务质量,避免发生顾客提出打折的借口;简化采购环节,推出多功能表格;对厨房依标准菜谱进行抽样调查;每天将收银单与付货单由财务人员进行核对;采用指标法对全体员工特别是厨房进行成本控制。

3. 报告要求

餐饮成本分析报告一般有两种形式,即口头分析报告形式和书面分析报告形式。一般应采用书面报告形式,其基本要求如下。

1)直接性

餐饮成本分析报告要直接地说明结果。如组织分析,可以说明现在各个岗位用人数与工资数,再说明改进后的结果,一定要让阅读者直接看到结果,而无须设悬念作复杂推理。某些能用图表表示的,尽量用图表说明问题,如表9-8、表9-9所示。

2)科学性

说明成本控制的现状和存在的问题以及未来前景时,一定要用数字和事实表示。如某酒店现在毛利率是35%,远远没有达到预计毛利率和同行业水平,说明差异是10%~15%。存在问题的主要原因是,顾客打折率在7%左右,如果提高服务质量,尽量避免顾客打折,毛利率就可达到50%。

3)简洁性

餐饮成本分析报告不同于一般的学术报告,它以简明扼要为原则,让报告阅读者用最短的时间,最大限度地接受成本分析报告的信息。

4)完整性

整个报告应包括提出问题、分析问题和解决问题的思路等内容。

表9-8 原料使用分析报告

原料名称	出库量	剩余量	实际使用量	标准用量	差额	百分比	原因
海参	40千克	13千克	27千克	25千克	2千克	8%	原料质量不过关损失

表 9-9 成本差异分析报告

	保本营业额	盈利利润率	最大营业额	原 因 分 析
预计	4000元	12%	30000元	打折率太高,菜肴质量和服务不过关致使顾客不满而打折
实际	10000元	5%	25000元	

三、餐饮收益分析

餐饮产品的收益主要根据毛利率来分析,毛利率又分为分类毛利率和综合毛利率两种,它们是考核酒店、餐馆餐饮经营管理的重要指标,其目的是检查厨房在餐饮经营中是否保持了合理的盈利水平和是否正确执行了酒店的价格政策。

(一)分类毛利率

分类毛利率表现形式又有销售毛利率(也称内扣毛利率)和成本毛利率(也称外加毛利率)两种。前者是以销售额为基础制定的毛利率,后者是以原材料成本为基础制定的毛利率。

1. 销售毛利率

按照现行财务制度的规定,餐饮毛利率是毛利额与售价之比的百分率,即为销售毛利率,也可称之为内扣毛利率。

$$销售毛利率(内扣毛利率)=\frac{毛利额}{餐饮制品价格}\times100\%$$

按此毛利率计算餐饮制品的价格,则:

$$餐饮制品的价格=\frac{原材料成本}{1-销售毛利率}$$

例5:某菜肴的成本定额为4.00元,销售毛利率为50%,则该菜肴的售价应为:
$$4.00\div(1-50\%)=8.00(元)$$

2. 成本毛利率

成本毛利率是指毛利额与原材料成本之比的百分率。

$$成本毛利率(外加毛利率)=\frac{毛利额}{原材料成本}\times100\%$$

从实际使用来看,两种方法各有优劣。一般来说,以原材料成本求餐饮制品价格,采用成本毛利率较为方便,而根据用餐标准(餐饮制品价格)求成本则以销售毛利率计算为好。因此,在实际工作中需经常将两种毛利率指标加以换算。其换算公式如下:

$$成本毛利率=\frac{销售毛利率}{1-销售毛利率}$$

$$销售毛利率=\frac{成本毛利率}{1+成本毛利率}$$

(二)综合毛利率

综合毛利率,又称平均毛利率,反映整个酒店餐饮的毛利率水平。酒店内部的中餐厅、西餐厅、咖啡厅、酒吧的毛利率往往是不同的,综合毛利率是在各种分类毛利率和各类餐饮产品经营比重的基础上确定的。它的作用是控制酒店餐饮产品总体价格水平。

综合毛利率,是通过酒店在一定时期内的餐饮销售总额和毛利额来计算的。计算公式为:

$$综合毛利率=\frac{毛利总额}{销售总额}\times 100\%$$

其中,毛利总额的计算公式为:

$$毛利总额=销售总额-原料成本总额$$

例6:某酒店7月份餐饮产品生产和销售资料如表9-10所示,请核算在这期间各餐饮产品分类毛利率和综合毛利率。

表9-10 餐饮部7月份收入、成本与毛利率统计表   单位:万元

分类 项目	热菜	冷菜	面点	食品合计	酒水	总计
销售收入/元	158.61	85.5	66.19	310.3	77.91	698.51
原料成本/元	63.13	35.57	25.48	124.18	21.56	269.92
标准毛利率	60.20%	58.40%	61.50%	59.98%	72.33%	61.36%

根据餐饮毛利率的计算公式,该酒店餐饮分类毛利率分别为:热菜60.2%,冷菜58.4%,面点61.5%,酒水72.33%,食品毛利率59.98%。综合毛利率为61.36%。

根据计算毛利率,其餐饮标准毛利率与实际毛利率的误差如表9-11所示。

表9-11 餐饮部毛利率误差报告表

项目 分类	标准毛利率	实际毛利率	误 差
热菜	58.2%	60.2%	2.0%
面点	56.3%	61.5%	5.2%
冷菜	53.2%	58.4%	5.2%
食品合计	55.9%	59.98%	4.08%
酒水	73.4%	72.33%	−1.07%
综合毛利率	56.8%	62.46%	5.66%

(三)毛利额

有些酒店制定较高的餐饮毛利率后,实际餐饮毛利额却十分低,而有些酒店餐饮毛利率虽然定的较低,但餐饮毛利额却较高。因此,在与其他酒店进行比较时,还要比较餐饮毛利额。餐饮毛利额首先要看餐饮营业额,然后看餐饮原材料(饮料)成本,两者之差就是餐饮毛利额。

比较餐饮毛利额,一方面可以看出酒店餐饮营业收入的差异,另一方面可以看出原材料成本控制水平高低。如果同样的餐饮毛利率,同样的餐饮营业额,餐饮毛利额差别很大,则说明实际餐饮毛利率差别大,原材料成本控制水平相差悬殊。

本章小结

(1) 餐饮预算是由一系列预算指标组成的。预算指标又叫计划指标或管理参数,它是用数字来表示的企业和部门在预算期内经营管理所要达到的水平或绩效,也是反映企业和部门经营管理状况的重要数据。餐饮预算需要通过四个步骤进行有效的实施控制,并通过比较分析方法对预算执行结果进行评价,以及时发现问题与解决问题。

(2) 由于酒店餐饮经营具有接待容量限制性、顾客消费的不确定性等特征,要实现理想的餐饮经营效益,就必须实施收益管理,即在合适的时间,以合适的价格,为合适的顾客提供合适的餐饮产品。提高酒店餐饮收入的基本途径:一是提高餐位上座率;二是提高人均消费水平。餐饮成本管理,就是按照酒店规定的成本标准,对餐饮各成本因素进行监督和调节,及时揭示偏差,采取措施加以纠正,将餐饮实际成本控制在计划范围之内,保证实现企业成本目标。

(3) 菜单 ABC 分析法,主要从菜肴销售额的角度对菜单进行分析。ME 分析法是从顾客对菜肴的喜好程度、毛利额两个角度同时分析菜单,进而分析餐饮销售的方法。

(4) 餐饮成本分析报告是对酒店餐饮成本控制的过去和现状进行调查后,认真加以分析并形成逻辑严密的报告。其目的是让决策者和全体员工认识到现状的不利影响和改善现状的希望。餐饮产品毛利率分为分类毛利率和综合毛利率两种,它们是考核酒店、餐馆餐饮经营管理的重要指标,其目的是检查厨房在餐饮经营中是否保持了合理的盈利水平和是否正确执行了企业价格政策。

核心关键词

餐饮预算	food and beverage budget
收益管理	revenue management
餐饮收入	food and beverage revenue
餐饮成本	food and beverage cost
餐饮毛利率	gross profit margin of food and beverage

思考与练习

1. 餐饮预算具有哪些特点？
2. 餐饮预算该如何进行有效的实施控制？
3. 如何理解餐饮收益管理的重要性？
4. 如何有效防范顾客逃账的风险？
5. 餐饮成本构成包含哪些内容？
6. 餐饮销售分析对提高餐饮收入有何意义？
7. 餐饮收益分析采用哪些主要毛利率指标？

案例分析

又到了一年一度的总结与制订第二年工作计划的阶段。经过一年卧薪尝胆的变革，餐饮部肯定能全面超额完成酒店下达的各项预算的财务与管理指标，而且部门内部士气高涨，正朝着张翔设定的方向与轨道前进。张翔深深感到知识是有用的，自己之所以在短短的一年内能够迅速变革餐饮部的面貌，既归功于总经理的信任、餐饮部员工的支持与自己竭尽全力的工作态度，更得益于自己以前在学校所学到的专业知识和培养的思维方式，使自己能够客观、全面、重点、发展地去观察、分析与解决问题。不过，今天下午店务会议布置的年度预算工作，使他又深深地陷入了沉思与小小的焦虑。下午的会议上，总经理要求餐饮部明年的经营效益原则上要比今年提升15%。张翔想，今年为了完成预算指标，可谓使出了浑身解数，明年又要提升这么多，怎么能做到呢？

凑巧，正在张翔冥思苦想之际，他的老师明天因为参加政府某部门的一个会议要来酒店。张翔的老师是被称为横跨教学科研与企业实践的酒店管理专家，张翔在学校学习时以及在担任餐饮部经理后曾得到过他多次的指点，且卓有成效，这次碰到了难题，何不再次向他请教，相信恩师一定会有办法。想到这里，张翔立即感到轻松了不少。

第二天上午早会一结束，张翔立即回餐饮部匆匆布置了工作以后就来到大堂恭候他的恩师。上午10:00，他的恩师如期来到酒店，张翔立即陪同他到达房间。稍作寒暄，他就直奔主题，向恩师请教。他的恩师听了以后说："我先给你讲一个我经历的故事吧！我在兼任一酒店集团副总裁时，旗下一家酒店管理层根据集团公司下达的基本任务，确定了9700万元的营业收入计划指标。但是，当准备进一步分解指标并制定方案时，我来到了该酒店，并询问了第二年的营业计划。当总经理回答了9700万元营业收入的目标后，我问为什么是9700万元。总经理回答，一是集团公司给酒店下达的基数是9500万元,二是今年预计完成实绩9500万元。根据适当增长的原则,确定了跳一跳能够实现的目标。我问,今年该酒店在集团排名第几位,如果明年实现9700万元,该酒店在集团的排名又能位于第几。总经理回答,今年是第二,估计明年实现目标还是第二。我又问,明年第一位的酒店的营业收入预算是多少?总经理回答,据了解是9800万元。对此,我据此认为这一目标值得商榷。最后,酒店管理层提出了1亿元的营业收入目标。但到具体落实时,大家感到实现1亿的营业收入缺乏现实基础。对此,我与酒店管理层进行了交流。我说,现在有一个桃子,挂在2.8米的高空,能否拿到?前厅部经理回答跳一跳就能拿到;我说,桃子在4.8米的高度,还能拿到吗?客房部经理回答用桌子与椅子就能拿到;我问,桃子在9.8米的高度,是否仍能拿到?工程部经理说用升降梯可以拿到;我又问,那么如果桃子在25米的高度,还能拿到吗,安全部经理回答可以借消防队的"云梯"拿到。我又请大家思考,为什么大家做不出一个亿营业收入的可行预算?大家顿时感到,按照原来9700万元的经营思路,当然难以做出1亿元的营业预算。最后,大家打开思路,积极寻找新的经营增长点,很快找到了实现亿元营业收入的思路与方案。"

张翔从恩师的故事中,似乎已经找到了一些答案。接着,他的恩师又问了张翔三个问题:一是通过营销水平的提升,使顾客在今年人均消费156元的基础上提高10%,张翔觉得有没有可能?张翔未加思考就回答,这绝对可以做到;二是通过提高服务品质,增加顾客转移成本,使酒店餐饮消费的回头客增加10%,这有没有可能?张翔略加思考回答,这应该能够做到;三是通过调动全体员工参与营销的积极性等措施,在今年基础上新增顾客15%有没有可能?张翔想了想说,这也应该没有问题。听完张翔的回答,他的恩师笑了笑说:"增收的办法还有很多,其实你已经胸有成竹了。"

问题讨论:

1. 从该案例中,你得到了哪些启示?
2. 假如你是张翔,你在制定明年餐饮经营预算工作中会采取哪些措施?

Reading Recommendation

1. 推荐书目:《心理学家的营销术:如何操控消费者的潜意识、思维过程和购买决定》

作者:戴维·刘易斯(David Lewis)著,张淼译

怎样将大脑运作机制的研究成果有效地应用于广告、营销以及零售领域?隐秘地强化消费者的购买冲动,让他们毫无戒心地接纳你的广告、营销及零售。在大数据时代,这种"说服产业"已拥有空前重要的地位。戴维·刘易斯博士创造性地将神经科学理论应用于营销实践,通过探索人类大脑的敏感点,来发掘消费者挑选、购买产品的深层原因。

2. 推荐书目:《餐饮企业五觉定位营销》

作者:吕斌

对于餐饮业来说,要想真正地给顾客提供优质的服务,满足他们的需求,就需要将店内的一切呈现在他们的面前,让他们能看得见、听得见、闻得到、触摸得到、品尝得到。本书围绕餐饮品牌、环境、服务、出品、价格这五个核心要素,从"五官"感知角度,提出了一些思想与方法,以指导餐饮企业精准定位,抢占顾客心智模式。

3. 推荐书目:《餐饮企业经营策略第一书》

作者:吴坚

面对数量庞大,竞争激烈的行业现状,你的企业该如何突围?本书从回归本质入手,进而引导餐饮企业回归顾客,回归理性,回归市场,深入浅出地阐述餐饮企业产品之道、市场之道、顾客之道及盈利之道。同时,每个章节又选取了行业标杆企业作为典型案例进行深入的解读,为餐饮经营者提供一条可借鉴的有效之路。

4. 推荐书目:《舌尖上的蓝海》

作者:马宏勇

这是一本关于在移动互联网时代一个成功的餐饮企业的经营思维的全方位解读的著作。作为餐饮业O2O转型成功的代表,"雕爷牛腩"也许不是最赚钱的餐饮企业,但却是一个最能为今天无数想要拥抱互联网的企业提供借鉴的商业样本!在本书中,作者马宏勇分别从眼界、定位、品牌、出品、服务、营销、员工等方面,对"雕爷牛腩"的经营理念、经营思路与管理举措进行了深入浅出的阐述。

5. 推荐书目:《全新思维:决胜未来的6大能力》

作者:丹尼尔·平克(Daniel H. Pink)著,高芳译

著名未来学家彼得·伊利亚德说:"今天我们如果不生活在未来,那么未来我们将生活

在过去。"丹尼尔·平克敏锐地察觉到,人类社会已经步入"右脑时代",在这个时代,知识不再是力量。他开创性地指出,未来属于那些拥有与众不同思维的人,唯有拥有"右脑时代"的6大全新思维能力:设计感、娱乐感、意义感、故事力、交响力、共情力,即"三感三力",才能决胜于未来。本书在每一项全新思维能力的最后,都附有一个工具箱,详细列出了培养这一能力所需要的实践和具体指导,对于每一个希望拥有与众不同能力的人来说,都是不可或缺的行动指南。

6. 推荐书目:《赌客信条:你不可不知的行为经济学》

作者:孙惟微

这是一本研究人们日常行为非理性一面的著作,作者认为,人们在处理某些事件时犹如赌客一样疯狂和感情用事。本书以获得诺贝尔经济学奖的心理学家 Daniel Kahneman 创立的前景理论为基础,以日常现象为切入点,对"行为经济学"这个课题进行全面、深入、独到的阐释,涉及进化论、心理学、社会学、传播学等领域最前沿的发现。无论是投资人、管理者,还是追求幸福的普通人,都能从此书中获取灵感和启发。

7. 推荐书目:《互联网思维:工作、生活、商业的大革新》

作者:钟殿舟

本书是深入研究互联网思维的先河之作,与其他来自感觉和案例的互联网思维著作不同,本书首次逻辑论证了互联网思维的存在,并定义了互联网思维的具体内涵。作者深入浅出地阐述了互联网思维的内核与精神,逐一点评当前关于互联网思维的各种观点。作者认为,互联网思维不仅是一个概念,其背后正喷薄而出的是工作、生活、商业的大革新与大机遇。本书对于企业如何抓住这个机会,在互联网思维下进行运作,传统企业如何运用互联网思维进行升级转型,提供了系统可操作的全套打法。

8. 推荐书目:《麻省理工学院最受推崇的创新思维课》

作者:崔智东,郭志亮

以全新的视角,全面深刻地剖析麻省理工学院的课程精髓,揭开麻省理工学院的神秘面纱,关注理想与现实之间的平衡,达成心态、学习、思考、创新、合作等诸多方面的综合提升。本书分别从知识、想象力、态度、资源、环境、文化以及六要素之间相互作用着手,系统地阐述了提高创新思维的工具和方法。阅读本书,有助于帮助你解放大脑、打破思维禁锢,去发掘奇思妙想,以提高你的思维能力、行动能力和创新能力。

参考文献

References

[1] 蔡余杰,纪海.场景营销[M].北京:当代世界出版社,2016.
[2] 蔡万坤.餐饮管理[M].4版.北京:高等教育出版社,2014.
[3] 蔡万坤,刘捷,于铭泽.餐饮企业市场营销管理[M].北京:北京大学出版社,2009.
[4] 戴桂宝.现代餐饮管理[M].2版.北京:北京大学出版社,2012.
[5] 方辉.餐饮企业营销模式与活动策划[M].广州:广东经济出版社,2016.
[6] 黄浏英.餐饮营销广告策划[M].沈阳:辽宁科学技术出版社,2000.
[7] 胡质建.收益管理[M].北京:旅游教育出版社,2009.
[8] 李光斗.事件营销[M].北京:清华大学出版社,2012.
[9] 李光斗.故事营销[M].北京:机械工业出版社,2009.
[10] 李勇平.酒店餐饮运行管理实务[M].北京:中国旅游出版社,2013.
[11] 罗伟,程丛喜,朱飞.餐饮实务与管理[M].武汉:武汉大学出版社,2014.
[12] 马开良.现代厨房设计与管理[M].北京:化学工业出版社,2008.
[13] 徐文燕.餐饮管理[M].上海:格致出版社,2011.
[14] 王天佑.饭店餐饮管理[M].2版.北京:北京交通大学出版社,2012.
[15] 杨慧,周晶,宋华明.餐饮服务收益管理研究述评[J].北京工商大学学报(社会科学版),2009(5).
[16] 杨松霖.品牌速成大师[M].北京:中国经济出版社,2009.
[17] 吴坚.餐饮企业经营策略第一书[M].北京:中华工商联合出版,2014.
[18] 周亚庆,邹益民.饭店员工管理新思维:快乐工作管理研究[M].天津:南开大学出版社,2008.
[19] 邹益民.现代饭店餐饮管理[M].3版.北京:中国财政经济出版社,2010.
[20] 邹益民,黄浏英.现代饭店餐饮管理艺术[M].广州:广东旅游出版社,2003.
[21] 邹益民,刘婷,王亮.饭店管理概论[M].北京:清华大学出版社,2016.
[22] 弗雷德里克·泰勒.科学管理原理[M].马风才,译.北京:机械工业出版社,2013.
[23] Pine Ⅱ B J,Gilmore J H. Welcome to experience economy[J]. Harvard Business Review,1998(14).
[24] Pine Ⅱ B J,Gilmore J H. The Experience Economy:Work is Theatre & Every Business a Stage[M]. MA:Harvard Business School Press,1999.
[25] 迈克尔·波特.竞争优势[M].陈小悦,译.北京:华夏出版社,1997.

教学支持说明

全国普通高等院校旅游管理专业类"十三五"规划教材系华中科技大学出版社"十三五"规划重点教材。

为了改善教学效果,提高教材的使用效率,满足高校授课教师的教学需求,本套教材备有与纸质教材配套的教学课件(PPT 电子教案)和拓展资源(案例库、习题库视频等)。

为保证本教学课件及相关教学资料仅为教材使用者所得,我们将向使用本套教材的高校授课教师免费赠送教学课件或者相关教学资料,烦请授课教师通过电话、邮件或加入旅游专家俱乐部 QQ 群等方式与我们联系,获取"教学课件资源申请表"文档并认真准确填写后发给我们,我们的联系方式如下:

地址:湖北省武汉市东湖新技术开发区华工科技园华工园六路

邮编:430223

电话:027-81321911

传真:027-81321917

E-mail:lyzjjlb@163.com

旅游专家俱乐部 QQ 群号:306110199

旅游专家俱乐部 QQ 群二维码:

群名称:旅游专家俱乐部
群　号:306110199

教学课件资源申请表

填表时间：_____年___月___日

1. 以下内容请教师按实际情况写，★为必填项。
2. 学生根据个人情况如实填写，相关内容可以酌情调整提交。

★姓名		★性别	□男 □女	出生年月		★职务	
						★职称	□教授 □副教授 □讲师 □助教

★学校		★院/系	
★教研室		★专业	
★办公电话		家庭电话		★移动电话	
★E-mail（请填写清晰）		★QQ号/微信号	
★联系地址		★邮编	

★现在主授课程情况	学生人数	教材所属出版社	教材满意度
课程一			□满意 □一般 □不满意
课程二			□满意 □一般 □不满意
课程三			□满意 □一般 □不满意
其他			□满意 □一般 □不满意

教材出版信息					
方向一		□准备写	□写作中	□已成稿	□已出版待修订 □有讲义
方向二		□准备写	□写作中	□已成稿	□已出版待修订 □有讲义
方向三		□准备写	□写作中	□已成稿	□已出版待修订 □有讲义

请教师认真填写表格下列内容，提供索取课件配套教材的相关信息，我社根据每位教师/学生填表信息的完整性、授课情况与索取课件的相关性，以及教材使用的情况赠送教材的配套课件及相关教学资源。

ISBN（书号）	书名	作者	索取课件简要说明	学生人数（如选作教材）
			□教学 □参考	
			□教学 □参考	

★您对与课件配套的纸质教材的意见和建议，希望提供哪些配套教学资源：